KB271888

# 2026년
# 신(新)세계대공황과 한국경제

# Prologue

　21세기 세계 경제 질서는 그 어느 때보다 빠른 변화와 복잡한 도전에 직면해 있다. 특히, 트럼프 대통령 1기 당선 이후 미국을 비롯한 주요 국가들이 자국 이익 우선주의 정책을 강화하면서 국제 경제 환경은 급격히 변모했다.

　한편, 1980년대 중반 이후 구소련의 붕괴와 함께 냉전 체제가 종식되자 세계 경제는 경제적 이해관계를 중심으로 재편되는 새로운 국면에 들어섰고, 1995년 세계무역기구(WTO)의 출범으로 범세계적 무역 자유화를 촉진하며 다자주의 체제를 공고히 했다. 그러나 미국, 유럽연합(EU), 중국 등 주요 경제권이 패권 다툼을 벌이는 과정에서 지역주의가 오히려 심화되는 역설적 현상이 나타나고 있다. 이로 인해 오늘날 세계 경제는 다자주의와 지역주의가 공존하며 충돌하는 복합적인 양상을 띠고 있다. 이러한 흐름 속에서 자유화 정책과 물류 혁신, 정보통신 기술의 발전은 국가 간 협력을 강화해 왔다. 향후, 세계 경제는 다자주의 원칙을 기반으로 하되 미주, 유럽, 동아시아의 3극 체제가 형성되는 방향으로 나아가고 있었으나, 최근 트럼프 대통령의 재선과 지정학적 위기의 고조로 인해 그 환경이 다시 한번 급변하기 시작했다.

　21세기 들어 두드러진 변화로는 세 가지를 꼽을 수 있다. 첫째, 중국의 WTO 가입에 따른 미중 패권 경쟁의 심화이다. 둘째, 전 세계 시장 개방 가속화로 경쟁력이 부족한 주체들이 생존의 위협을 받게 된 점이다. 셋째, 유럽연합의 통합과 유로화 출범으로 강력한 경제 블록이 형성된 것이다.

우리나라도 이러한 파고에서 예외일 수 없다. 세계 경제 흐름과 국제 통상 환경을 정확히 이해하고 대응 전략을 마련하는 것은 국가와 기업, 개인의 생존을 위한 필수 과제가 되었다. 특히 2025년 트럼프 2기 행정부 출범 이후, 세계는 단순한 경제 전쟁을 넘어 실제적인 군사적 충돌의 위협에 직면해 있다. 최근 미국과 이스라엘의 긴밀한 군사 협력 속에 감행된 이란에 대한 공격은 중동 정세를 걷잡을 수 없는 혼란으로 몰아넣었다. 이란의 보복 공격과 호르무즈 해협의 봉쇄 위기는 글로벌 공급망을 마비시켰으며, 이는 에너지 가격의 폭등과 물류 대란을 야기하고 있다. 이러한 지정학적 리스크와 미국의 강력한 대중국 경제 봉쇄 정책은 보호 무역주의를 극대화하고 있다. 불안해진 시장 상황 속에서 중국과 제3세계, 심지어 EU 국가들까지 실물 자산인 금과 은을 대거 매집하기 시작했으며, 이는 가격 폭등과 함께 세계 대공황의 명확한 징조로 나타나고 있다.

과거 코로나19 팬데믹 극복을 위해 각국이 확대한 유동성은 부동산 급등과 부채 증가, 인플레이션을 초래했다. 이를 억제하기 위한 미국의 금리 인상은 전 세계 자본을 미국으로 회수시켰고, 각국 경제는 진퇴양난의 위기에 빠졌다. 설상가상으로 미국의 MAGA(Make America Great Again) 정책에 따른 고율 관세 부과와 중동발 전운(戰雲)은 2025년부터 중앙은행과 JP모건 등 거대 투자 금융사들의 금·은 매집을 더욱 부추겼다. 그 결과 실물 자산 가격이 2~3배 폭등하며 2026년 현재, 세계는 전례 없는 '퍼펙트 스톰'과 함께 대공황의 초입에 서게 되었다.

필자는 3년 전부터 대내외 경제 지표를 분석하며 위기의 위험성을 경고해 왔다. 수업 중 학생들에게 취업 준비를 철저히 할 것과 여유가 있다면 금을 매수해 만일의 사태에 대비할 것을 조언하기도 했다. 결과적으로 2025년부터 시작된 실물 자산 가치의 폭증과 지정학적 충돌은 세계 경제 위기의 현실화를 보여주고 있다.

　　이번 위기는 '100년에 한 번 올 법한 대공황'의 성격을 띠고 있다. 개인과 기업, 각국 중앙은행은 저마다의 준비를 하고 있을 것이다. 본서는 이러한 문제의식 아래 세계 경제 환경을 이해하는 데 도움을 주고자 집필되었으며, 관련 전공 학생들뿐만 아니라 일반 독자들에게도 폭넓은 시야를 제공하고자 했다.

　　집필 과정에서 완벽함을 기하려 노력했으나 제한된 시간 탓에 미흡한 점이 있을 수 있다. 부족한 내용은 추후 발간할 2편에서 보완할 예정이다. 일부 해석은 시대 상황에 따라 견해 차이가 있을 수 있으나 본서가 실물 자산과 세계 경제의 기초를 다지고 사고의 지평을 넓히는 마중물이 되기를 바란다.

　　끝으로 이 책이 출간되기까지 지원해 주신 한올출판사 관계자와 편집자분들께 깊은 감사를 드린다. 본서를 통해 많은 이들이 미래를 통찰하는 눈을 갖게 되기를 진심으로 희망한다.


2026년 4월
연구실에서　정영규

2026년
신(新)세계대공황과
한국경제

# Contents

**제1부**
## 2026년 新세계대공황 시나리오

**제1장** 1929년 세계대공황 배경과 구조적 원인 • 14

**1** 세계대공황의 배경과 전개 ·········· 15
  1. 대공황의 원인 ·········· 16
  2. 세계대공황의 영향 및 결과 ·········· 18

**2** 대공황 이후의 세계 경제 변화 ·········· 25
  1. 미국 루스벨트 대통령의 금 보유 금지 정책 ·········· 25
  2. 1970년대 은 가격 폭등 ·········· 28

**제2장** 2026년 新세계대공황의 전조 • 36

**1** AI 버블론과 엔비디아의 시장 지배력 분석 ·········· 37
  1. 젠슨 황과 엔비디아의 연대기: 시련에서 혁신으로 ·········· 37
  2. AI 거품의 형성과 과잉 기대 ·········· 41
  3. 수익화 지연 및 시장 기대치 미충족 ·········· 45
  4. 투자 시장의 포모 현상 ·········· 48
  5. 엔비디아의 위상과 하락의 신호 ·········· 49
  6. 거품 붕괴와 대공황으로의 전이 ·········· 50

**2** 코로나로 인한 과잉 유동성 공급과 부채의 역습 ················ 55

　　1. 2026년 '신세계대공황' 전조: 부채의 임계점 ··········· 55

　　2. 코로나로 인한 과잉 유동성 공급과 부채의 역습 ······· 62

　　3. 신세계대공황의 전조로서의 영향 ···················· 64

　　4. 미래 비전과 대책 ································· 65

**3** 부동산 거품과 자동차 산업의 불확실성 ······················ 67

　　1. 부동산 거품: 가계 부채와 공급 불균형의 임계점 ······· 67

　　2. 자동차(전기차) 산업: 캐즘과 지정학적 불확실성 ······· 72

　　3. 향후 전망: 2026년 '퍼펙트 스톰' 시나리오 ············ 73

**4** 트럼프의 MAGA 및 보복 관세 정책과
　 보호 무역주의의 재림 ································ 80

　　1. 생산성과 실질 임금의 괴리로 인한 유효 수요 부족 ···· 80

　　2. 소득 불평등 심화와 한계 소비 성향의 하락 ············ 81

　　3. 신용 팽창에 따른 자산 버블과 금융 불안정성 ········· 81

　　4. 보호 무역주의 확산과 글로벌 분업 체계의 붕괴 ······· 82

**5** 일본의 금리 인상과 엔 캐리 자금의 청산 ···················· 85

　　1. 일본 통화 정책의 패러다임 전환 ···················· 85

　　2. 엔 캐리 트레이드 청산의 메커니즘 ·················· 87

　　3. 세계 경제에 미치는 파급 효과 ····················· 88

　　4. 대공황의 전조로서의 의미 ······················· 90


## 제3장 2026년 新세계대공황의 파급 효과 • 92


**1** 엔비디아 및 글로벌 증시 하락 메커니즘 분석 ················ 93

　　1. 엔비디아 주가 하향 조정의 핵심 요인 ················ 93

　　2. 하락 시나리오 분석: 기술적·구조적 관점 ·············· 94

    3. 엔비디아(NVDA) 및 기술주 급락 원인 분석 ·············97
    4. 글로벌 증시 하락 메커니즘 및 전이 경로 ···············98
    5. 고평가 시장의 붕괴 및 하락 촉발 변수 ················99
    6. 글로벌 경기 침체 가능성 및 자산 가격 하락 배경 ····101

2 삼성전자 및 SK하이닉스 주가 하락 시나리오 분석·········· 101
    1. 삼성전자와 SK하이닉스의 펀더멘털 및 리스크 요인 ··102
    2. 종합 전망 ·········································104

3 부동산 폭락과 금융 시스템의 연쇄 붕괴····················· 105
    1. 부동산 시장의 급격한 자산 가격 조정····················105
    2. 금융 시스템의 전이 리스크와 은행 위기 ···············106
    3. 정책적 대응의 한계와 자산 시장의 재편 ···············107

4 비트코인 폭락과 자산 가치 하락························· 112
    1. 비트코인 및 암호 화폐 시장의 붕괴 ···················112
    2. '디지털 금' 서사의 붕괴와 자산 동조화··················115
    3. 주식 및 금융 자산의 연쇄 붕괴·····················117

5 기업의 파산과 실업률의 폭등 ························· 118
    1. 한계 기업의 연쇄 도산·····························118
    2. 실업률의 기하급수적 폭등·························120
    3. 소비 위축과 디플레이션 소용돌이·····················121
    4. 사회적 불안과 재정 위기·························122

**제2부**
## 금과 은 가격의 폭등과 한국 경제의 희망

## 제4장 중앙은행의 안전 자산 확보 전략: 금·은 매수 확대 • 126



**1** 금과 은 가격의 폭등과 하이퍼인플레이션 ······················ 127

   1. 금과 은 가격의 폭등 원인 ·······························127

   2. 하이퍼인플레이션의 발생과 심화 ·······················134

   3. 한국 경제의 희망과 대응 ·······························141

**2** 스태그플레이션의 영향과 자산 가치 폭락 ····················· 145

   1. 전통적 자산 가치의 폭락 ·······························145

   2. 스태그플레이션하에서의 금과 은의 위상 ··············148

   3. 은의 차별적 상승 요인 ·······························150

   4. 부의 재편 ··························································150

**3** 국제 유가 상승과 한국 경제의 위기 ························· 151

   1. 미국-이란 갈등 및 국제 유가 상승의 파급 효과 ·······151

   2. 한국 경제의 위기 ·····································153

## 제5장 한국 경제의 성공과 희망 • 156



**1** 한국은행 이창용 총재의 통화 금융 및 외환 정책 판단 ····· 157

   1. 이창용 한국은행 총재의 정책 기조 및 판단 ············157

   2. 한국은행의 정책 대응 및 진단 ·························158

   3. 김중수 전 총재와 이창용 현 총재의 금 보유 및 외환

     정책 비교 ······································· 159

**2** 트럼프의 MEGA 정책과 미래 ···································· 163

　　1. 2026년 세계 대공황 가능성 및 지정학적 위기 ········· 163

　　2. 트럼프의 'MEGA' 정책의 미래 ························· 168

**3** 금·은 가격 10~20배 폭등과 미래 ························· 175

　　1. 2026년 세계 대공황 발생 가능성 ····················· 175

　　2. 금 가격 전망: 10배 이상 폭등 시나리오 ·············· 178

　　3. 은 가격 전망: 20배 폭발적 상승 가능성 ·············· 181

**4** HBM 기술과 엔비디아, 삼성전자, SK하이닉스 주가 전망 ····· 185

　　1. 2026년 세계 경제 위기 전망 ························· 185

　　2. HBM 기술 및 기업별 주가와 실적 전망 ··············· 186

　　3. 주가 하락 전망 ····································· 192

**5** 한국의 조선 산업 및 현대차 그룹의 경쟁력과 미래 ·········· 194

　　1. 2026년 세계 경제 상황:

　　　연착륙인가 구조적 붕괴인가? ······················· 194

　　2. 한국 조선 산업의 경쟁력과 미래 ····················· 196

　　3. 현대자동차의 위기와 기회 ·························· 201

**6** 한국 부동산의 위험과 투기 성향 ························· 206

　　1. 가계 부채와 금리 리스크 ···························· 206

　　2. 부동산 PF 부실 ··································· 208

　　3. 투기적 수요와 '거품' 논란 ·························· 211

　　4. 인구 구조의 변화와 유동성 위축 ····················· 214

　　5. 정부 정책의 한계 ································· 215

**7** 한국 방위 산업의 경쟁력과 미래 ························· 219

　　1. 국방 예산 효율화의 최대 수혜 ····················· 219

　　2. K-방산의 핵심 경쟁력 ····························· 221

　　3. 미래 성장 동력 및 변수 ···························· 224

제3부
## 한국 경제의 비전

## 제6장 한국 경제의 비전 • 234


**1** 스태그플레이션(국제 유가 폭등)에 대비한 산업 정책 ·········· 235

  1. 2026년 글로벌 경제 위기의 서막 ····················235

  2. 트럼프의 에너지·안보 전략 ························241

  3. 향후 국제 유가 폭등에 대비한 산업 정책 ···············247

  4. 금융 시장 동향 및 국제 유가 전망 ·····················256

**2** 엔 캐리 청산에 대비한 금융 및 외환 정책 ····················· 257

  1. 엔 캐리 청산과 세계대공황의 서막 ·····················257

  2. 금융·외환 정책 대응 방향 ························267

  3. 엔 캐리 청산이 한국 기준 금리 결정에 미칠 영향 ····270

**3** 금·은 최소 10~20배 폭등에 대한 준비 ····················· 273

  1. 개인의 대응 방안: 자산 방어와 생존 전략 ···············273

  2. 기업의 대응 방안: 공급망 보호와 자본 보존 ··········274

  3. 국가(한국 정부)의 대응 방안: 경제 주권 확립 ·········275

부록: 정영규 교수의 '금·은 포트폴리오 비중 제안' ··············· 278

참고문헌 ·········································· 280

# 2026년
# 新세계대공황
# 시나리오

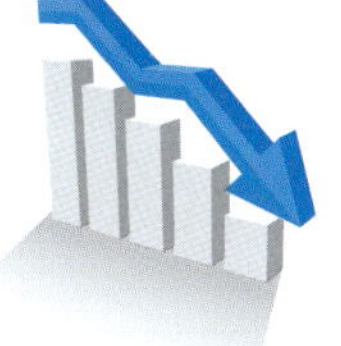

# 1929년 세계대공황 배경과 구조적 원인

1. 세계대공황의 배경과 전개
2. 대공황 이후의 세계 경제 변화

2026년 전 세계 경제는 여러 경제 지표를 종합적으로 분석해 볼 때 100년 만에 도래하는 세계대공황의 초입에 진입한 것으로 판단된다. 이에 1929년 발생했던 세계대공황의 원인과 영향, 결과를 살펴보며 현재의 경제 위기를 체계적으로 분석하고자 한다. 이를 통해 개인, 기업, 국가 등 각 경제 주체들이 위기를 슬기롭게 헤쳐 나가기를 바라며 제1장을 시작한다.

# 세계대공황의 배경과 전개

1929년 발생한 세계대공황(Great Depression)은 단순한 경기 침체를 넘어 전 지구적 자본주의 체제의 구조적 결함을 드러낸 역사적 사건이다. 이는 1920년대 후반부터 1930년대까지 이어진 장기적 경제 수축(Economic Contraction) 현상으로, 금융 시장의 붕괴와 기록적인 실업률을 기록하며 서구 자유주의 경제 모델에 근본적인 의문을 제기했다.

〈그림 1-1〉에서 보듯 당시 시카고의 '알 카포네 수프 키친' 앞에 늘어선 실업자들의 행렬은 대공황의 참상을 상징한다. 이전에도 경기 변동에 따른 부침은 있었으나 이토록 광범위하고 파괴적인 범세계적 불황은 유례가 없었다. 이는 실질 소득 감소와 삶의 질 악화를 넘어 극단적인 사회적 갈등과 정치적 불안정을 야기하는 도화선이 되었다.

**그림 1-1_** 1931년 2월 대공황 기간 중의 실업자들(시카고 알카포네가 연 수프 키친 밖에서 식사를 받기 위해 줄지어 서 있는 모습)

자료: 위키피디아(https://ko.wikipedia.org/wiki 대공황)

## 1. 경제적 배경: '광란의 20년대'와 수급 불균형

1920년대 미국은 1차 세계 대전 이후 유례없는 호황기를 구가했으나 그 이면에는 위험한 구조적 불균형이 내재되어 있었다.

### (1) 세이의 법칙(Say's Law)의 한계와 과잉 생산

고전학파 경제학의 핵심인 "공급이 스스로 수요를 창출한다"는 원리는 대공황 앞에서 무력했다. 포디즘(Fordism)으로 대변되는 대량 생산 체제는 확립되었으나 노동자의 실질 임금 상승 정체로 인해 유효 수요가 생산 속도를 따라가지 못하는 과잉 생산(Overproduction) 상태에 직면했다.

### (2) 농촌 경제의 구조적 몰락

전후 유럽 농업이 복구되면서 농산물 가격이 급락하는 디플레이션이 발생했다. 이는 농가 부채 가중과 구매력 상실로 이어져 내수 시장 위축의 원인이 되었다.

## 2. 직접적 원인: 자산 거품의 붕괴와 금융 공황

2026년 현재의 시각에서 보더라도 1929년 위기의 본질은 자산 가격의 버블과 그 붕괴에 있었다.

### (1) 증권 시장의 투기적 광풍

당시 주식 시장은 기업의 내재 가치와 무관하게 과열되었으며, 특히 증거금 거래(Buying on Margin) 방식의 레버리지 투자가 성행했다. 당시 투자자들은 대개 10%의 증거금만으로 주식을 매수할 수 있었으며, '10배 레버리지'가 통상적이었다. 이것은 본인 자본 1억 원에 9억 원을 차입하여 총 10억 원어치의 주식을 사는 방식을 의미하는 것이었다.

### (2) 검은 목요일(Black Thursday)과 연쇄 도산

1929년 10월 24일, 주가가 급락하자 대규모 마진 콜(Margin Call, 추가 증거금 납입 요구)이 발생했다. 이를 감당하지 못한 투자자들의 투매가 이어지며 주가는 폭락했고, 이는 금융 기관의 자산 건전성 악화와 연쇄적인 뱅크런(Bank Run, 대규모 예금 인출 사태)으로 번졌다.

### (3) 통화 정책의 실책

위기 상황에서 미 연방준준비제도(Fed)는 유동성을 공급하는 '최종 대부자' 역할을 수행하는 대신, 오히려 금리를 인상하고 통화량을 감축하는 긴축 정책을 고수했는데, 이는 경제의 혈맥을 막아버리는 치명적인 정책적 판단 착오였다.

## 3. 구조적 원인: 보호 무역주의와 시스템의 경직성

당시 국제 경제 시스템은 위기 전이(Contagion)를 막을 수 있는 공조 체제가 부재했다.

### (1) 스무트-홀리 관세법(Smoot-Hawley Tariff Act)

미국이 자국 산업 보호를 위해 관세 장벽을 높이자 경쟁국(영국, 프랑스, 독일, 캐나다 등)들이 보복 관세로 맞대응하며 국제 무역량이 급감했다. 이는 이른바 '근린 궁핍화 정책(Beggar-thy-neighbor policy)'으로 불리며 전 세계적 침체를 심화시켰다.

### (2) 금본위제(Gold Standard)의 경직성

화폐 가치를 금에 고정하는 제도적 특성상, 각국 정부는 경기 부양을 위한 유연한 통화 정책(화폐 발행)을 펼칠 수 없었다. 세계대공황은 과잉 생산에 따른 수급 불일치, 과도한 레버리지에 기반한 금융 거품의 붕괴, 그리고 정부의 정책적 경직성이 결합되어 나타난 '복합적 시스템 붕괴' 사건이라고 정의할 수 있다.

## 2 세계대공황의 영향 및 결과

### 1. 세계대공황의 영향

1929년 발생한 세계대공황은 단순한 경기 침체를 넘어 전 세계의 정치, 사회, 국제 질서를 재편한 미증유의 사건으로, 그 영향은 다음의 4가지 측면으로 요약된다.

#### (1) 경제적 파괴: 자본주의 시장 경제 체제의 위기

대공황은 전례 없는 경제적 붕괴를 초래했으며, 특히 다음 세 가지 관점에서 심각한 타격을 주었다.

첫째, 생산 급감과 고용 파괴
과잉 생산과 소비 위축으로 인해 생산 지수가 급락했으며, 〈그림 1-2〉, 〈그림 1-3〉에서 보는 바와 같이, 미국의 경우 1929년 약 3%였던 실업률이 1933년에는 약 25%에 달했고, 독일은 약 30%라는 최악의 실업률을 기록했다.

둘째, 금융 시스템의 마비(Systemic Risk)
과도한 레버리지(차입 경영/투자)에 기반한 주가 폭락은 금융 기관의 건전성을 악화시켰으며, 이는 예금자들이 돈을 찾기 위해 몰려드는 '뱅크런(Bank Run)' 현상으로 이어졌다. 또한 신용 경색과 은행의 연쇄 도산이라는 악순환을 형성했다.

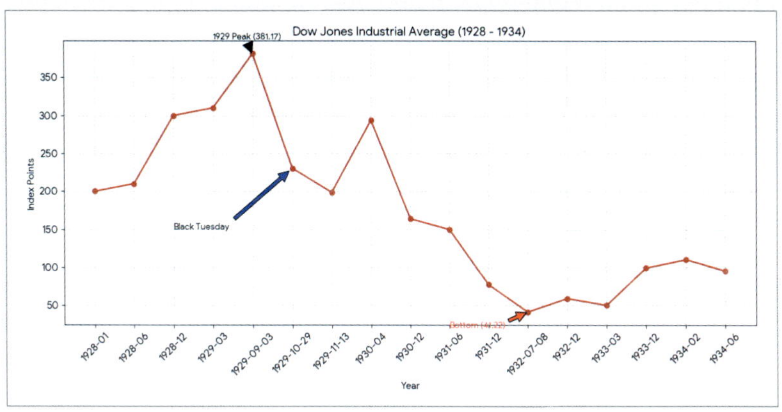


자료: Trading View에서 검색



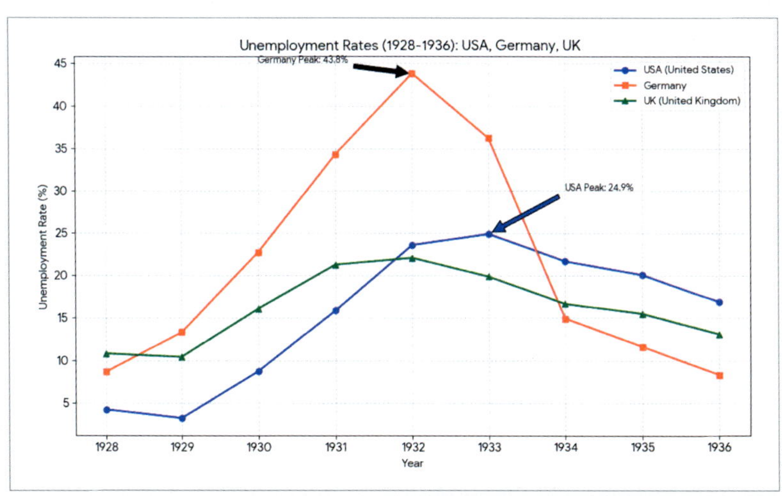


자료: Trading View에서 검색

셋째, 국제 교역의 붕괴와 보호 무역주의

각국은 자국 산업 보호를 위해 '스무트-홀리 관세법(Smoot-Hawley Tariff Act)'과 같은 고관세 정책을 채택했다. 이로 인해 국제 분업 체계가 무너지고 세계 무역량은 60% 이상 급감했다.

## (2) 정치적 변화: 수정 자본주의와 개입주의의 등장

고전 경제학의 핵심인 '세이의 법칙(Say's Law, 공급이 수요를 창출한다)'과 자유방임주의에 대한 신뢰가 무너지면서 국가의 역할이 재정립되었다.

첫째, 뉴딜 정책(New Deal)의 시행

미국 루스벨트 행정부는 공공 사업(TVA 등)을 통해 실업을 구제하고 시장에 직접 개입하는 정책을 펼쳤다. 이는 국가가 경제적 안정을 책임지는 복지 국가(Welfare State) 모델의 기틀이 되었다.

둘째, 수정 자본주의와 케인즈주의(Keynesianism)

존 메이너드 케인즈는 정부가 재정 지출을 통해 '유효 수요(Effective Demand)'를 창출해야 한다고 주장했고, 이 이론은 대공황 극복의 이론적 배경이 되었으며, 현대 거시 경제 정책의 핵심이 되었다.

## (3) 전체주의의 대두

경제적 고통은 민주주의 기반이 약했던 국가들에서 극단적인 세력이 성장하는 토양이 되었다.

첫째, 파시즘과 나치즘의 집권

독일은 베르사유 체제의 과도한 배상금 부담과 대공황에 따른 하이퍼인플레이션(Hyperinflation) 및 실업 문제를 겪었으며, 히틀러의 나치당은 이를 선전 도구로 삼아 정권을 장악했다.

둘째, 일본의 군국주의화

대외 무역 의존도가 높았던 일본은 경제 위기 돌파구를 만주 사변과 같은 대외 침략에서 찾으며 군부 중심의 군국주의 체제로 전환되었다.

## (4) 국제 질서의 분열: 블록 경제(Block Economy) 형성

자원과 식민지가 풍부한 선진국들은 자국 통화를 중심으로 폐쇄적인 경제권을 구축했다.

첫째, 폐쇄적 경제 블록

영국의 스털링 블록(Pound Block), 프랑스의 프랑 블록 등이 대표적이다. 이들은 역내 교역을 강화하고 외부 국가에는 높은 관벽을 세워 경제 위기를 전가했다.

둘째, 보유국(Haves) vs 비보유국(Have-nots)의 갈등

식민지가 부족했던 독일, 이탈리아, 일본은 블록 경제에서 소외되었으며, 이를 타파하기 위해 '생존권(Lebensraum)' 확보를 명분으로 영토 확장을 시도했다. 이는 제2차 세계 대전의 직접적인 도화선이 되었다.

표 1-1_ 세계대공황의 영향 및 결과

| 구 분 | 주요 영향 및 결과 |
| --- | --- |
| 경제 및 무역 | 실업의 만연, 은행 파산, 케인즈 이론 수용과 수정 자본주의 등장, 정부의 시장 개입 강화, 블록 경제 형성(영국, 프랑스, 스페인), 자유무역 퇴보와 보호 무역주의 확산 |
| 정 치 | 미국에서 뉴딜 정책 시행, 케인즈 이론의 채택과 국가의 시장 개입 강화, 전체주의(나치즘, 파시즘) 정권 탄생 |
| 사 회 | 실업의 만연으로 중산층 몰락과 빈곤층 급증, 정치, 사회적 불안정 |
| 국 제 | 블록 경제 형성, 전체주의(나치 등) 등장 → 2차 대전의 도화선<br>제2차 세계 대전 발발의 직접적인 원인 제공 |

## 2. 세계대공황의 역사적 결과

대공황은 인류 역사의 물줄기를 바꾼 거대한 전환점이었으며, 고전 학파 경제학의 퇴장과 케인즈주의의 부상, 그리고 국제 정치 지형의 전면적인 재편을 가져왔다.

### (1) 정치적 결과: 민주주의의 위기와 전체주의 확산

경제적 파탄은 기존 민주 체제에 대한 불신을 극대화했으며, 특히 독일의 경우, 실업자가 600만 명에 육박하고 화폐 가치가 휴지 조각이 되는 상황에서 대중은 강력한 국가 권력을 갈구하게 되었다. 나치는 '빵과 일자리'라는 대중 선동을 통해 합법적으로 권력을 획득했으며, 이는 개인보다 국가와 민족을 절대시하는 전체주의의 확산으로 이어졌다.

### (2) 제2차 세계 대전으로의 귀결

대공황으로 초래된 '근린 궁핍화 정책(Beggar-thy-neighbor policy)'과 경제적 이기주의는 국가 간 신뢰를 파괴했으며, 자력 갱생이 불가능했던 전체주의 국가들이 '경제적 생존'을 명분으로 침략 전쟁을 개시하면서, 결국 1939년 인류 역사상 최대의 비극인 제2차 세계 대전이 발발하게 되었다.

### 1. 근린 궁핍화 정책(Beggar-thy-neighbor policy)

'근린 궁핍화 정책'이라는 용어는 직역하면 '이웃을 거지로 만드는 정책'이라는 아주 적나라한 의미를 담고 있다. 경제학적으로는 상당히 이기적인 생존 전략을 뜻한다. 즉, 자국의 경제적 이익(경기 부양, 실업 해소 등)을 위해 타국의 경제에 희생을 강요하는 정책을 말한다. 주로 대공황 시절처럼 전 세계적으로 경기가 침체되었을 때 나만 살겠다고 주변국에 피해를 주는 상황에서 자주 등장한다.

#### ① 주요 수단(어떻게 이웃을 괴롭히나?)

보통 다음과 같은 방법을 통해 상대방의 주머니를 턴다. 첫째, 환율 조작(평가절하)으로 자국 화폐 가치를 억지로 낮추면 우리 물건은 싸져서 수출이 잘 되고, 남의 나라 물건은 비싸져서 수입이 줄어든다. 둘째, 관세 장벽으로 외국 물건에 엄청난 세금을 매겨 못 들어오게 막는다. 셋째, 수출 보조금으로 자국 기업에 돈을 퍼주어 가격 경쟁력을 억지로 높인다.

#### ② 결과: 결국 모두가 망한다

이 정책의 가장 큰 비극은 보복이다. A국이 환율을 낮춰 이득을 보면 피해를 입은 B국도 똑같이 환율을 낮추거나 관세를 올린다. 그렇게 되면 전 세계가 무역 전쟁에 돌입한다. 결국 국제 무역량이 급감하며 전 지구적인 경제 공황이 심화된다. 1930년대 대공황 당시, 각국이 앞다투어 관세를 높이고 화폐 가치를 떨어뜨리는 '근린 궁핍화'에 몰두했다가 결국 세계 경제가 처참하게 무너진 사례가 대표적이다.

이 정책은 '제로섬 게임(Zero-sum game)'의 전형으로, 내가 얻는 100이 상대방의 마이너스 100에서 오는 구조이다. 오늘날 국제통화기금(IMF)이나 세계무역기구(WTO) 같은 기구들이 존재하는 이유 중 하나도 바로 이러한 이기적인 정책을 감시하고 막기 위함이다.

### 2. 스무트-홀리 관세법(Smoot-Hawley Tariff Act)

1930년 6월, 미국이 대공황 초기 국내 산업 보호를 위해 제정한 이 법안은 고립주의적 보호 무역주의의 정점으로 불린다. 취지는 자국 경제 회복이었으나 결과적으로는 전 세계적인 '근린 궁핍화 정책(Beggar-thy-neighbor policy)'의 연쇄 반응을 일으켜 대공황을 전 지구적 재앙으로 심화시킨 경제사의 대표적 실책이다.

### ① 주요 내용 및 메커니즘

첫째, 관세율의 비약적 인상으로, 약 2만여 개의 수입 품목에 대해 고율의 관세를 부과했다. 둘째, 실효 관세율(Effective Tariff Rate)로, 평균 관세율을 약 59.1%까지 상향 조정하여 외산 물품의 가격 경쟁력을 완전히 무력화하는 거대한 무역 장벽(Trade Barrier)을 구축했다. 셋째, 입법 목적은 대공황 여파로 붕괴하던 미국 농업 부문을 보호하고, 국내 산업의 내수 점유율을 방어하여 실업 문제를 해결하려 했다.

### ② 경제적 파급 효과 및 부작용

법안 통과 직후 교역 상대국들의 거센 반발로 인해 국제 경제 질서는 '보복의 악순환'에 빠졌다. 이후 나타난 반응은 첫째, 보복 관세(Retaliatory Tariffs)의 확산이다. 캐나다, 영국, 프랑스, 독일 등 주요 교역국들이 즉각적으로 미국산 수출품에 맞불 관세를 부과하며 전면적인 무역 전쟁(Trade War)이 발발했다. 둘째, 글로벌 가치 사슬의 붕괴이다. 국가 간 보호 장벽이 높아지면서 1929년부터 1934년 사이 세계 무역 총액은 약 66%나 급감(증발)했다. 셋째, 대공황의 하강 압력 심화이다. 내수 보호를 노렸던 의도와 달리 수출길이 막힌 미국 제조업과 농업은 과잉 생산 문제에 직면했으며, 이는 기업 도산과 실업률 폭등으로 이어져 단순한 경기 침체를 범세계적 장기 공황(Great Depression)으로 고착화하는 기폭제가 되었다.

### ③ 역사적 교훈과 국제 질서의 재편

이 사건은 "근린 궁핍화 정책(보호 무역을 통해 타국에 경제적 피해를 전가하는 행위)은 결국 자국의 파멸을 초래한다"라는 뼈아픈 교훈을 남겼다. 이 반성으로부터 전후 경제 질서는 폐쇄적인 블록 경제를 지양하고, GATT(관세 및 무역에 관한 일반 협정)를 거쳐 현재의 WTO(세계무역기구) 체제로 이어지는 자유무역주의(Free Trade)와 다자간 무역 체제를 확립했다.

# 대공황 이후의 세계 경제 변화

## 1 미국 루스벨트 대통령의 금 보유 금지 정책

　1929년 대공황이라는 전대미문의 경제 위기 속에서 루스벨트(FDR) 대통령이 단행한 '개인 금 보유 금지 정책'은 현대 통화 시스템의 향방을 결정지은 매우 파격적인 조치였다.

### 1. 경제적 배경 및 메커니즘의 전문화

　당시 미국은 화폐의 가치를 금에 고정시키는 금본위제(Gold Standard)를 채택하고 있었다. 하지만 대공황으로 은행들이 파산하자 사람들은 종이 돈을 믿지 못하고 이를 금으로 바꾸어 집안에 쌓아두기 시작했다.(금 사재기) 〈표 1-2〉에서 보는 바와 같이 당시 루스벨트 대통령의 금 보유 금지 정책을 살펴보면 다음과 같다.

표 1-2_ 미국 루스벨트 대통령의 금 보유 금지 정책 요약

| 구 분 | 주요 내용 |
|---|---|
| 명 칭 | 행정명령 제6102호(Executive Order 6102) |
| 시행일 | 1933년 4월 5일 |
| 주요 목적 | 금본위제 사실상 폐지, 통화량 증대(인플레이션 유도)를 통한 경기 부양 |
| 핵심 조치 | 미국 시민의 금화, 금괴, 금 증서 소유 금지 및 연방준비은행에 강매 |
| 보상 기준 | 금 1온스당 20.67달러(당시 공식 가격)로 지불 |
| 예외 조항 | 예술용, 산업용, 희귀 동전 수집가, 1인당 100달러 이하의 금 소유 등은 허용 |
| 위반 시 처벌 | 최대 10년 징역 또는 10,000달러 벌금(당시 기준으로 매우 거액) |

자료: Federal Reserve History, "Roosevelt's Gold Program"(by Richardson, Gary, et al.)

## (1) 통화량 부족 현상 → 리퀴디티 트랩(Liquidity Trap) 및 통화 수축 (Monetary Contraction)

가계, 기업, 정부 등 경제 주체들이 자산을 현금(금)화하여 보유하려는 성향이 강해지면서 시중 유동성이 고갈되는 통화 수축 상황으로 전개되었다. 시중에 돈이 돌지 않으니 물가는 폭락하고 실업이 증가하는 악순환이 반복되었다. 즉, 금 사재기 → 금 본위제하의 뱅크런(Bank Run) 및 퇴장(Hoarding)으로 자금이 경색되기 시작했다.

둘째, 연준의 한계로 중앙은행(Fed)은 법적으로 보유한 금의 양에 비례해서만 달러를 발행할 수 있었는데, 사람들이 금을 숨겨버리니 달러를 찍어낼 근거가 사라졌다. 즉, 달러를 찍어낼 근거 → 통화 발행의 금 준비 제도(Gold Reserve Requirement)는 당시 연준법에 따르면 발행하는 연방준비권(달러)의 40% 이상을 반드시 금으로 보유해야 했다.

## (2) 행정 명령 및 법적 조항의 정교화

첫째, 금 가격을 인상(평가절하) → 평가절하(Devaluation) 및 금 본위제 중단

1933년 4월 5일, 루스벨트 대통령의 금 소유 금지령(Executive Order 6102)은 미국 경제사에서 가장 파격적이고 논쟁적인 조치 중 하나였다. 주요 내용은 금 반납 의무에 관한 것으로 모든 미국 시민과 기업은 자신이 소유한 금화, 금괴, 금 증서를 1933년 5월 1일까지 연방준비은행에 반납해야 한다는 것이었다. 그리고 보상 가격으로 정부는 반납된 금에 대해 온스($oz$)당 20.67달러의 현금을 지급했다. 또한, 예외 조항으로 치과용 금, 예술품, 보석류, 1인당 100달러 미만의 희귀 금화 등은 예외로 인정되었다.

둘째, 처벌 규정 → 법적 구속력(Statutory Authority)

이 조치는 1917년 제정된 '적성국교역법(Trading with the Enemy Act)'

을 근거로 발동되었으며, 전시 상황이 아님에도 이 법을 인용한 점이 당시 법적 논쟁의 핵심이었다. 즉, 이를 어기고 금을 숨기다 적발될 경우, 최대 10년의 징역 또는 1만 달러(현재 가치로 수억 원)의 벌금을 부과하는 강력한 처벌을 시행했다.

## 2. 정책의 결과와 영향

당시의 상황을 수식으로 표현하면 루스벨트의 의도가 더 명확해진다. 화폐수량설인 $MV = PY$에서, 금 퇴장으로 인해 화폐 유통 속도($V$)가 급락하자 정부는 금 보유 금지를 통해 통화량($M$)을 강제로 늘려 물가($P$)와 생산량($Y$)의 추락을 막으려 했다. 즉, 정부는 이 정책을 통해 막대한 양의 금을 국고로 회수하는 데 성공했으며, 이후, 금 가격을 인상(평가절하)했다. 금을 다 거둬들인 직후인 1934년, 루스벨트는 금 가격을 온스당 35달러로 공식 인상했으며, 그 결과, 정부는 가만히 앉아서 보유한 금의 가치가 약 69% 상승하는 이득을 보았다. 반대로 달러의 가치는 하락(평가절하)하여 미국 수출품의 가격 경쟁력이 생기게 되었다.

둘째, 통화 팽창(Inflation)으로 금의 제약에서 어느 정도 벗어난 정부는 시장에 달러를 대거 풀어 경기 부양책(뉴딜 정책)을 실시할 재원을 마련했다. 이 조치는 사실상 금본위제의 종말을 고했고, 이후 1971년 닉슨 대통령에 의해 완전히 폐지될 때까지 달러 중심의 통화 체제로 가는 징검다리 역할을 했다.

셋째, 브레튼우즈 체제로의 이행이다. 이 정책은 단순히 금을 뺏은 것에 그치지 않고, 국가가 통화량을 임의로 조절할 수 있는 관리 통화 제도(Managed Currency System)로 나아가는 결정적 계기가 되었다. 이는 훗날 달러를 기축 통화로 만드는 발판이 되었다. 즉, 당시, "국가가 개인의 사유 재산인 금을 강제로 회수한 것은 헌법 위반이다"라는 비판이 매우 강했으나 결과적으로 이 정책은 시중의 유동성을 공급하고 디플레이션을 막아 대공황 극복의 발판이 되었다는 경제적 평가를 동시에 받았다. 미국인들이 다시 자유롭게 금을 사고팔 수 있게 된 것은 그로부터 40여 년이 지난 1974년이 되어서였다.

## 2  1970년대 은 가격 폭등

1920년대 말의 세계대공황과 1970년대 은 가격 폭등은 직접적인 시기 차이는 있지만, 화폐 가치에 대한 불신과 실물 자산으로의 쏠림 현상이라는 맥락에서 경제사적으로 매우 중요한 연결고리를 갖고 있다. 특히, 1970년대 은 가격 폭등은 닉슨 쇼크 이후 "화폐(달러)는 종이에 불과하다"라는 인식이 확산되면서 인플레이션 헤지(위험 회피) 수단으로 은이 선택되었다. 이를 계기로 이른바 '헌트 형제의 은 매집 사건'이 발생했다.

### 1. 은 가격 폭등의 비밀

#### (1) 브레턴우즈 체제가 붕괴되다

1970년대는 전 세계적으로 경제적 혼란기였다. 1971년 닉슨 대통령이 금 태환 정지를 선언하자 달러 가치가 하락했는데, 이 선언은 현대 경제사에서 가장 중요한 변곡점 중 하나이다. 이를 이해하기 위해서는 당시 달러와 금의 관계, 그리고 왜 이 사건이 '은'을 포함한 실물 자산 폭등의 도화선이 되었는지 살펴볼 필요가 있다.

첫째, 브레턴우즈 체제에서 "달러는 곧 금"이었다. 제2차 세계 대전 직후인 1944년, 주요국들은 미국 햄프셔주 브레턴우즈에 모여 새로운 국제 통화 질서를 만들었는데, 금태환본위제(Gold Exchange Standard)이다. 미국이 금 1온스를 35달러로 고정하고, 다른 나라의 통화는 달러에 고정했다.

둘째, 금 태환 보장으로 다른 나라 정부가 달러를 가져오면 미국은 언제든 금으로 바꿔주겠다고 약속해 결과적으로 달러는 세계 유일의 기축 통화가 되었고, 전 세계는 달러를 금처럼 믿고 사용하기 시작했다.

### (2) 왜 붕괴되었나?(닉슨 쇼크의 원인)

1960년대 후반으로 가면서 이 체제에 균열이 생기기 시작했다. 그 원인으로 첫째, 미국의 달러 남발이 있다. 베트남 전쟁 비용 조달과 '위대한 사회(Great Society)' 정책에 따른 복지 예산 지출로 인해 미국은 금 보유량을 초과하는 막대한 양의 달러를 발행했다.

둘째, 신뢰의 위기이다. 시장에 달러는 넘쳐나는데, 미국이 보유한 금은 한정되자 "과연 미국이 저 많은 달러를 다 금으로 바꿔줄 수 있을까?"라는 의구심이 시장에서 커져 갔다. 1940년대 후반 2만 톤을 상회하던 미국의 금 보유량은 〈그림 1-4〉에서 보듯 유럽 국가들의 금 태환 요구와 미국의 재정 적자가 맞물리며 1970년대에 이르러 절반 수준으로 급감했다.

그림 1-4_ 1960년대 미국의 금 보유량 추이(단위:톤)

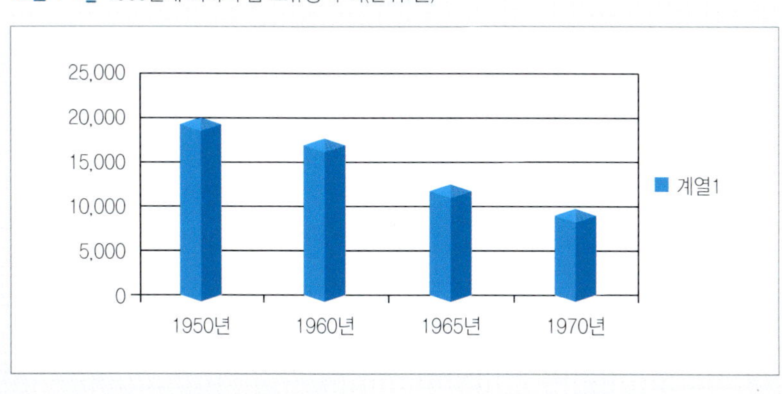

셋째, 금의 유출이다. 독일, 프랑스 등 유럽 국가들이 달러 가치 하락을 예상하고 보유 중인 달러를 금으로 바꿔달라고 강력히 요구하면서 미국의 금고가 비어가기 시작했다. 결국 1971년 8월 15일, 닉슨 대통령은 더 이상 달러를 금으로 바꿔줄 수 없다는 '금 태환 정지'를 선언하기에 이른다.

### (3) 1971년 8월 15일("이제 금 안 바꿔줍니다")

결국, 닉슨 대통령은 TV 연설을 통해 폭탄 선언을 하는데, "더 이상 달러를 가져와도 금으로 바꿔주지 않겠다"는 것이다. 이를 '닉슨 쇼크(Nixon Shock)'라고 부른다. 이유는 〈그림 1-5〉에서 보는 바와 같이 1950년대 초 약 20,000톤에 달했던 미국의 금 보유고는 유럽 국가들의 태환 요구로 인해 1971년 당시 약 9,000톤 수준(절반 이하)으로 급감해 있었기 때문이다. 이 선언으로 인해 금이라는 담보가 사라진 달러는 종잇조각에 불과하다는 공포가 확산되며 달러 가치가 급락했다.

둘째, 인플레이션의 시작으로 돈의 가치가 떨어지니 물가가 치솟기 시작했다. 1970년대 내내 전 세계는 고물가에 시달리게 되었다. 셋째,

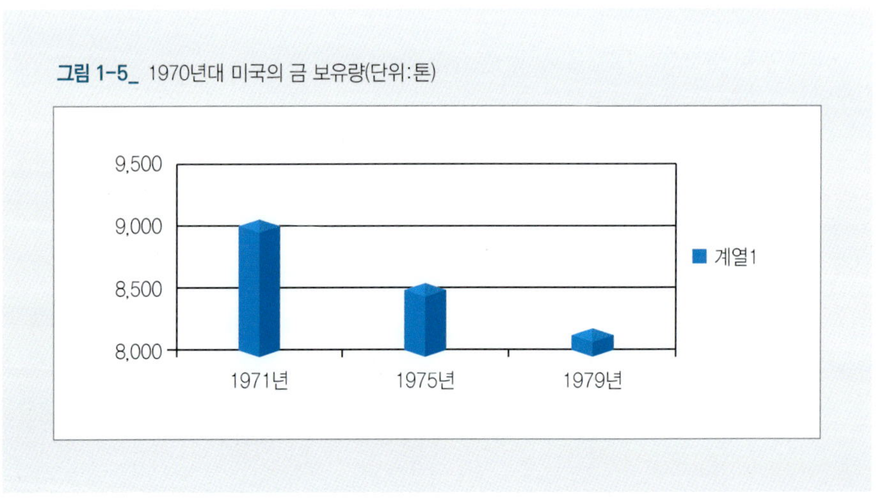

**그림 1-5_** 1970년대 미국의 금 보유량(단위:톤)

실물 자산으로의 도피가 일어났다. 사람들은 가치가 떨어지는 종이 화폐 대신 가치가 변하지 않는 실물 자산, 즉 금, 은, 석유 등을 대량으로 매수하기 시작했다.

## (4) 왜 '은' 가격이 폭등했나?

첫째, 달러에 대한 신뢰가 무너지자 투자자들은 금을 찾기 시작했지만, 당시 금은 정부의 규제가 심하거나 개인이 매수하기에 너무 비싼 경우가 많았다. 이때 '가난한 자의 금'이라 불리던 은(Silver)이 대체제로 알려지기 시작했다. 또한, 은은 산업용 수요도 탄탄한 데다 화폐 시스템 붕괴에 대비한 안전 자산으로 인식되면서 투기 세력의 타깃이 되었다. 특히 단순한 인플레이션 헤지 수요뿐만 아니라 넬슨 벙커 헌트와 윌리엄 허버트 헌트 형제가 은 시장을 독점(Cornering the market)하려는 의도로 막대한 물량을 매집했던 투기적 사건이 은 가격 폭등의 결정적인 원인이 되었다. 이는 곧 역사적인 은 가격 폭등으로 이어졌다.

둘째, 오일 쇼크이다. 두 차례의 석유 파동으로 전 세계 물가가 치솟는 스태그플레이션이 발생했다. 보통 물가가 오르면 경기가 좋고 경기가 나쁘면 물가가 떨어지는 것이 일반적인 경제 상식이지만, 1970년대 오일 쇼크는 이 공식을 깨버렸다. 〈그림 1-6〉에서 보는 바와 같이, 1970년대 국제 유가 차트를 살펴보면 1970년대 초 배럴당 3달러에서 1979년도에 35달러 이상으로 상승하면서 중동 산유국들의 무역 수지가 급격히 증가했다. 하지만, 달러 가치가 하락하자 달러로 결제를 받던 산유국(OPEC)들은 실질 소득이 줄어드는 것에 분노했으며, 여기에 중동의 지정학적 위기가 겹치며 유가는 수직 상승했다. 이로 인해 중동 OPEC 국가들의 무역 수지는 막대한 흑자를 기록한 반면, 석유를 수입해야 했던 미국(이미, 1971년부터 전후 첫 무역 적자를 기록하며 달러 위상을 위협받고 있었고, 유가 상승이 이를 가속화했다.)과 주요 선진국들의 무역 수지는 급격히 악화(적자 전환)되었습니다.

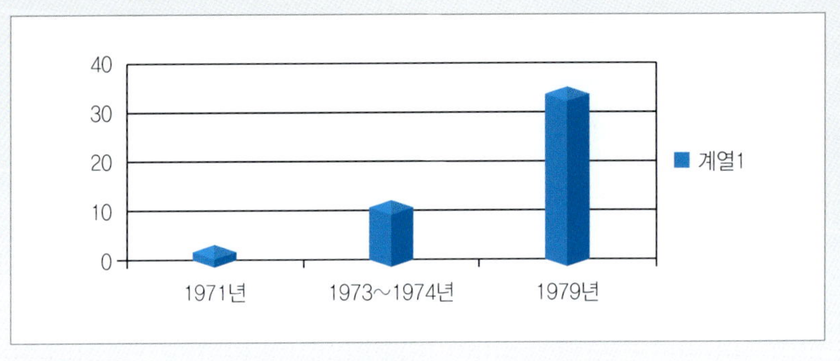


한편, '비용 인상 인플레이션(Cost-push Inflation)으로 인한 경기 침체'로 석유 가격이 폭등(비용 인상)하자 물건을 만드는 생산 비용이 급증했고, 기업들은 제품 가격을 올리면서도 생산을 줄였다. 결과적으로 물가는 치솟는데 실업률은 높아지는 최악의 상황으로 전개된 것이다. 또한, 화폐 가치의 하락으로 현금을 들고 있으면 가만히 앉아서 재산을 잃는 상황이 전개되자 사람들은 '진짜 가치'가 있는 인플레이션 헷지를 위한 실물 자산에 투자하기 시작했다. 즉, 금과 은에 대한 매수에 가담하기 시작하면서 화폐 가치가 떨어지고 실물 투자가 증가했다.

## 2. 헌트 형제의 야망(The Hunt Brothers)

텍사스의 석유 재벌이었던 넬슨 벙커 헌트와 윌리엄 허버트 헌트 형제는 인플레이션으로부터 자신들의 막대한 부를 지키기 위해 전략적 선택으로 은(Silver)을 구입했다. 그들은 단순히 투자하는 수준을 넘어 시장을 장악(Cornering the market)하여 엄청난 수익을 계획했다.

전개 과정을 살펴보면, 1970년대 초반부터 은 현물과 선물 계약을 대량으로 사들이기 시작했으며, 레버리지를 활용하면서 최대로 물량

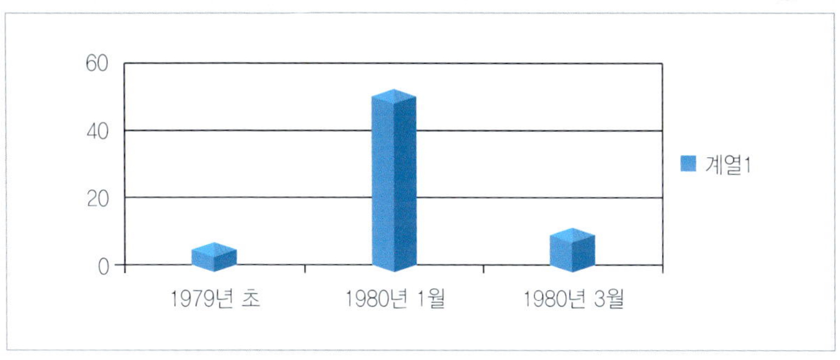


을 매집했다. 즉, 본인들의 자산뿐만 아니라 막대한 대출을 받아 은을 계속 사들여 창고에 쌓아두었다. 그 결과 은의 가격이 폭등하기 시작했다.

〈그림 1-7〉에서 보는 바와 같이 1979년 온스당 6달러선이었던 은 가격은 1980년 초 50달러 근처까지 치솟아(약 800% 상승) 당시 일반인들이 은수저나 은식기를 팔기 위해 줄을 서는 진풍경이 벌어지기도 했다.

## (1) 실버 서스데이(Silver Thursday)

은 가격이 비정상적으로 치솟자 시장 교란을 우려한 미 규제 당국과 거래소(COMEX)가 이를 조사하기 시작했다. 〈그림 1-7〉에서 보는 바와 같이 1980년 3월에는 온스당 10달러 이하로 급락했다.

국제 은 가격을 정상화시키기 위해 정부가 은 매수 포지션에 제한을 걸고 증거금(Margin call)을 대폭 인상했으며, 자금줄을 차단하기 시작했다. 연준(Fed) 역시 은 투기를 위한 대출을 금지하면서 헌트 형제는 유동성 위기에 빠졌다. 증거금을 감당하지 못한 헌트 형제는 은을 투매하기 시작했고, 은 가격은 온스당 15.80달러로 대폭락(1980년 3월 27

일)했다. 이를 '실버 서스데이'라고 불렀다. 1982년 초에는 10달러까지 하락했다.

## (2) 역사적 의미

1970년대 은 사건은 현대 금융 시장에 몇 가지 중요한 교훈을 남겼다.

첫째, 시장의 한계를 드러냈다. 아무리 거대 자본이라도 국가 시스템과 규제 당국의 정책 변화를 이기기는 어렵다는 것을 보여주었다.

둘째, 자산의 변동성이다. 안전 자산으로 여기는 귀금속도 투기 세력이 개입하면 기록적인 변동성을 보일 수 있음을 증명했다.

셋째, '브레튼우즈 체제 붕괴 이후의 인플레이션 헤지 수단 찾기' 과정에서 1929년 대공황 이후 금지되었던 금 사유화가 1970년대에 다시 풀리면서 과도기적 혼란의 정점이 되었다.

### 세계대공황 시의 레버리지(평균 2~5배, 최대 10배)

1929년 대공황 당시 주식 시장의 레버리지는 평균적으로 자기 자본의 2배에서 5배에 달할 만큼 매우 높았다. 당시 투자자들은 주식 매수 대금의 10~20% 정도의 현금(증거금)만 있으면 나머지는 빌린 돈으로 주식을 살 수 있었는데, 이는 최대 10배의 레버리지를 의미한다. 주가가 상승할 때는 이것이 '부의 지름길'처럼 보였으나 시장이 정점을 찍고 하락하자 이 과도한 빚이 부메랑이 되어 투자금 전액 손실과 파산을 불러왔고, 대공황을 심화시키는 도화선이 되었다.

### 레버리지의 역할

첫째, 과도한 차입으로 투자자들은 증권사로부터 매수 대금의 상당 부분을 빌리는 '마진 거래(Margin Trading)'를 통해 자기 자본보다 몇 배나 큰 규모의 주식을 보유했다.

둘째, 손익의 비대칭적 극대화로 주가 상승 시에는 수익이 배가 되었지만, 하락 시에는 원금이 순식간에 사라지는 구조여서 특히 빌린 돈에 대한 이자 부담까지 더해져 손실은 걷잡을 수 없이 커졌다.

셋째, 마진콜과 강제 청산의 악순환으로 주가가 조금만 하락해도 증권사는 담보 가치 유지를 위해 추가 증거금(마진콜)을 요구했으며, 이를 낼 돈이 없던 투자자들의 주식은 시장에 강제 투매(Panic Selling)로 쏟아졌다. 이는 다시 주가를 끌어내려 또 다른 마진콜을 부르는 '죽음의 소용돌이'를 만들었다.

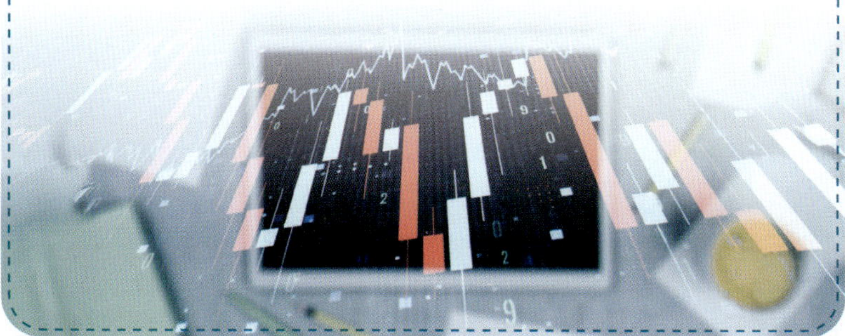

# 제2장

# 2026년
# 신(新)세계대공황의 전조

1. AI 버블론과 엔비디아의 시장 지배력 분석
2. 코로나로 인한 과잉 유동성 공급과 부채의 역습
3. 부동산 거품과 자동차(전기차) 산업의 불확실성
4. 트럼프의 MEGA 및 보복 관세 정책과 보호 무역주의의 재림
5. 일본의 금리 인상과 엔 캐리 자금의 청산

2026년 새해 들어 앞 장에서 본 것과 같은 세계대공황의 전조 현상이 나타났다. 앞으로 전개될 현상들은 다음과 같다. 첫째, AI 거품과 엔비디아 주가 하락, 둘째, 코로나 이후의 과잉 유동성 공급으로 인한 부동산 거품과 과잉 부채, 셋째, 부동산 거품과 자동차(전기차) 산업의 불확실성, 넷째, 트럼프의 MEGA 정책과 관세 정책 등이고, 다섯째, 일본의 금리 인상과 엔 캐리 자금의 청산이다. 이에 대해서 구체적으로 살펴보고자 한다.

# 1 AI 버블론과 엔비디아의 시장 지배력 분석

## 1 젠슨 황과 엔비디아의 연대기: 시련에서 혁신으로

엔비디아(NVIDIA)의 공동 창업자이자 CEO인 젠슨 황(Jensen Huang)의 여정은 단순한 이민자의 성공 신화를 넘어 가속 컴퓨팅(Accelerated Computing)이라는 새로운 컴퓨팅 패러다임을 제시하며 AI 시대를 개척한 기술 리더십의 과정으로 평가받고 있다.

### 1. 성장 배경과 회복 탄력성(Resilience)

**유년기 및 도미(渡美):** 1963년 대만 타이난에서 출생한 젠슨 황은 화학 공학자인 아버지와 교육열 높은 어머니의 영향 아래 성장했다. 태국 거주를 거쳐 1973년, 동남아시아의 지정학적 불안 속에서 교육적 기회를 찾아 미국으로 이주했다.

**오나이다 뱁티스트 인스티튜트 시절:** 당시 그가 입학한 학교는 엄격한 규율의 기숙 학교였으며, 일각에서는 이를 문제아 수용 시설로 묘사하기도 하지만, 정확히는 노동과 학업을 병행하는 스파르타식 교육 환경에 가까웠다. 그는 이곳에서 매일 화장실 청소와 같은 고된 노동과 인종 차별적 환경을 견디며 전략적 인내심과 생존 본능을 체득했다.

**학업적 성취:** 오리건주 앨로하 고등학교(Aloha High School) 재학 시절, 뛰어난 인지 능력을 바탕으로 2년을 월반하여 16세에 졸업했고, 이후

오리건 주립대학교(OSU)에서 전기 공학 학사 학위를 취득하며 마이크로프로세서와 그래픽스 설계의 기초를 닦았다.

**근로 윤리의 정립:** 대학 시절 '데니스(Denny's)' 레스토랑에서의 아르바이트 경험은 그에게 고객 서비스의 본질과 협업의 중요성을 일깨워주었으며, 이는 훗날 엔비디아의 '수평적 소통 문화'와 '실행 중심의 기업가 정신'의 토대가 되었다.

### (1) 커리어와 엔비디아의 태동

**전문성 확보:** 졸업 후 AMD와 LSI 로직(LSI Logic)에서 마이크로프로세서 설계 엔지니어로 근무하며 실무 역량을 쌓았다. 직장 생활과 병행하여 스탠퍼드 대학교 대학원에서 전기 공학 석사 학위를 취득(1992년)해 이론적 깊이를 더했다.

**엔비디아 창업**(1993): 30세가 되던 해, 크리스 말라초스키(Chris Malachowsky), 커티스 프리엠(Curtis Priem)과 함께 '데니스' 레스토랑에서 3D 그래픽 기술의 상용화를 목표로 엔비디아를 설립했다. 당시 그들은 PC 기반의 멀티미디어 가속기가 미래 컴퓨팅의 핵심이 될 것임을 통찰했다.

## 2. 엔비디아(NVIDIA)의 연혁 및 성장 동력 분석

### (1) 설립 배경 및 초기 위기 극복

1993년, 젠슨 황(Jensen Huang), 커티스 프리엠(Curtis Priem), 크리스 말라초스키(Chris Malachowsky)는 비주얼 컴퓨팅 시장의 잠재력을 예견하며 엔비디아를 설립했다. 초기 독자 규격이었던 NV1의 시장 안착 실패로 파산 위기에 직면하기도 했으나 일본 세가(SEGA)로부터 전략적 투자를 유치하며 개발한 RIVA 128이 상업적 성공을 거둠으로써 재무적 안정성을 확보하고 기사 회생에 성공했다.

## (2) 기술적 변곡점: GPU의 탄생과 CUDA 생태계 구축

1999년, 엔비디아는 세계 최초의 GPU(Graphics Processing Unit)인 'GeForce 256'을 출시하며 고성능 그래픽 연산 시장을 선점했다. 특히 2006년에는 그래픽 처리를 넘어 범용 연산에 GPU를 활용할 수 있는 병렬 컴퓨팅 플랫폼인 CUDA(Compute Unified Device Architecture)를 발표했다. 도입 초기 수익성 측면에서의 불확실성에도 불구하고 젠슨 황은 선제적인 R&D 투자를 지속했는데, 이는 향후 딥러닝 기반 AI 혁명의 핵심 인프라로 자리 잡는 결정적 계기가 되었다.

## (3) AI 리더십 확보 및 시장 지배력 확대

2012년 이미지 인식 경진대회(ILSVRC)에서 엔비디아 GPU 기반의 알렉스넷(AlexNet)이 압도적 성능으로 우승하며, 엔비디아는 단순 하드웨어 제조사를 넘어 AI 연산 가속기 전문 기업으로 체질을 개선했다. 생성형 AI 트렌드의 확산과 함께 H100, 차세대 아키텍처인 블랙웰(Blackwell), 루빈(Rubin) 등 고성능 가속기 라인업을 통해 전 세계 AI 칩 시장 점유율 90% 이상을 독점하는 강력한 시장 지배력을 구축했다.

## (4) 재무적 성과 및 시장 가치 평가

〈표 2-1〉에서 보는 바와 같이, 엔비디아의 매출액은 2023년 269억 달러에서 2025년 1,304억 달러로 가파른 성장세를 기록하고 있다. 특히 2025년 10월에는 시가 총액 5조 달러를 상회하며 글로벌 브랜드 가치 5위권에 진입하고 미국 다우·나스닥 지수 내 시가 총액 1위를 달성하는 등 독보적인 재무 성과를 입증했다.

**표 2-1_** 엔비디아 연간 경영 실적 추이(단위: US.Dollar(백만), %)

| 구 분 | 2023. 1. 29 | 2024. 1. 28. | 2025. 1. 26. |
|---|---|---|---|
| 매출액(USD mn) | 26,974 | 60,922 | 130,497 |
| 매출액(USD mn) | 4,368 | 29,760 | 72,880 |
| ROA(%) | 10.23 | 55.67 | 82.20 |
| ROA(%) | 317.39 | 110.62 | 62.93 |

자료: Trading View에서 검색

## (5) 향후 전망 및 리더십 전략

최근 2026년 1월 주가 차트상에서 〈그림 2-1〉에서 보는 바와 같이 관측되는 하락 반전 추세는 기술주 밸류에이션 과열에 대한 시장의 경계감이 반영된 것으로 분석된다.

**그림 2-1_** 엔디비아 주가 추이

자료: Trading View에서 검색

그러나 젠슨 황 CEO는 CES 2026을 통해 AI의 영역이 텍스트 기반 챗봇을 넘어 '물리적 AI(Physical AI)', 자율 주행, 로보틱스로 확장될 것임을 선언하며 새로운 성장 모멘텀을 제시했다. 30년 이상 경영권을 유지해 온 젠슨 황의 '실용주의 리더십'과 수평적 조직 문화는 엔비디아가 급변하는 기술 패권 경쟁 속에서도 시장 지배력을 공고히 하는 핵심 동력으로 작용하고 있다.

## 2 AI 거품의 형성과 과잉 기대

최근 세계 경제가 저성장 고물가의 늪을 지나 경기 침체(Recession) 혹은 구조적 대공황(Great Depression) 시나리오에 진입하고 있다는 우려가 확산되고 있다. 특히 핵심 쟁점은 〈그림 2-1〉에서 확인되듯, 기업의 이익 모멘텀(Earnings Momentum)은 견조하게 유지되고 있음에도 불구하고, 시장의 기대 수익률(Expected Return)이 이를 상회하여 주가에 버블(Bubble)이 형성되었다는 분석이다. 이러한 고평가 논란 속에서 AI 대장주인 엔비디아(NVIDIA)의 주가는 정점을 지나 하락 국면에 진입했다. 〈그림 2-2〉에 나타난 바와 같이 2025년 하반기 피크아웃(Peak-out) 현상을 보인 이후 하락세가 가속화되었다. 2026년 1월 20일 기준 주가는 178달러까지 급락했으며, 이후 185달러 선까지 데드 캣 바운스(Dead Cat Bounce, 하락장 속 일시적 반등) 성격의 기술적 반등을 시도했으나 저항선 돌파에는 실패했다.

경제 이론에 근거한 추세 분석(Trend Analysis) 결과, 엔비디아의 주가는 이미 장기 이동 평균선을 하회하는 등 명확한 하강 추세(Downtrend)로 전환된 것으로 판단된다. 특히 2026년 1월 21일 기준 178달러 선의 붕괴는 단순한 가격 조정을 넘어 AI 산업 전반에 대한 시장의 신뢰가 흔들리고 있다는 위험한 네거티브 시그널(Negative Signal)로 해석된다.

자료: Trading View에서 검색



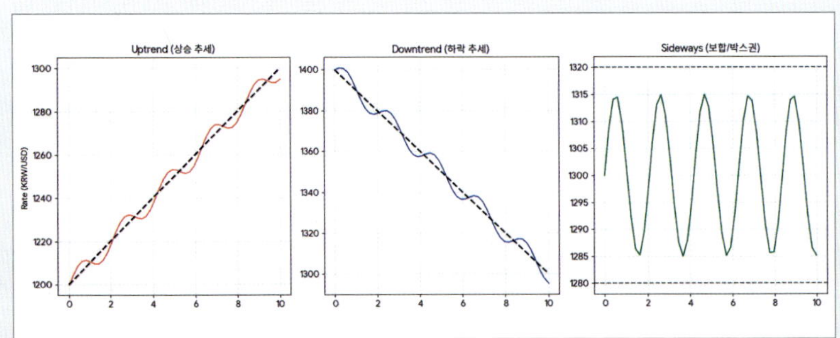

자료: 이환호 외(2024), 경문사, p. 201 참조, Trading View에서 검색

결과적으로 2026년 1월 중순 현재, 시장 전문가들은 2020년대 중반을 수놓았던 AI 광풍의 잔치(Euphoria)가 끝나고 '제2의 세계대공황'이

시작될 가능성을 경고하고 있다. 그 결정적 전조 현상으로 AI 캐즘(Chasm, 일시적 수요 정체)에 따른 버블 붕괴와 그 중심에 서 있던 엔비디아의 밸류에이션 리레이팅(Valuation Re-rating, 주가 재평가) 하락을 지목하고 있다.

## 1. AI 산업 내 비정상적 집중화 현상 및 구조적 리스크

2026년 현재, 글로벌 AI 산업은 특정 하드웨어 제조사와 초거대 자본에 의한 '시장 왜곡' 및 '성장 가시성'에 대한 회의론이 대두되며 거품 논란에 직면해 있는데, 이러한 현상은 다음의 두 가지 핵심 메커니즘으로 분석된다.

### (1) 하드웨어 수직 계열화 및 단일 장애점(SPOF) 리스크

AI 연산의 핵심 인프라인 GPU 시장 내 엔비디아(NVIDIA)의 독점적 지위는 산업 전체의 '공급망 편중화'를 심화시켰으며, 전 세계 AI 투자 자본이 특정 벤더의 매출로 귀결되는 '자본의 병목 현상'을 발생시키고 있다. 이는 엔비디아의 실적 변동이 곧 글로벌 기술주의 변동성으로 직결되는 시스템 리스크(Systemic Risk)를 초래하며, 특정 요소의

결함이 전체 시스템의 붕괴로 이어지는 '단일 장애점(Single Point of Failure)'의 위험을 고착화하고 있다.

### (2) 자본 집약적 진입 장벽과 시장 양극화

빅테크 기업들의 막대한 자본력은 AI 산업의 '해자(Moat)'를 넘어 신규 진입자를 차단하는 높은 진입 장벽으로 작용하고 있다. 〈그림 2-4〉

자료: Trading View에서 검색

에서 보는 바와 같이 마이크로소프트, 구글, 아마존 등 하이퍼스케일러(Hyperscaler) 중심의 컴퓨팅 자원 독점은 AI 생태계의 'K자형 양극화'를 심화시켰다.

막대한 자본 지출(CAPEX) 대비 수익화(Monetization) 모델의 구체화가 지연됨에 따라 2025년 말부터 시장은 '캐즘(Chasm, 일시적 수요 정체)' 구간에 진입했는데, 이는 나스닥 지수의 역사적 고점 이후 기대 밸류에이션의 하향 조정(Derating)으로 이어지며 주가 반전의 핵심 원인이 되고 있다.

# 3 수익화(Monetization) 지연 및 시장 기대치 미충족(Gap)

## 1. 자본 지출(CAPEX) 대비 낮은 투자 자본 수익률(ROI)

〈그림 2-5〉에서 확인되듯, 2025년 말 나스닥(NASDAQ) 지수의 하락 추세 전환(Trend Reversal)은 AI 인프라 구축을 위한 막대한 자본 지출(CAPEX) 대비 실질적인 현금 흐름(Cash Flow) 창출이 지연되는 '수익성 공백기'에 기인한다. 주요 빅테크 기업들이 천문학적인 비용을 투입했음에도 불구하고, 비즈니스 모델의 가시적인 성과가 시장의 기대치를 하회함에 따라 투자 심리가 위축되며 하방 압력이 강화되고 있는 국면이다.

**그림 2-5_** 나스닥 기업 주가 지수 하락 전환

자료: Trading View에서 검색

## 2. 생산성 혁신에 대한 과잉 기대(Hype) 및 가치 평가(Valuation) 조정

AI 기술이 단기간 내 전 산업의 생산성을 획기적으로 개선할 것이라는 낙관적 전망(Hype)과 달리, 실제 도입 과정에서의 기술적 병목 현상이 노출되며 시장은 냉정한 재평가(Revaluation) 단계에 진입했다.

마이크로소프트(MSFT)는 〈그림 2-6〉에 나타난 바와 같이 2025년 하반기 역대 최고점(ATH, All-Time High)을 기록한 이후, 2026년 2월 현재 성장 둔화 우려로 인해 데드크로스(Dead Cross)가 발생하는 등 하락 추세가 뚜렷해지고 있다.

오라클(ORCL)은, 5개년 장기 차트를 분석하면(그림 2-7) 2025년 말 형성된 고점이 장기 저항선으로 작용하며, 2026년 2월 현재 가격 조정(Correction) 및 매도세(Selling Pressure)가 가속화되는 양상을 보이고 있다.

**그림 2-6_** 마이크로소프트 최근 6개월 차트

자료: Trading View에서 검색

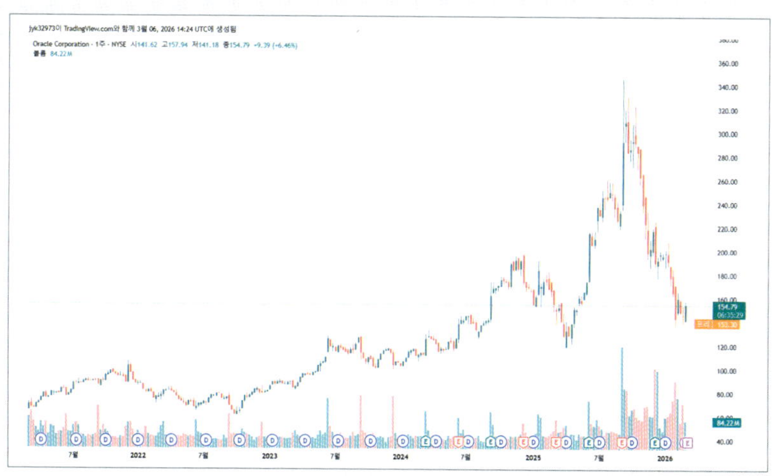


자료: Trading View에서 검색

이와 같이, 엔비디아, 마이크로소프트, 오라클 등 AI 주도주들이 기술적으로 하락 추세 채널에 진입함에 따라 향후 추가적인 하방 압력이 지속될 가능성이 매우 높다. 특히 산업 현장에서의 데이터 보안, 할루시네이션, 높은 통합 비용으로 인해 AI 도입 속도가 시장의 기대치를 밑돌고 있으며, 이는 2026년 들어 빅테크 밸류에이션 과다 반영에 대한 차트상의 경고로 나타나고 있다.

표 2-2_ 2026년 시장의 심리: 'AI 회의론' vs 'AI 실용주의'

| 구 분 | 과잉 기대기(2023~2024) | 실용주의 전환기(2026 현재) |
| --- | --- | --- |
| 주가 동력 | AI 언급만으로 상승 | 실질적인 매출 기여도에 따라 차별화 |
| 기업 전략 | 무조건적인 대규모 모델 투자 | 효율성 중심의 맞춤형(On-device/Edge) AI |
| 차트 양상 | 가파른 우상향 | 높은 변동성을 동반한 박스권 또는 완만한 우상향 |

만약 미국 경제에 급격한 충격 변수(예 고금리 장기화에 따른 경기 침체 또는 고용 지표의 악화)가 발생한다면 이들 기업의 주가는 지지선을 이탈하며 가파른 낙폭을 기록할 위험이 존재하고 있다.

## 4 투자 시장의 포모(FOMO) 현상

### 1. 묻지마 투자와 밸류에이션 논란

앞장에서 설명한 것과 같이 나스닥의 빅테크 기업들, 특히 엔비디아 등은 압도적인 기술력을 바탕으로 시장을 주도해 왔으나 최근 'AI' 키워드에 편중된 기대감이 기업의 실제 펀더멘털을 상회하는 고평가 논란을 불러일으켰다. 이는 실질적인 산업별 수익 모델이 기대치에 미치지 못할 경우 하락 추세로 전환될 수 있다는 경고로 이어지고 있다. 나스닥의 빅테크 기업들은 〈그림 2-5〉에서 보는 바와 같이 점차 하락 추세로 전환되고 있는 것으로 판단된다.

### 2. 자산 가치의 과열과 쏠림 현상

〈그림 2-5〉에서 보는 바와 같이 특정 AI 관련주로 자금이 집중되는 쏠림 현상은 시장 변동성을 극대화하고 있다. 2026년 현재, AI 시장은 기술의 가능성을 넘어 실질적인 재무적 성과를 요구받는 '검증의 단계'에 진입했다. 엔비디아가 시총 1위를 기록하며 세계 경제의 가늠자 역할을 하고 있으나 이러한 기현상을 해소하기 위해서는 하드웨어 공급을 넘어선 소프트웨어 및 서비스 분야의 실질적 수익 모델 증명이 절실한 상황이다.

### 3. 수익화(Monetization)의 병목 현상

기업들이 AI 인프라에 수조 달러를 투자했음에도 불구하고, 〈그림

2-5〉에서 보는 바와 같이 실제 생산성 향상으로 이어지는 수익화 단계에서 병목 현상이 발생되고 있다. 현재 B2B 및 구독형 서비스로 유료화가 진행 중이지만, 투자 대비 수익률(ROI)이 낮다는 우려가 커지고 있는 만큼 단순한 기술 과시를 넘어 비용 구조를 최적화하고 실질적인 기업 이익을 견인할 '킬러 애플리케이션'의 등장이 필요한 시점으로 보인다.

## 5 엔비디아(NVIDIA)의 위상과 하락의 신호

### 1. 공급 과잉 및 수요 둔화의 역습

빅테크 기업들의 AI 인프라 구축을 위한 1차 선주문 사이클이 일단락되면서 2025년 하반기부터 수요 둔화 신호가 가시화되었다. 〈표 2-1〉과 〈그림 2-1〉에서 확인되듯 AI 산업의 지표 역할을 하는 엔비디아의 주가 지수는 과잉 공급 우려와 투자 대비 수익성(ROI) 논란이 겹치며 2025년 하반기를 기점으로 하락 전환했다.

### 2. 대체재의 확산과 시장 지배력 약화

엔비디아의 독점적 지배력은 고객사들의 '탈(脫) 엔비디아' 전략으로 인해 도전받고 있다. 〈그림 2-5〉와 같이 구글, 아마존, 메타 등 주요 빅테크 기업들이 자체 맞춤형 AI 칩(ASIC) 생산을 본격화하며 엔비디아 의존도를 낮추고 있기 때문이다. 또한, 메모리 반도체 시장 역시 변화를 맞이하고 있다. 2025년 말까지는 SK하이닉스와 삼성전자의 HBM(고대역폭 메모리) 수요가 견조하게 유지되었으나 2026년 예상되는 글로벌 경제 위기 여파로 하반기부터는 전방 산업의 수요가 급격히 위축될 것으로 전망된다.

# 6 거품 붕괴와 대공황으로의 전이

## 1. 금융권의 연쇄 타격

1929년 대공황 당시 투자자들은 원금의 최대 10배에 달하는 과도한 레버리지를 활용했으나 현대에는 규제 강화로 표면적인 레버리지는 낮아졌다. 하지만 엔비디아 등 AI 기술주에 집중된 고레버리지 파생 상품과 헤지펀드의 증거금 부족(Margin Call) 사태가 발생하며, 단순한 개별 종목의 하락을 넘어 전체 지수의 급락을 유도하는 '강제 청산의 연쇄 고리'를 형성하고 있다.

## 2. 실물 경제로의 파급(부의 효과와 심리)

기술 섹터의 자산 가치 증발은 가계와 기업의 자산 규모를 축소시켜 역(逆) 부의 효과를 일으키고 있다. 이는 소비 심리 위축으로 이어지며, 1929년 대공황 당시 자산 버블 붕괴가 실물 경제를 잠식했던 경로와 유사한 양상을 띠고 있다. 특히 AI 산업의 수익성 의문이 기업들의 설비 투자 감소와 고용 냉각으로 번지면서 글로벌 경기 침체가 현실화되는 단계에 진입하고 있다.

## 1. GPU(Graphic Processing Unit)

GPU는 컴퓨터에서 그래픽 렌더링, 영상 처리, 고속 데이터 계산을 담당하는 핵심 전자 회로이다. 본래 게임이나 3D 그래픽을 화면에 빠르게 표시하기 위해 설계되었으나 현재는 강력한 병렬 연산 능력을 바탕으로 인공 지능(AI) 학습, 고성능 컴퓨팅(HPC) 분야의 필수 동력으로 자리 잡았다.

### ① GPU의 정의와 핵심 역할

GPU는 수천 개의 작은 코어(Core)가 동시에 병렬 연산을 수행하는 구조의 장치이다. 단순하고 반복적인 계산을 대량으로 빠르게 처리하는 데 최적화되어 있으며, 실시간 픽셀 데이터 계산을 통한 영상 출력, 3D 모델링 및 영상 편집 등 그래픽 작업 속도를 획기적으로 향상시킨다.

### ② GPU와 CPU의 차이점

| 구 분 | CPU(Central Processing Unit) | GPU(Graphics Processing Unit) |
| --- | --- | --- |
| 비유 | 복잡한 명령을 수행하는 소규모 정예 부대 | 단순 작업을 동시 수행하는 대규모 부대 |
| 처리 방식 | 직렬(Serial) 처리: 고도의 논리 연산 최적화 | 병렬(Parallel) 처리: 대용량 데이터 동시 계산 |
| 강점 | 운영 체제 구동, 복잡한 논리 구조 처리 | 대규모 행렬 연산, 반복적인 그래픽 계산 |

### ③ GPU의 주요 활용 분야

· **AI 및 딥러닝**: AI 모델 학습과 추론에 필수적인 대규모 행렬 연산을 고속 처리한다.

· **그래픽 및 3D 렌더링**: 게임, 영화, 시뮬레이션 환경에서 고화질 그래픽을 실시간 구현한다.

· **데이터 분석 및 과학 시뮬레이션**: 기상 예측, 암호 해독 등 대용량 데이터를 처리하는 HPC(고성능 컴퓨팅) 환경을 지원한다.

### ④ GPU 구성 요소

· **GPU 코어(칩)**: 실제 연산이 일어나는 메인 장치이다.

- **비디오 메모리(VRAM)**: 그래픽 및 연산 데이터를 임시 저장하는 고속 메모리이다.
- **그래픽 카드(Video Card)**: GPU 칩, VRAM, 전원부, 냉각 시스템(팬/히트싱크)이 결합된 완제품 형태를 의미한다.

### 2. 단일 장애점(SPOF, Single Point of Failure)

시스템 구성 요소 중 어느 한 지점이 고장 났을 때 그 여파로 시스템 전체가 중단되는 핵심 지점을 의미한다.

#### ① 주요 특징

첫째, 구조적 취약성이 있다. 구성 요소 간의 의존도가 높아 하나만 멈춰도 전체 서비스가 중단된다.

둘째, 연쇄 효과가 있다. 특정 서버나 스위치 한 대의 장애가 전체 네트워크 마비로 이어지는 '도미노 현상'이 발생한다.

#### ② 대표적인 예시

- **하드웨어**: 단일 전원 공급 장치(PSU), 단일 네트워크 스위치, 단일 웹 서버
- **소프트웨어/데이터**: 단일 데이터베이스(DB), 단일 인증(SSO) 포인트, 중앙 집중식 설정 관리 시스템
- **네트워크**: 외부 망과 연결된 단일 게이트웨이 또는 라우터

#### ③ 해결 방안: 가용성(High Availability) 확보

- SPOF 제거의 핵심은 이중화(Redundancy)와 자동 장애 조치(Auto-Failover)이다.
- **하드웨어 이중화**: 전원 공급 장치(Dual PSU) 이중화, L4 스위치를 통한 로드 밸런싱(Load Balancing)
- **데이터 및 서비스 복제**: DB를 Primary-Secondary(Active-Standby) 구조로 구성하여 실시간 복제 및 장애 발생 시 자동 전환
- **지리적 분산(Multi-Region)**: 클라우드 설계 시 여러 가용 영역(AZ) 및 리전(Region)에 자원을 분산하여 물리적 재해에 대비

### 3. 할루시네이션(Hallucination, 환각 현상) 정의

생성형 AI(LLM)가 학습 데이터에 존재하지 않거나 사실과 다른 정보를 확신에 찬 어조로 생성하는 현상이다. 이는 모델이 문장을 생성할 때 의미를 이해하는 것이 아니라 통계적 확률에 따라 단어를 조합하기 때문에 발생한다.

#### ① 주요 특징 및 유형

| 구 분 | 주요 내용 |
|---|---|
| 특징 | 실제 데이터에 기반하지 않은 허구의 정보, 틀린 정보임에도 매우 자연스러운 문장, 모델 특유의 높은 자신감 |
| 사실 왜곡 | 역사적 사실, 날짜, 수치, 인명 등을 틀리게 제시함 |
| 출처 왜곡 | 존재하지 않는 논문 제목, URL, 서적 등을 인용함 |
| 논리 왜곡 | 전제와 결론이 맞지 않거나 이전 대화 내용과 모순되는 답변을 함 |

#### ② 원인

- **데이터 문제**: 학습 데이터의 편향성, 노이즈, 정보의 최신성 부족(Knowledge Cut-off)
- **구조적 한계**: 다음 단어 예측 확률에만 의존하는 방식, 과적합(Overfitting)

#### ③ 해결 방안(Solution)

- **RAG(검색 증강 생성)**: 신뢰할 수 있는 외부 지식 베이스(DB)에서 정보를 찾아 답변의 근거로 활용
- **프롬프트 기법**: Few-shot(예시 제공), CoT(단계별 생각 유도), "모르면 모른다고 답하라"는 페르소나 설정
- **RLHF(인간 피드백 기반 강화 학습)**: 사람이 답변의 정확도를 평가하여 모델이 진실된 답변을 하도록 유도

### 4. 투자 시장의 '포모(FOMO: Fear of Missing Out)' 현상

타인이 투자로 큰 수익을 얻는 것을 보며 '나만 뒤처질까 봐' 혹은 '좋은 기회를 놓칠까 봐' 불안감을 느껴 충동적으로 투자에 뛰어드는 심리 현상을 말한다. 이는 냉철한 판단력을 흐리게 하여 큰 손실로 이어질 위험이 크므로 각별한 주의가 필요하다. 주로 시장이 과열되거나 급격한 상승세일 때

나타나며, 자신만의 목표나 계획 없이 타인의 의견과 분위기에 휩쓸리는 것이 전형적인 특징이다.

### ① 주요 특징

- **기회 상실에 대한 불안**: '지금 사지 않으면 영영 기회를 놓칠 것 같다'는 강박적인 생각이 지배하게 된다.
- **충동적 투자**: 조급한 마음에 명확한 분석이나 기업 가치 확인 없이 무리하게 자금을 투입한다.
- **시장 과열 심리**: 주가가 급등하는 호황기에 개인 투자자들 사이에서 군중 심리와 결합하여 두드러지게 나타난다.
- **정보 노출의 영향**: SNS와 미디어에서 투자 성공 사례가 반복적으로 노출되면서 개인의 소외감을 자극하고 FOMO를 유발한다.

### ② 극복 방법

- **명확한 투자 원칙 수립**: 본인의 재정 상태를 정확히 파악하고 구체적인 목표 수익률과 손절 기준을 세워 흔들리지 않는 확신을 가져야 한다.
- **정보의 비판적 수용**: 미디어의 자극적인 정보나 '카더라'식 소식에 노출되는 것을 경계하고, 객관적인 데이터에 기반해 정보를 검증하는 태도가 필요하다.
- **감정적 동요 억제**: FOMO 감정이 느껴질 때는 매매 창을 닫고 휴식을 취하는 등 주의를 분산시켜야 하며, 타인과 비교하기보다는 자신의 포트폴리오에 집중해야 한다.
- **시장 심리 지표 활용**: '공포·탐욕 지수(Fear & Greed Index)'와 같은 객관적 지표를 참고하여 현재 시장이 과열 상태인지 냉정하게 판단하는 것이 도움이 된다.

# 코로나로 인한 과잉 유동성 공급과 부채의 역습

2026년 현재, 코로나19 팬데믹 기간 중 전 세계 중앙은행과 정부가 시행한 전례 없는 유동성 공급은 자산 가격 급등, 민간 신용 팽창, 부채 누증을 유발하며 세계대공황의 전조 현상을 만들어내고 있다. 특히 저금리 기조하의 과잉 유동성은 상업용 및 주거용 부동산 시장의 거품을 임계치까지 키워온 핵심 동인이 되었다. 2026년 1월 말 현재, IMF 및 기타 관련 자료에 의하면 유동성은 약 350조 달러(약 5경 원)에 육박하며, 사상 최고치를 경신 중인 데다 전 세계 GDP의 약 310% 수준이다.

## 1 2026년 '신세계대공황' 전조: 부채의 임계점

### 1. 부채의 임계점

2026년은 팬데믹 이후 누적된 경제 왜곡이 한계치에 도달하며 시스템이 자정 능력을 상실한 '부채의 임계기'이다. 가계와 기업 부채는 다소 안정화되는 추세이나 정부 부채가 급격히 늘어 성장을 주도하고 있다. 특히 2026년 한 해 동안 전 세계적으로 약 24조 달러 규모의 채권 만기가 돌아와 차환 위험이 매우 높은 상태이다.

〈표 2-3〉에서 보는 바와 같이 주요 국가의 특징을 살펴보면, 미국의 경우, 국가 부채가 총 38.6조 달러(GDP 대비 약 124%)로 재정 적자와 무역 적자가 동시에 누적되고 있다. 미국은 고금리 유지로 인해 연간 이자 비용만 1조 달러를 넘어섰으며, 이자 비용이 급증하는 추세이다. 중국은 숨겨진 부채와 부동산 리스크를 동시에 보유하고 있으며, 부채는

| 국 가 | GDP 대비 정부 부채 비율 | 주요 특징 |
| --- | --- | --- |
| 미국 | 약 124% | 기축 통화 지위를 이용한 무한 확장. 높은 이자 비용 |
| 중국 | 약 300% (공식+비공식) | 지방 정부의 그림자 부채 및 부동산 리스크 |
| 일본 | 약 237% | 초고령 사회와 만성적 적자. 그러나 높은 자국 내 소유 비중 |
| 한국 | 약 55% | 가계 부채 리스크 및 가장 빠른 부채 증가 속도 |

GDP 대비 약 300%로 특히 지방 정부의 부채가 급증하고 있다. 부동산 시장 침체로 인해 토지 매각 수익이 줄어든 지방 정부의 재정난이 심화되고 있는 것이다.

일본은 부채가 GDP 대비 약 230~250%로서, 선진국 중 압도적 1위이다. 세계 최고의 부채를 유지하며, 부채의 90% 이상을 자국 국민과 일본은행(BOJ)이 보유하고 있다. 금리를 인상하면 정부의 이자 부담이 폭증하고, 낮게 유지하면 엔저 현상이 심화되는 양날의 검 상황에 놓여 있는 상황이다.

한국의 경우, 가계 부채가 세계 1위권에 속하며, 가계 부채 비중이 GDP 대비 100%를 상회하고 있어 경고등이 켜진 상황으로 소비 위축의 주요 원인이 되고 있다. 또한, 저출산 고령화로 인해 향후 복지 지출이 급증할 것으로 예상되어, 국가 부채의 미래 건전성에 대한 우려가 매우 큰 상황이다.

## (1) 가계 부채: 실질 소비 능력의 마비

〈표 2-4〉에서 보는 바와 같이 팬데믹 시기 과도한 레버리지를 활용한 자산 투자는 고금리 장기화와 맞물려 가계의 목을 죄고 있다. DSR 한계와 소비 절벽으로 소득의 절반 이상을 원리금 상환에 쏟아부으면서 내수 경기는 극심한 침체에 빠졌으며, 역레버리지 현상(깡통주택)으

**표 2-4_** 한국(가계 부채 중심)과 미국(상업용 부동산 중심) 비교

| 구 분 | 한국(가계 부채 중심) | 미국(상업용 부동산 중심) |
|---|---|---|
| 핵심 지표 | GDP 대비 부채 비율 89% (OECD 상위권) | 오피스 공실률 18%대 고착화 |
| 주요 위협 | 소비 절벽 및 중기 성장률 둔화 | 지역 은행 부실 채권(NPL) 급증 |
| 2026년 특징 | 강력한 DSR 규제로 인한 신용 경색 | 자산 가치 하락에 따른 가격 재평가 (Down-round) |

로 부동산 가격이 하락해 담보 가치가 대출 잔액보다 낮아지는 사례가 속출했다. 가계 파산 위험이 실질적인 사회 문제로 부상한 것이다.

## (2) 기업 부채: 한계 기업의 연쇄 도산과 상업용 부동산의 위기

〈표 2-5〉에서 보는 바와 같이, 저금리 유동성에 의존해 연명하던 '좀비 기업'들이 고금리 파고를 넘지 못하고 무너지고 있다. 이자 보상 배율의 붕괴로 영업 이익으로 이자조차 감당하지 못하는 기업이 급증하며 고용 시장에 타격을 주고 있으며, 상업용 부동산 리스크가 현실화되었다. 공실률 상승과 가치 하락은 이를 담보로 한 대출 부실로 이어져 금융권의 건전성을 직접적으로 위협하고 있다.

**표 2-5_** 부채 위기 전이 구조(2026)

| 구 분 | 주요 원인 | 결과 및 전이 경로 |
|---|---|---|
| 가계 | 자산 거품 붕괴 및 고금리 상환 부담 | 실질 가처분 소득 소멸 및 개인 파산 도미노 |
| 기업 | 리파이낸싱 실패 및 운영 비용 급증 | 실업률 폭등 및 산업 공급망 해체 |
| 금융 | 부동산 PF 및 상업용 부동산 부실 | 신용 경색(Credit Crunch) 및 시스템 리스크 |

## (3) 국가 부채: 최후 보루의 무력화

정부 또한 재정 건전성 악화로 인해 경기 방어 능력을 상실했다. 재정의 경직성으로 급증한 국채 이자 비용은 정부 예산 배분의 유연성을

떨어뜨려 경제 활성화 정책을 가로막고 있다. 또한 정책적 진퇴양난 (Catch–22)으로 부양을 위한 유동성 공급은 인플레이션을 자극하고 긴축은 불황을 심화시키는 구조적 딜레마에 봉착했다.

2026년은 코로나19 팬데믹 이후 누적된 경제 왜곡 현상이 한계점에 도달하며 '신(新)대공황'에 대한 우려가 고조되는 시기이다.

## 2. 자산 거품의 붕괴

유동성의 힘으로 지탱되던 부동산 및 주식 시장에서 펀더멘탈(Fundamental)과의 괴리가 드러나며 본격적인 가격 조정이 시작되었다. 2026년 목격되고 있는 자산 거품의 붕괴는 단순한 가격 하락을 넘어 지난 5년간 이어진 '유동성 파티'에 대한 가혹한 비용 지불 과정으로 풀이된다.

**그림 2-8_** 위기 전이도 (Crisis Transmission Diagram)

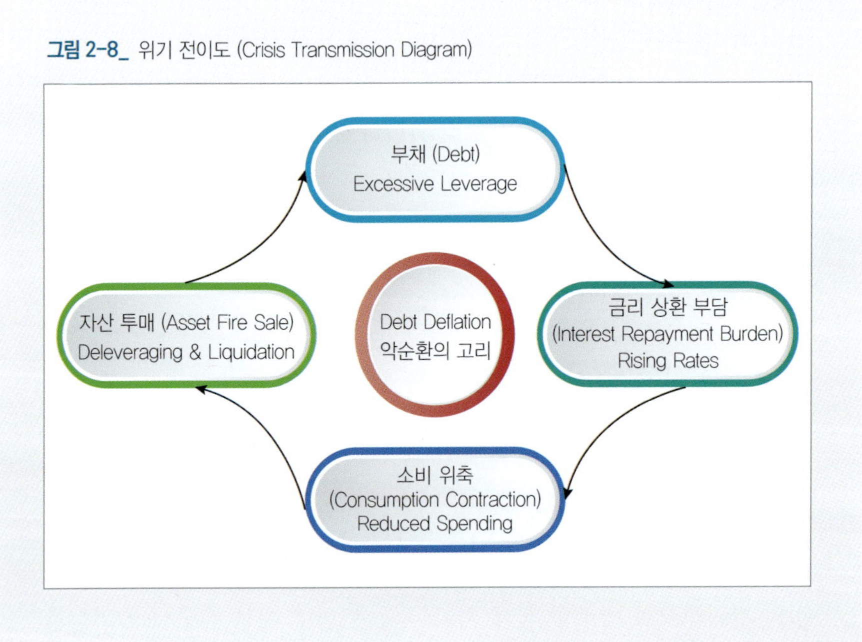

## (1) 자산 거품의 붕괴: 펀더멘털과의 괴리 노출

2020년부터 2024년까지 이어진 초저금리와 양적 완화는 자산 가격을 실물 경제 성장 속도보다 과도하게 앞서게 만들었으며, 2026년 들어 이 괴리가 한계치를 넘어서며 나타난 붕괴 양상은 다음과 같다.

**❶ 상업용 부동산(CRE)의 '데드라인' 도래**

가장 먼저 균열이 발생한 곳은 상업용 부동산 시장이다. 먼저 상업용 부동산은 공실률이 고착화되었다. 재택근무 정착으로 오피스 수요는 급감했으나 유동성 덕분에 자산 가치는 명목상 높게 유지되어 왔다. 아울러 리파이낸싱(Refinancing) 실패로 저금리 시기에 조달한 막대한 부채의 만기가 2025~2026년에 집중되었으나 금리 상승으로 재대출이 막히자 담보 가치 하락과 함께 '투매'가 발생하고 있다. 이는 금융권의 부실 채권(NPL) 급증으로 전이되는 양상이다.

**❷ 주식 시장의 실적 검증과 '멀티플'의 붕괴**

낙관론으로 버텨온 주식 시장에서도 거품이 걷히고 있다. 첫째, 성장주에서 가치주로의 급격한 자금 이동이 일어났다. AI 등 혁신 기술 기대감으로 수백 배의 멀티플(PER)을 적용받던 기업들이 실적 증명에 실패하며 주가가 급락하고 있다. 둘째, 양적 긴축(QT)의 타격이다. 중앙은행의 유동성 회수로 시중의 '잉여 자금'이 메마르자 펀더멘털이 취약한 기업부터 무너지는 도미노 현상이 관측된다.

**❸ 주거용 부동산의 소득 대비 과도한 상승**

PIR(소득 대비 주택 가격 비율)의 한계로 가계 소득보다 가파르게 상승했던 주택 가격이 구매력 한계에 부딪히며 하락 반전했다. 또한 대출 상환 부담 가중, 고금리 지속으로 가처분 소득의 상당 부분이 원리금 상환에 투입되면서 '소비 위축 → 기업 실적 악화 → 고용 감소'로 이어지는 악순환이 심화되고 있다. 2026년의 위기는 실물 경제가 뒷받침

| 구 분 | 거품의 원인 (2020~2024) | 붕괴의 트리거 (2026) | 펀더멘털과 괴리 지표 |
|---|---|---|---|
| 상업 부동산 | 저금리 기반 과잉 레버리지 | 만기 도래 및 리파이낸싱 실패 | 오피스 공실률 vs 자산 가치 |
| 주식 시장 | 무제한 유동성 및 성장 낙관론 | 금리 고공 행진 및 실적 미달 | 비정상적 PER(주가 수익 비율) |
| 주거용 부동산 | 자산 인플레이션 공포 (FOMO) | 가계 부채 임계점 및 금리 부담 | PIR(소득 대비 주택 가격 비율) |

되지 않는 자산 가격은 결국 '부채라는 모래성' 위에 세워진 신기루였음을 증명하고 있다.

## 3. 지정학적 리스크

공급망 재편과 분절화된 세계 경제가 효율성을 떨어뜨리고 생산 비용을 높여 저성장·고물가의 '스태그플레이션' 압력을 가중시키고 있다. 2026년 현재 우리가 마주하고 있는 경제적 위기는 단순히 단일 요인에 의한 것이 아니다. 코로나19 팬데믹 당시 생존을 위해 투입했던 과잉 '유동성의 부메랑'과 낡은 세계 질서가 해체되며 발생한 '지정학적 균열'이 충돌하며 빚어낸 거대한 폭풍이라 할 수 있다.

### (1) 공급망 재편: '효율'에서 '안보'로의 패러다임 전환

과거 30년간 세계 경제는 비용 최적화에 기반한 '글로벌 분업 체계(GVC)'를 통해 저물가 풍요를 누려왔다. 그러나 2026년 현재, 이 체계는 근간부터 흔들리고 있다. 그 원인을 살펴보면 첫째, 경제의 블록화(Fragmentation)이다. 미국 중심의 공급망(Friend-shoring)과 반대 진영 간의 대립으로 인해 기업들은 비용이 아닌 '안보'와 '정치적 안전성'을 기준으로 생산 거점을 이전하고 있다. 둘째, 중복 투자 비용 발생이다. 효율적인 단일 글로벌 생산 기지 대신, 각 경제 블록마다 별도의 설비를 구축해야 함에 따라 막대한 중복 자본이 투입되고 있다. 이는 결국 최종 제품 가격의 구조적 상승으로 직결된다.

## (2) 생산 비용의 구조적 상승(Cost-Push Inflation)

지정학적 갈등은 물류 지연을 넘어 생산의 근간인 에너지와 자원 비용을 영구적으로 끌어올렸다. 그 이유로 첫째, 에너지의 무기화를 들 수 있다. 자원 보유국들이 에너지를 외교적 도구로 활용하면서 저렴한 화석 연료의 시대는 종말을 고했고, 에너지 비용의 상승은 전 산업 분야의 원가 상승을 촉발하는 도미노 현상을 일으키고 있다. 둘째, 이러한 흐름은 자원 민족주의의 확산으로 이어지고 있다. 리튬, 희토류 등 핵심 광물 확보 전쟁은 신산업 전반의 비용 구조를 악화시키며 물가 하락을 저지하는 강력한 저항선 역할을 하고 있다.

## (3) 스태그플레이션(Stagflation)의 늪

성장은 정체되는데 물가는 치솟는 최악의 시나리오가 현실화되고 있다. 그 세부 영향은 아래 〈표 2-7〉과 같다.

**표 2-7_** 스태그플레이션의 영향

| 구 분 | 영향 내용 | 경제적 결과 |
| --- | --- | --- |
| 저성장(Stagnation) | 불확실성 증대로 기업 투자 위축, 시장 분절로 인한 규모의 경제 상실 | 경기 침체 및 실업 증가 |
| 고물가 (Inflation) | 공급망 복구 비용 반영, 원자재 가격 고착화, 인건비 상승 | 실질 구매력 상실 |

〈표 2-8〉에서 보는 바와 같이 2026년 현재 시점에서 주요 기관들의 데이터를 종합하여 2024~2026년 예상 물가상승률을 비교 분석한 결과, 세계 헤드라인 물가상승률은 2024년 5.8~5.9% 수준에서 2026년 3.7~3.8%대이며, '기저 효과 및 긴축 정책의 영향'으로 하향 안정화될 것으로 전망된다.

| 구 분 | 2024년(실적/추정) | 2025년 (전망) | 2026년 (전망) |
| --- | --- | --- | --- |
| 세계(Global) | 5.8~5.9% | 4.1~4.5% | 3.7~3.8% |
| OECD 평균 | 5.4% | 4.2% | 3.2% |
| 미국(USA) | 2.9~3.1% | 2.4~2.7% | 2.2~2.4% |
| 한국(South Korea) | 2.4% | 2.0~2.1% | 1.8~1.9% |

### (4) 2026년 대공황 전조로서의 의미

지정학적 리스크에 의한 비용 상승은 중앙은행의 통화 정책만으로는 해결할 수 없다는 점에서 치명적이다. 그렇게 보는 이유는 첫째, 통제 불능의 인플레이션이라는 점이다. 금리 인상만으로는 전쟁이나 국가 간 봉쇄로 인한 물리적 공급 부족과 물가 상승을 막기 역부족이다. 둘째, 부채 위기의 트리거이다. 고물가를 잡기 위한 고금리 기조 유지는 상업용 부동산 및 민간 부채의 폭발을 앞당기는 기폭제가 된다. 셋째, 국제 공조의 부재이다. 1929년 대공황 당시 보호 무역주의가 위기를 심화시켰듯, 2026년의 지정학적 분열은 위기 시 국가 간 협력을 불가능하게 하여 각자도생의 파국으로 몰아넣고 있다.

결국 현재의 지정학적 리스크는 단순한 외교 갈등을 넘어 지난 수십 년간 저물가를 지탱해 온 '공급의 축'을 파괴함으로써 2026년 대공황의 실질적인 물리적 원인을 제공하고 있다.

## 2 코로나로 인한 과잉 유동성 공급과 부채의 역습

### 1. 전례 없는 유동성 공급과 엔 캐리 트레이드

팬데믹 당시 각국 중앙은행은 경기 침체를 방어하기 위해 제로 금리에 가까운 완화적 통화 정책과 막대한 현금 유동성을 공급했다. 특히 일본은행(BOJ)은 초완화적 통화 정책을 고수하며 단기 정책 금리를 -0.1%의 마이너스 수준으로 유지했다. 이로 인해 글로벌 투기 자본은 저렴한 엔화를 빌려 전 세계 주식, 채권, 부동산에 투자하는 '엔 캐리 트레이드'를 가속화했으며, 이는 글로벌 자산 가격 상승의 기폭제가 되었다.

## 2. 공급망 충격과 결합한 부채 주도 성장의 한계

글로벌 공급망 마비로 생산 비용이 급증한 상태에서 막대한 유동성이 더해지자 인플레이션은 통제 불능 수준으로 치솟았다. 한국의 경우, 과잉 유동성이 부동산 시장으로 집중되며 서울을 비롯한 수도권 집값이 신고가를 경신했다. 이에 IMF는 한국의 가계 부채와 집값 상승 폭이 팬데믹 기간 중 조사 대상국 중 최상위권에 해당한다고 경고한 바 있다. 이 과정에서 가계와 기업은 저금리에 기대어 공격적으로 대출을 늘렸으나 이는 성장이 아닌 '부채의 질적 악화'라는 시한폭탄을 만드는 결과를 초래했다.

## 3. 금융-실물 경제의 괴리와 금리 인상의 역설

2008년 금융 위기 이후 10년 넘게 축적된 유동성에 코로나19발 추가 공급이 더해지며 자산 시장의 거품은 임계점에 도달했다. 생산적인 산업 투자보다 가상 자산, 부동산 등 비생산적 자산으로 자금이 쏠리면서 실물 경제와의 괴리는 더욱 커졌다.

2026년 현재까지 지속되는 고물가를 잡기 위해 중앙은행들이 급격한 금리 인상을 단행하자 저금리 환경에 길들여졌던 경제 주체들은 '부채의 역습'에 직면했다. 긴축의 여파로 소비와 투자가 위축되면서 경제는 거품 붕괴와 실물 경기 침체가 동시에 나타나는 하방 압력을 강하게 받고 있다.

## 3 신세계대공황의 전조로서의 영향

### 1. 금융 불균형 심화

　과잉 유동성 공급으로 인해 부동산과 주식 등 자산 가격이 급등해 K 자형 성장(금융 시장 성장, 실물 경제 침체)을 초래했다. 특히, 과잉 유동성 공급은 자산 시장의 거품(bubble)을 형성했다. 부동산 및 주식 가격 급등은 과거 금융 위기들에서 공통적으로 나타난 패턴들이었다. K자형 성장은 단순히 양극화만을 의미하는 것이 아니라 '실물 경제의 기초 체력(Fundamentals)과 자산 가격 사이의 괴리'를 보여주는데, 이 괴리가 커질수록 '거품'이라는 진단이 확실해진다.

### 2. 부채의 급증

　팬데믹 위기 극복을 위해 투입된 유동성은 민간 부문으로 흘러 들어가 급격한 부채 증가를 야기했으며, 이는 장기적인 경제 시스템의 하방 리스크를 증대시켰다. 1920년대 미국 경제의 취약점이었던 '광란의 20년대' 당시와 유사하게 현재의 가계 및 기업 부채는 낙관론에 기반한 과도한 레버리지 투자의 결과물이다.

　1920년대 GDP 대비 15%에서 32%로 급증했던 가계 부채처럼 현재의 글로벌 총부채 규모 역시 과거 어느 때보다 높은 수준을 기록하며 경제적 충격에 대한 방어력을 약화시키고 있다.

### 3. 심리적 우려와 거품 붕괴 가능성

　1929년 대공황과 유사하게 과도한 투기와 신용 팽창이 결합된 현재의 자산 거품이 붕괴할 경우 대규모 경제 위기로 이어질 수 있다. 1929년에는 평균적으로 주식 시장의 자기자본 10배의 '증거금 거래(Margin Trading)'를 통한 무분별한 레버리지 투자가 거품을 키웠으며, 현재는 파생 상품을 통한 가상 레버리지의 확대, 팬데믹 이후 저금리 기조 속에서 풀린 막대한 유동성이 주식, 부동산, 가상 자산으로 흘러 들어가 자산 가치가 실물 경제 성장 속도를 크게 상회하고 있다.

또한, 투자자들이 "가격이 끝없이 오를 수 없다"는 심리적 임계점에 도달하는 순간, 작은 충격에도 패닉 셀링(Panic Selling)을 하는 일이 발생할 수 있다. 거품이 붕괴하면 자산 가치 하락으로 인해 소비와 투자가 급격히 위축되는 역자산 효과가 나타나며, 이는 곧 실물 경기 침체로 이어진다. 또한, 부채의 역습으로, 신용 팽창기에는 부채가 성장을 견인하지만, 거품 붕괴 시에는 단순히 파산하는 것을 넘어 자산 가격 하락이 부채 상환 압력을 높이고, 이것이 다시 자산 투매로 이어지는 악순환을 유도한다. 그렇기 때문에 현재의 높은 글로벌 부채 수준은 1929년 당시보다 규모 면에서 훨씬 거대하여 위기 발생 시 파급력이 더 클 수 있다.

특히, 과거와 달리 현재는 '고물가-고금리' 기조가 고착화되어 있어 과거 위기 때처럼 중앙은행이 즉각적으로 금리를 낮추거나 유동성을 공급하는 '중앙은행 풋(Fed Put)'을 기대하기 어렵다. 이는 시장이 충격을 받았을 때 이를 흡수할 정책적 안전망이 과거보다 현저히 약화되었음을 의미하며, 거품 붕괴 시 그 충격파가 실물 경제로 즉각 전이될 위험이 매우 크다는 것을 뜻한다.

또한, 1929년과 2026년의 결정적인 차이점 중 하나는 '속도'이다. 1929년에는 정보 전달이 느렸지만, 지금은 스마트폰 하나로 순식간에 자금이 빠져나가는 '디지털 뱅크런'이 가능하다.


## 4 미래 비전과 대책

### 1. 디레버리징(부채 축소)의 고통

2026년은 강제적인 부채 정리 과정에서 금융 기관의 건전성 위기와 기업 부실이 현실화될 가능성이 매우 높다. 2026년 현재, 우리가 직면한 '디레버리징(Deleveraging, 부채 축소)'의 고통은 단순한 경제 침체를 넘어 시스템의 근간을 흔드는 변곡점에 서 있다.

### (1) 부채 축소의 메커니즘: '부채의 역습'

디레버리징은 경제 주체들이 자산 대비 과도한 부채를 줄여나가는 과정을 의미한다. 2026년의 상황이 유독 고통스러운 이유는 이 과정이 자발적이 아닌 시장의 압력에 의한 '강제적'이고 '동시다발적'인 성격을 띠기 때문이다. 이렇게 되면 첫째, 자산 가치 하락에 따른 '파이어 세일(Fire Sale)'의 악순환이 일어난다. 부동산과 주식 등 담보 가치가 하락하면 금융권은 대출금 회수를 압박하며, 이를 변제하기 위한 자산 매각이 다시 가격 폭락을 불러오는 '부채-디플레이션'의 늪에 빠지게 된다. 둘째, 신용 경색(Credit Crunch)이 온다. 리스크 관리에 급급해진 금융 기관들이 대출 문턱을 극단적으로 높이면서 일시적 유동성 부족을 겪는 건실한 기업들까지 연쇄 도산하는 '돈맥경화' 현상이 심화될 수 있다.

### (2) 금융 기관의 건전성 및 시스템 리스크

실물 경제의 위기는 곧 금융 시스템의 심장부로 전이된다. 특히 조달 구조가 취약한 비은행 금융 기관(제2 금융권)과 그림자 금융이 1차 타격 지점이 된다. 먼저, NPL(부실 채권)의 폭발적 증가가 일어난다. 고금리 지속과 경기 침체가 맞물리며 한계 가구와 중소기업의 상환 능력이 한계치에 도달하면, 이는 곧 금융 기관의 자본 적정성을 갉아먹는다. 둘째, 심리적 전이에 의한 유동성 위기가 온다. 특정 기관의 부실 소문은 예금자들의 공포를 자극하여 디지털 뱅크런으로 이어질 수 있으며, 이는 우량 금융 기관까지 위협하는 시스템적 붕괴로 번질 위험이 크다.

# 3 부동산 거품과 자동차(전기차) 산업의 불확실성

2026년은 그간 과도하게 팽창했던 AI, 반도체 및 부동산 자산 거품이 고금리의 누적된 압박과 전기차(EV) 등 제조업의 성장 둔화라는 암초를 만나 폭발하는 원년이 될 것으로 전망된다. 현재의 경제적 불확실성을 1929년 세계대공황 직전의 전조 현상과 비교했을 때, 부동산 및 AI 자산의 거품 붕괴와 자동차 산업의 위축은 위기를 알리는 결정적인 신호로 해석된다.

부동산 거품은 가계 부채와 공급 불균형의 임계점에 도달했고, 자동차(전기차) 산업은 캐즘(Chasm)과 지정학적 불확실성이 증대되어 향후 2026년 '퍼펙트 스톰(Perfect Storm)' 시나리오가 현실화될 것으로 보인다.

## 1 부동산 거품: 가계 부채와 공급 불균형의 임계점

부동산은 세계 부(富)의 가장 큰 저장소인 동시에, 붕괴 시 금융 시스템 전체를 마비시키는 '시스템 리스크'의 근원이다. 2026년 부동산 시장은 다음의 이유로 위기론의 중심에 서 있다.

〈그림 2-9〉에서 보는 바와 같이 부동산은 시장에서 버블 상태를 잘 나타내주고 있으며, 특히 대공황 직전 미국 플로리다의 부동산 투기 붐이 사그라졌던 것처럼, 현재 미국의 상업용 부동산(CRE) 시장에는 심각한 경고등이 켜졌다. 한국 또한 2026년 1월 강남권 아파트 가격이 최고가를 경신하는 등 거품 경제의 정점에서 극심한 변동성을 보이고 있다.

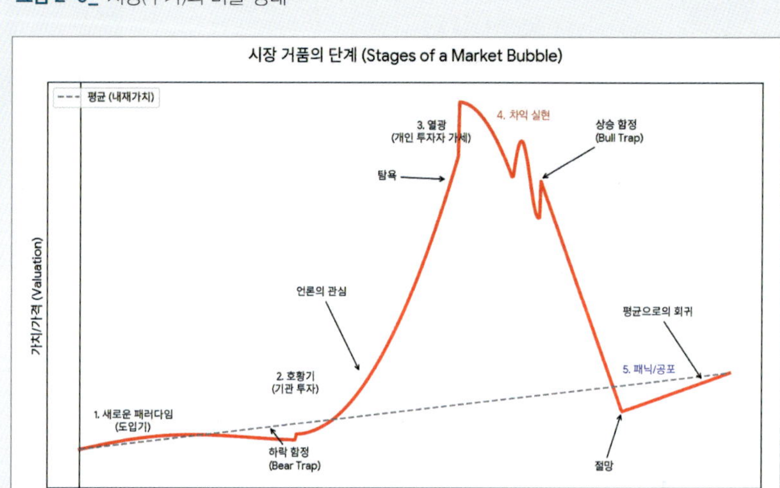


자료: 장-폴 로드리그(Jean-Paul Rodrigue), 시장 거품의 단계(Stages of a Market Bubble) 모델

## 1. 중국발 부동산 도미노 붕괴

2021년 헝다 사태 이후 지속된 중국의 부동산 위기는 〈표 2-9〉에서 보는 바와 같이 중국 경제의 최대 리스크로 작용하면서 2026년 현재까지도 해결되지 못한 채 심화되고 있다. 특히 국유 기업의 대출 부실화와 내수 부진이 맞물리면서 중국 GDP의 약 25~30%를 차지하는 부동산 섹터의 침체가 글로벌 공급망과 금융 시장에 막대한 충격을 줄 것으로 예상된다.

## 2. 고금리 누적 효과와 '유동성 절벽'

지난 수년간 지속된 고금리 여파로 부동산 프로젝트 파이낸싱(PF) 부실이 임계점에 도달했다. 2026년은 만기가 도래하는 채권 규모가

| 구 분 | 주요 내용 | 비 고 |
| --- | --- | --- |
| 위기의 시작 (원인) | • '3대 레드라인' 규제: 기업 부채 제한 정책<br>• 과잉 공급: 14억 인구 수용 가능한 미분양 주택<br>• 레버리지 의존: 빚으로 땅 사서 짓던 성장 모델 한계 | 2021년 헝다 사태 촉발 |
| 현재 상황 (현황) | • 가격 하락: 70대 주요 도시 집값 지속 하락<br>• 연쇄 부도: 비구이위안 등 대형 개발사 디폴트<br>• 거래 절벽: 소비자 심리 악화로 신규 판매 급감 | 2026년 초까지 하락세 지속 |
| 경제적 파급 (영향) | • 지방 재정 악화: 토지 매각 수입 감소로 파산 위기<br>• 부의 효과 감소: 가계 자산 70%가 부동산에 묶여 소비 위축<br>• 금융 시스템 압박: 부동산 대출 부실화로 은행권 위험 | GDP 기여도 25 ~30% → 급락 |
| 정부 대응 (대책) | • 규제 완화: '3대 레드라인' 사실상 폐기(2026. 1.)<br>• 화이트 리스트: 우량 프로젝트에 자금 긴급 수혈<br>• 재고 매입: 지방 정부가 미분양 주택을 공공 주택으로 매입 | '안정화' 주력 (부양보다는 연착륙) |
| 향후 전망 (결과) | • L자형 장기 침체: 단기 회복보다는 장기 조정 예상<br>• 구조적 전환: 부동산 중심 모델에서 첨단 제조 중심 성장으로 이동<br>• 재고 해소 관건: 8,000만 가구 이상의 미분양 해소에 수년 소요 | 2026~2027년 바닥 통과 예상 |

역대 최대로 급증하는 시기로, 금리가 소폭 인하되더라도 이미 높아진 조달 비용을 감당하지 못한 건설사 및 금융 기관의 연쇄 부도가 현실화되고 있다.

가계의 대출 상환 능력 또한 한계에 도달했다. 한국의 GDP 대비 가계 부채 비율은 2024~2025년 내내 세계 최고 수준인 100% 내외를 유지하며 경제적 마지노선을 넘어서고 있다.


## 3. 상환 능력의 한계와 연체율 상승

한국 금융 당국의 가계 부채 통합 통계에 따르면 2026년 현재 다중 채무자를 중심으로 취약 차주의 연체율이 가파르게 상승하며 실물 경제 성장을 저해하는 핵심 리스크로 작용하고 있다.

## (1) 취약 차주 및 다중 채무자 연체율

취약 차주 연체율은 2025년 3분기 말 기준 11.09%를 기록하며 장기 평균(8.45%)을 크게 상회하고 있다. 특히 자영업 다중 채무자의 연체율은 11.34%에 달해 가계 부채의 가장 약한 고리가 되고 있다. 서민들의 급전 창구인 신용카드 대출 연체율 또한 2025년 말 역대 최고 수준으로 치솟으며 건전성 우려를 높이고 있다.

## (2) 전체 가계 대출 연체율

2026년 1월 초부터 전반적인 연체율이 관리 범위를 벗어나기 시작했다. 전체 가계 대출 연체율은 2025년 4분기 말 기준 1.25%로 표면적으로는 완만해 보이나 신용 대출 등 기타 대출 연체율은 1.98%를 기록하며 주택담보 대출 대비 가파른 상승세를 보이고 있다. 특히 2026년 1월 들어 부동산 대출 금리 상단이 8%를 넘어서면서 대출자의 부담이 극도로 가중되고 있다.

## (3) 주요 리스크 관리 현황

다중 채무자의 평균 DSR이 약 62%에 달해 소득의 절반 이상을 원리금 상환에 쏟아붓고 있는 실정이다. 이에 정부는 2026년 가계 대출 증가율을 경상 성장률(약 2%대) 이내로 억제하기 위해 금융사별 총량 관리를 강화하는 등 고강도 대응을 이어가고 있다.

## 4. 양극화와 구매력 상실

서울 및 글로벌 주요 도시의 공급 부족으로 전세가와 매매가는 표면적으로 버티고 있으나, 실질 소득의 정체와 바젤 III 기반의 대출 규제(DSR 등)로 인해 실제 매수 가능 인구는 급격히 줄어들고 있다. 이러한 수요 공백은 거래 절벽을 야기하며 자산 가치가 급격히 하락하는 '하드 랜딩(Hard Landing)'의 전조로 해석된다.

## 5. 상업용 부동산 위기: 금융권 부실 전이의 메커니즘

원격 근무 정착으로 인한 오피스 공실률 상승이 금융권 부실로 전이되고 있다. 이는 부채 누적과 자산 가치 하락이 맞물리는 악순환의 고리를 형성하고 있으며, 1920년대 후반 도시 부동산 가격 폭락과 유사한 패턴을 보이고 있다.

### (1) 구조적 수요 감소

원격 근무는 단순한 유행을 넘어 업무 방식의 근본적 전환으로 고착되었고, 고금리 기조 유지와 오피스 수요 급감은 상업용 부동산 위기를 촉발하는 핵심 동인이 되고 있다.

### (2) 금융권 부실 전이

부동산 가치가 하락하면 담보인정비율(LTV)이 상승(담보 가치 대비 대출금 비중 상승)하게 된다. 이는 대출 만기 연장 거절이나 추가 증거금 납입 요구(Margin Call)로 이어지는데, 특히 상업용 부동산 대출 비중이 높은 중소형 은행들을 중심으로 시스템 리스크가 확산될 우려가 매우 크다.

### (3) 1920년대와의 유사성

1920년대 후반에도 급격한 도시화에 따른 부동산 거품 붕괴가 대공황의 도화선이 되었다. 당시 '도시 부동산 폭락'이 담보 가치 하락과 은행 파산으로 이어졌던 연쇄 반응이 현재의 오피스 시장에서 재연될 위험이 농후하다.

한때 세계 경제의 차세대 성장 동력으로 각광받던 전기차(EV) 산업은 2026년 현재 '가장 위험한 과도기'를 지나고 있다.

## 1. 전기차 캐즘(Chasm, 수요 정체)의 장기화

〈표 2-10〉에서 보는 바와 같이 초기 수용자(Early Adopter) 시장이 마무리되고 대중화 단계로 진입하는 과정에서 전기차 시장은 2021~2022년의 폭발적 성장기를 지나 높은 가격 저항과 충전 인프라 부족으로 인해 수요가 급격히 위축되었다.

한편, 2023년 말부터 주요 완성차 업체들이 대규모 설비 투자를 완료한 시점에 판매 부진이 겹치면서 '과잉 투자'에 따른 재무 구조 악화와 유동성 위기가 발생할 가능성이 커지고 있다. 2025년까지 깊은 캐즘(Chasm) 구간을 통과하고 있으나 2026년은 글로벌 경제 위기 가능성으로 판매가 감소할 것으로 판단된다.

표 2-10_ 글로벌 전기차 판매 성장률 및 시장 단계

| 연 도 | 글로벌 판매량 (대) | 전년 대비 성장률 (%) | 시장 단계 특징 |
|---|---|---|---|
| 2021 | 약 660만 | 109% | 초기 수용자(Early Adopter) 급증 |
| 2022 | 약 1,020만 | 55% | 가파른 성장세 유지 |
| 2023 | 약 1,370만 | 34% | 성장 둔화 시작(캐즘 진입기) |
| 2024 | 약 1,710만 | 25% | 캐즘 정점(수요 정체 및 가격 경쟁) |
| 2025 | 약 2,170만 | 27% | 보급형 신차 효과로 인한 재성장 |

## 2. 보호 무역주의와 관세 전쟁

미국 트럼프 행정부의 재집권과 각국의 자국 우선주의 정책으로 인

해 글로벌 자동차 공급망이 급격히 파편화되었다. 보복 관세 인상은 전기차 가격 상승을 유발해 소비를 더욱 위축시켰다. 전기차에 대한 보조금을 삭감하면서 글로벌 분업 체계의 붕괴는 제조 원가를 상승시켜 기업의 수익성을 갉아먹는 악순환을 초래하고 있다.

### 3. AI 버블 붕괴와의 연쇄 반응(Linkage)

현대의 자동차는 '바퀴 달린 스마트 기기'로서 AI 및 반도체 기술과 긴밀히 통합되어 있다. 2026년 초로 예견되는 AI 거품 붕괴 시나리오는 자율주행 및 커넥티드 서비스에 대한 투자 철회로 이어져 자동차 산업의 미래 가치를 급격히 하락시키는 결정타가 될 위험이 있다.

## 3 향후 전망: 2026년 '퍼펙트 스톰' 시나리오

### 1. 자동차(전기차) 산업의 불확실성(캐즘과 과잉 생산)

1920년대 자동차 산업은 경제 성장의 엔진이었으나 대공황 직전 수요 포화로 인해 위기에 직면한 바 있다. 현재의 전기차 산업 또한 이와 유사한 경로를 밟고 있다.

〈표 2-11〉에서 보듯 두 산업의 위기는 개별 사안이 아니라 '금융 안

표 2-11_ 2026년 이후 부동산과 자동차 산업 전망

| 구 분 | 전조 현상 | 경제적 파급 효과 |
|---|---|---|
| 부동산 | PF 부실, 중국 부동산 디폴트, 가계 구매력 한계 | 금융권 뱅크런 가능성, 자산 가치 폭락 |
| 자동차 | EV 수요 급감, 관세 전쟁, 제조사 마진 악화 | 제조업 실업률 상승, 글로벌 무역 규모 축소 |
| 결 합 | 내수 소비 위축 | 실물 경제의 장기 침체(대공황) |

정성 파괴'라는 하나의 거대한 흐름으로 연결되어 있다.

## (1) 캐즘(Chasm) 현상의 심화

초기 수용자 시장에서 대중 시장으로 넘어가는 단계에서 수요가 일시적으로 급락하는 '캐즘' 현상이 2025~2026년에 걸쳐 더욱 뚜렷해졌다.

## (2) 글로벌 공급 과잉과 연쇄 반응

중국발 저가 전기차의 파상 공세와 주요국의 보조금 축소는 완성차 업체들의 수익성을 급격히 악화시켰으며, 이는 제조업 전반의 고용 감소와 소비 위축으로 이어지는 연쇄 반응을 일으키고 있다. 2026년 현재 나타나는 세부 양상은 다음과 같다.

### ❶ 수익성 악화의 가속화

중국 기업들이 압도적인 가격 경쟁력을 바탕으로 유럽 및 동남아 시장 점유율을 확대함에 따라 기존 완성차 업체들은 생존을 건 '치킨 게임(가격 인하 경쟁)'에 내몰리고 있다.

### ❷ 보조금 절벽의 충격

독일, 프랑스 등 주요국이 자국 산업 보호와 재정 부담을 이유로 보조금을 폐지 또는 축소하면서 소비자의 실구매가가 상승했고, 이는 수요 둔화를 더욱 심화시켰다.

### ❸ 제조업 고용 위기

수익성 저하에 직면한 기업들이 내연 기관 생산라인 폐쇄를 앞당기고 인력 구조 조정에 착수하면서 자동차 산업 의존도가 높은 국가들을 중심으로 고용 불안이 현실화되고 있다.

**❹ 소비 위축의 악순환**

고용 불안은 가계 소득 감소로 이어져 자동차와 같은 고가 내구재 소비를 더욱 위축시키는 악순환의 고리를 형성하고 있다. 이러한 위기 상황에서 기업들은 단순한 가격 경쟁을 넘어 자율주행 소프트웨어 역량 강화, 배터리 공급망 수직 계열화를 통한 원가 절감 등 근본적인 체질 개선을 최우선 과제로 삼고 있다.

## 2. 두 산업의 결합이 미치는 영향

부동산과 자동차는 가계 자산에서 가장 큰 비중을 차지하는 품목이다. 이 두 산업의 동반 부진은 단순한 경기 침체를 넘어 경제 시스템 전체의 붕괴를 초래할 수 있다.

### (1) 자산 효과의 소멸(Negative Wealth Effect)

부동산 및 중고차 가치의 하락은 소비자의 자산 규모를 축소시켜 극심한 '소비 절벽'을 야기한다. 2026년 현재 이 현상의 핵심 기제는 다음과 같다.

**❶ 가계 순자산의 동반 하락**

부동산과 자동차는 대다수 가계 자산의 70~80% 이상을 차지한다.

부동산은 단순한 주거 수단을 넘어 담보 대출을 통한 유동성 공급원 역할을 한다. 부동산 가격이 하락하면 가계 총자산이 급감하며 대출 상환 부담은 상대적으로 가중된다.

자동차는 소모성 자산이지만, 중고차 가치는 개인의 교체 매매나 급전 마련의 중요한 수단이다. 최근 전기차 시장의 공급 과잉과 기술 변화로 중고차 가치가 급락하면서 가계는 실질적인 자산 손실을 체감하고 있다.

❷ 소비 절벽의 메커니즘

자산 가치가 하락하면 실질 소득의 변화와 관계없이 '심리적 빈곤'에 빠지게 된다.

첫째, 가처분 소득이 위축된다. 고금리 기조 속에서 자산 가치까지 하락하면 원리금 상환 비중이 높아져 실제 소비할 수 있는 여력이 줄어든다. 둘째, 심리적 위축이 찾아온다. 미래 불확실성으로 인해 가전, 가구 등 내구재와 사치재 소비를 우선적으로 줄이게 되며, 이는 기업 매출 감소와 고용 불안으로 이어지는 악순환을 형성한다.

❸ 산업 결합에 따른 부정적 시너지

첫째, 신용 경색이 나타난다. 부동산과 자동차 금융(할부/리스)은 밀접하게 연결되어 있다. 두 자산의 가치가 동시에 하락하면 금융 기관은 대출 조건을 강화하거나 자금 회수에 나서며 시중 유동성을 급격히 위축시킨다.

둘째, 연쇄 불황이 찾아온다. 부동산 경기 침체는 주택 이사 시 발생하는 신차 구매 수요를 억제한다. 즉, 부동산 시장의 위축이 자동차 산업의 수요 감소를 직접적으로 유발하며 두 거대 산업의 동반 침체를 가속화한다.

## (2) 금융권의 동반 부실

부동산 PF(프로젝트 파이낸싱) 대출과 자동차 할부 금융의 연체율 상승은 과거 대공황의 시발점이 되었던 은행 위기를 재현할 가능성이 크다. 특히 이들 금융 상품은 자산 유동화와 밀접하게 연계되어 있어 부실 심화 시 시스템 리스크로 전이될 위험이 있다.

❶ 부동산 PF 대출의 위험성

첫째, 고금리 및 원가 상승을 초래한다. 2026년까지 지속되는 고금리와 원자재 가격 상승은 건설 비용을 높여 사업성을 악화시키고 있다.

둘째, 자금 순환의 병목 현상이 나타난다. 미분양 증가와 착공 지연으로 분양 대금 회수가 늦어지면서 브릿지론에서 본 PF로 전환되지 못하는 병목 현상이 심화되고 있다. 이는 건설사뿐만 아니라 저축 은행, 상호 금융 등 중소 금융 기관의 건전성에 치명타를 입힌다.

**❷ 자동차 할부 금융(오토론)의 연체율 상승**

이것은 첫째, 가계 부채의 압박으로 작용한다. 자동차 할부 금융은 경기 변동에 민감하다. 실질 소득 감소와 고물가가 지속되면서 다중 채무자를 중심으로 연체율이 급증하고 있다.

둘째, 담보 가치가 하락한다. 중고차 가격이 급락할 경우 담보 가치가 대출 잔액을 밑도는 상황이 발생하여 금융권의 회수 불능 채권(NPL) 규모가 커지게 된다.

**❸ 대공황식 은행 위기 재현 가능성**

금융 시스템은 상호 연결성(Interconnectedness)이 있다. 부동산 PF와 자동차 할부 채권은 자산유동화증권(ABS)이나 기업 어음(CP) 형태로 금융 시장에 유통된다. 특정 부문의 부실이 자금 시장 전체의 유동성 경색으로 이어져 1930년대 대공황 당시의 '신용 경색'과 유사한 양상을 띨 수 있다. 둘째, 리스크 관리의 시급성이다. 금융 당국은 모니터링 체계를 강화하고 부실 채권의 선제적 정리와 금융 기관의 자본 확충을 유도하여 연쇄 부실을 차단해야 한다.

# 캐즘(Chasm) 현상의 심화

2026년 현재 자동차 산업, 특히 전기차(EV) 분야에서 나타나는 '캐즘 심화' 현상은 1920년대 내연 기관차 보급 초기 당시의 시장 정체기 및 과잉 공급 양상과 매우 유사한 평행 이론을 보이고 있다.

## 2025~2026년 전기차 캐즘 현상의 주요 특징

### ① 혁신 소비자층의 포화와 대중 수용성 저하

얼리어답터(초기 수용자)의 구매 사이클이 종료됨에 따라 가격 민감도가 높고 실용성을 중시하는 '초기 다수자(Early Majority)'층이 시장 진입을 주저하고 있다. 여전히 높은 차량 가격과 충전 인프라의 질적 미비가 강력한 진입 장벽으로 작용하고 있다.

### ② 보조금 축소 및 폐지에 따른 가격 경쟁력 약화

주요국 정부가 재정 부담과 시장 성숙을 이유로 구매 보조금을 대폭 삭감하거나 폐지하면서 내연 기관차 대비 가격 우위를 확보하지 못하고 있다. 이는 2026년 수요 정체를 야기한 결정적인 요인이 되고 있다.

### ③ 중고차 잔존 가치 급락과 경제적 불확실성

배터리 성능 저하에 대한 우려와 제조사의 공격적인 신차 가격 인하 정책이 맞물려 전기차의 중고 시세가 폭락했으며, 이는 자산 가치 하락을 우려하는 신규 구매자들에게 심리적·경제적 거부감을 주고 있다.

④ 전동화 과도기 모델(HEV·PHEV)로의 수요 회귀

순수 전기차(BEV)의 대안으로 하이브리드(HEV) 및 플러그인 하이브리드 (PHEV) 수요가 급증하는 '풍선 효과'가 뚜렷해졌으며, 이로 인해 BEV 시장 의 성장은 일시적인 정체 국면에 진입했다.

### 1920년대와의 평행 이론: 생산 과잉의 위기

1920년대 후반 자동차 산업이 수요 포화와 생산 과잉으로 인해 대공황의 도화선이 되었던 것처럼, 현재 전기차 산업도 글로벌 공급 과잉 문제에 직 면해 있다. 중국발 저가 전기차의 파상공세와 기존 완성차 업체들의 공격적 인 라인 증설이 맞물리며 '재고 누적에 따른 구조적 위기'가 현실화되고 있 다. 이러한 공급 불균형은 2026년 하반기 글로벌 실물 경제의 변동성을 높 이는 주요 위험 요소가 될 전망이다.

# 4 트럼프의 MAGA 및 보복 관세 정책과 보호 무역주의의 재림

트럼프 행정부의 MAGA(Make America Great Again) 기조와 고율 관세 정책은 1929년 세계대공황의 도화선이 되었던 보호 무역주의 및 '관세 전쟁'의 데자뷔를 불러일으키고 있다. 특히 2026년 2월 현재, 글로벌 경제 시스템의 균열이 가시화되면서 과거 대공황을 야기했던 4가지 핵심 요인이 현대적 형태로 재현될 가능성에 대한 우려가 커지고 있다.

## 1 생산성과 실질 임금의 괴리로 인한 유효 수요 부족

1920년대 미국은 기술 혁신과 포디즘(Fordism)에 기반한 대량 생산 체제를 구축하며 공급 능력(Supply Capacity)을 비약적으로 확대했다. 그러나 노동자의 실질 임금(Real Wage) 상승률이 노동 생산성(Labor Productivity) 증가율을 하회하면서 생산과 소비 사이의 불균형이 발생했다. 이는 전형적인 과잉 생산(Overproduction) 상태로, 가계의 유효 수요(Effective Demand)가 산업 생산량을 뒷받침하지 못하는 결과를 초래했다. 재고 누적은 기업의 수익성 악화와 고용 축소로 이어졌으며, 이는 다시 소비 위축을 부르는 디플레이션 악순환(Deflationary Spiral)의 단초가 되었다.

## 2　소득 불평등 심화와 한계 소비 성향의 하락

　호황기 창출된 부가 자본가 계급에 집중되면서 소득 및 자산의 양극화(Wealth Inequality)가 극에 달했다. 경제 전체의 한계소비성향(Marginal Propensity to Consume)이 낮은 고소득층에 부가 집중됨에 따라 사회 전체의 총수요는 정체되었다.

　저소득 및 중산층은 소득 정체를 타개하기 위해 신용(부채)에 의존한 소비를 지속했으나, 이는 가계 부채의 질적 악화를 가져왔다. 소수 상류층의 사치재 소비만으로는 대중 소비 시장의 공백을 메울 수 없었으며 결과적으로 경제 성장의 펀더멘털이 극도로 취약해지는 결과를 낳았다.

## 3　신용 팽창에 따른 자산 버블과 금융 불안정성

　저금리 기조와 낙관적 기대 심리에 기반한 신용 팽창(Credit Expansion)은 주식 및 부동산 시장의 투기적 과열을 조장했다. 당시 투자자들은 과도한 레버리지(Leverage, 부채 이용)를 활용하여 자산 시장에 뛰어들었고, 이는 기업의 내재 가치를 상회하는 자산 버블(Asset Bubble)을 형성했다.

　연방준비제도(Fed)의 급격한 긴축 통화 정책은 '하이먼 민스키 모델'에서 언급되는 민스키 모멘트(Minsky Moment)를 촉발했으며, 1929년 '검은 월요일' 이후 자산 가격이 폭락하자 부채 상환 불능 상태에 빠진 금융 기관들이 연쇄 도산하며 시중 통화량이 급감하는 신용 경색(Credit Crunch) 현상이 발생했다.

## 4 보호 무역주의 확산과 글로벌 분업 체계의 붕괴

　제1차 세계 대전 이후 최대 채권국이었던 미국은 자국 산업 보호를 위해 1930년 스무트-홀리 관세법(Smoot-Hawley Tariff Act)을 가결했다. 그러자 수입품에 대한 초고율 관세 부과로 주요 교역 상대국들의 보복 관세(Retaliatory Tariff)를 유발하며 전 세계적인 무역 전쟁으로 번졌다. 이는 근린 궁핍화 정책(Beggar-thy-neighbor Policy)의 전형으로 국제 무역량을 급감시키고 글로벌 공급망(Supply Chain)을 파괴했다. 특히 달러 결제 시스템에 의존하던 유럽 국가들의 외환 보유고가 고갈되며 금융 위기가 전이되었다. 이는 단순한 경기 침체를 범지구적 규모의 대공황으로 확산시킨 결정적 계기가 되었다.

　결론적으로 2026년 트럼프의 관세 정책은 과거 대공황 직전의 '보호 무역주의'와 궤를 같이하며 현대의 복잡한 글로벌 가치사슬(GVC)하에서 더 큰 충격을 줄 위험이 있다.

## 1. 트럼프 행정부의 MAGA 기조와 보호 무역주의 정책 분석

### ① MAGA 이데올로기와 관세의 도구화

트럼프 행정부는 '미국 우선주의(America First)'라는 국수주의적 기조 아래 대규모 관세 부과를 대외 경제 정책의 핵심 수단으로 운용하고 있다. 특히 트럼프 대통령은 무역 수지 적자 개선과 국내 고용 창출, 그리고 제조업 리쇼어링(Reshoring)을 목적으로 관세를 '가장 아름다운 경제적 도구'로 규정하며 공격적인 보호 무역 행보를 보이고 있다.

### ② 역사적 유추: 스무트-홀리 관세법과 대공황의 기시감

경제 전문가들은 현재의 고관세 기조가 1930년대 대공황을 심화시켰던 스무트-홀리 관세법(Smoot-Hawley Tariff Act)의 재림이 될 수 있다고 경고하고 있다. 이는 보복 관세의 연쇄 반응(Tit-for-tat retaliation)을 유발하여 글로벌 분업 체계를 파괴하고, 세계 경제를 저성장·고물가의 늪으로 빠뜨릴 위험이 있다. 한편, 행정부 측은 관세 정책의 사법적 좌절이 오히려 국내 산업 위축과 '1929년식 대공황'을 초래할 것이라는 논리로 맞서고 있다.

### ③ 매크로 경제적 파급 효과

관세 부과는 수입 물가 상승을 통한 비용 인상 인플레이션(Cost-push Inflation)을 유발하며, 이는 가계의 실질 구매력 감소와 소비 위축으로 이어진다. 또한, 교역 상대국의 보복 조치는 글로벌 교역량을 감소시켜 결과적으로 전 세계 실질 GDP 성장률을 하향 조정시키는 하방 리스크로 작용한다.

## 2. 2026년 1월 기준 주요 관세 정책 현황

### ① 반도체 전략 자산에 대한 안보 관세

2026년 1월 14일, 미 상무부는 국가 안보(Security Exception)를 근거로 특정 고사양 반도체에 25%의 보정 관세를 부과했다. 이는 단순한 세입 증대 목적이 아닌 글로벌 반도체 밸류체인을 미국 내로 강제 이전시키려는 '공급망 재편(Supply Chain Restructuring)'의 1단계 조치이다.

② 보편적 기본 관세 및 상호주의 관세(Reciprocal Tariff)

현재 모든 수입품에 대해 10~20%의 보편적 기본 관세(Universal Baseline Tariff)가 적용되고 있다. 특히 상대국의 관세율에 대응하여 동일한 세율을 적용하는 상호주의 관세(Reciprocal Tariff) 원칙을 고수함에 따라 미국의 실효 관세율(Effective Tariff Rate)은 대공황 이후 최고치인 약 17%에 도달한 상태이다.

③ 핵심 광물 및 에너지 자원의 자원 민족주의

2026년 1월 G7 회의에서 미국은 핵심 희토류에 대한 최저 가격제(Floor Price System) 도입을 제안했다. 이는 그린란드 영유권 문제 등 지정학적 이슈와 관세 정책을 연계한 것으로, 경제 정책을 국가 안보의 하위 수단으로 활용하는 지경학적(Geoeconomic) 압박의 일환이다.

④ 사법적 리스크와 제도적 불확실성

현재 미국 연방대법원은 국제긴급경제권한법(IEEPA)에 근거한 행정부의 광범위한 관세 부과 권한이 위헌인지 여부를 심리 중이다. 2026년 1월 중순으로 예정된 판결 결과에 따라 글로벌 시장의 정책 불확실성(Policy Uncertainty)이 해소될지, 혹은 새로운 혼란이 시작될지 결정될 것으로 보인다.

# 5 일본의 금리 인상과 엔 캐리 자금의 청산(Unwinding)

2026년 현재, 글로벌 금융 시스템의 가장 가시적인 위기 징후는 일본의 통화 정책 전환에 따른 엔 캐리 자금(Yen Carry Trade)의 급격한 청산이다.

이는 글로벌 유동성 공급의 축을 흔들며 시스템적 리스크(Systemic Risk)를 촉발하는 핵심 기폭제로 작용하고 있다.

## 1 일본 통화 정책의 패러다임 전환(Pivot)

지난 수십 년간 지속된 초저금리 및 수익률 곡선 통제(YCC) 정책을 뒤로하고 일본은행(BOJ)은 고착화된 인플레이션 압력과 엔화 가치의 기록적 하락에 대응하기 위해 금리 인상을 단행했다. 현재 일본의 정책 금리는 0.75%에 도달했다.

〈그림 2-10〉에서 보는 바와 같이, 2025년 중반 0.5%에서 상승한 금리는 2026년 들어 0.75% 수준에서 유지되며 긴축 기조를 공고히 하고 있다. 또한, 일본 10년 만기 국채(JGB) 금리 역시 27년 만에 최고치인 2%대 초반에 안착하며 글로벌 자금의 환류를 유도하고 있다.

### (1) 배경

만성적인 저성장·저물가 탈피를 위해 유지해 온 마이너스 금리 체제가 글로벌 공급망 재편에 따른 수입 물가 상승과 인플레이션 기대 심리 확산으로 인해 임계점에 도달했다.

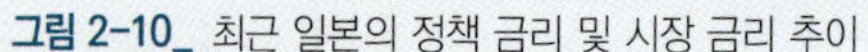

**그림 2-10_** 최근 일본의 정책 금리 및 시장 금리 추이

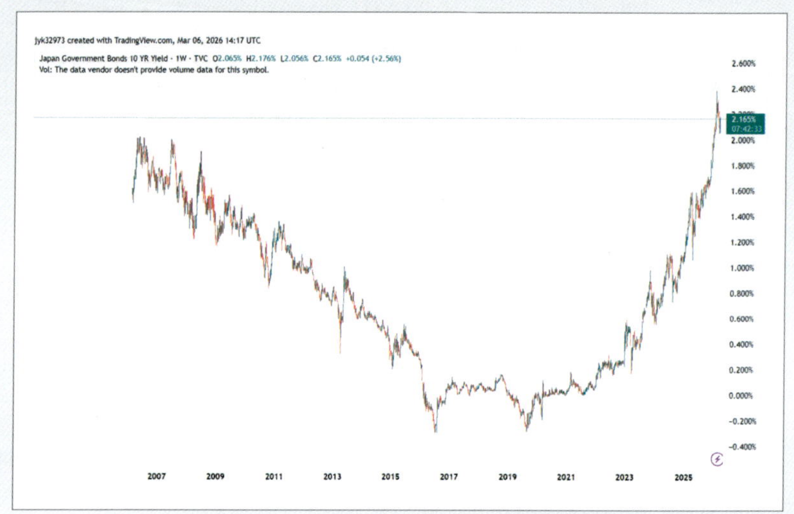


자료: Trading View에서 검색

## (2) 전환

BOJ의 금리 인상은 단순한 통화 긴축을 넘어 전 세계 금융 시장에 저렴한 자본을 공급하던 '엔화 펌프'의 가동 중단을 의미한다. 일본은행이 추가 긴축 신호를 지속함에 따라 글로벌 시장은 〈표 2-12〉과 같은 시뮬레이션 결과에 직면해 있다.

## (3) 영향

이는 지난 10년 이상 유지된 '제로 금리'라는 비정상적 금융 환경의 종언을 고하는 신호탄이다. 일본 내 금리 상승은 해외 자산에 투자되었던 엔화 자금의 본국 회귀(Repatriation)를 유발하며, 이는 글로벌 전 자산군의 재평가(Re-pricing)를 강요하는 직접적인 원인이 된다.

| 지표 유형 | 핵심 경제 지표 | 예상 변동 폭 (시뮬레이션) | 비 고 |
| --- | --- | --- | --- |
| 통화 | 엔/달러 환율 (USD/JPY) | 160엔 → 135엔(−15.6%) | 내외 금리 차 축소에 따른 엔화 가치 급등 |
| 채권 | 미국 10년물 국채 수익률 | 4.2% → 5.1% (+90bp) | 일본계 자금의 미 국채 매도 압력 가중 |
| 주식 | 나스닥(NASDAQ) 지수 | −15~−20%(조정) | 고레버리지 기술주 중심의 자금 이탈 |
| 자산 | 비트코인(BTC) | −25% 이상(폭락) | 유동성 축소에 따른 고위험 자산 투매 |
| 변동성 | 글로벌 VIX 지수 | 15 → 35 이상 | 시장 공포 심리 및 신용 위험 극대화 |

## 2 엔 캐리 트레이드 청산(Unwinding)의 메커니즘

### 1. 엔 캐리 트레이드의 정의와 청산의 의미

엔 캐리 트레이드란 저금리의 엔화를 차입하여 미국이나 신흥국의 고수익 자산(주식, 채권, 부동산 등)에 투자하는 레버리지 전략이다. 청산(Unwinding)은 금리 차 축소나 환율 변동성 확대로 인해 투자자들이 자산을 매각하고 차입한 엔화를 상환하는 과정을 의미하는데, 청산 과정에서 발생하는 자본 회수는 글로벌 금융 시장에 연쇄적인 충격을 가한다.

### 2. 청산의 트리거(Trigger)

#### (1) 내외 금리 차(Interest Rate Differential)의 축소

2026년 1월 기준, 일본의 정책 금리가 0.75% 수준까지 상승함에 따라 차익 거래의 기대 수익률이 급격히 저하되었다.

## (2) 환율 변동성 가속화

엔화 가치 상승(엔고) 시 상환해야 할 엔화의 실질 가치가 상승하므로 환차손을 피하기 위한 투매 현상이 발생한다.

## (3) 위험 회피(Risk-off) 성향 강화

글로벌 경기 침체 우려가 커지면 투자자들은 레버리지를 축소하고 안전 자산으로 회귀하려는 본능이 강해진다.

## 3. 연쇄적 청산 프로세스

### (1) 자산 투매

고위험·고수익 자산(기술주, 가상 자산, 신흥국 채권)의 대규모 매도세가 발생한다.

### (2) 엔화 환류(Repatriation)

외화 매도 및 엔화 매수로 인한 엔화 가치가 수직 상승한다.

### (3) 디레버리징(Deleveraging) 악순환

엔화 강세가 마진콜(추가 증거금 요구)을 유발하고, 이는 다시 강제 청산과 자산 가격 하락으로 이어지는 피드백 루프를 형성한다.

## 3 세계 경제에 미치는 파급 효과

## 1. 글로벌 유동성 경색(Liquidity Crunch)

엔 캐리 자금은 그동안 글로벌 금융 시장의 '유동성 공급원' 역할을 수행해 왔다. 이 자금의 회수는 단순한 투자 중단이 아니라 시장 내 전체 통화량의 급격한 위축을 의미한다.

## 2. 자산별 타격 및 신용 경색

### (1) 선진국 자본 시장

미 국채 금리의 급등(가격 폭락)과 나스닥(NASDAQ) 등 고평가 기술주의 버블 붕괴를 초래한다.

### (2) 신흥국 외환 위기

엔 캐리 자금 의존도가 높거나 외화 부채가 많은 국가들(브라질, 인도네시아)을 중심으로 '도미노 디폴트' 위기가 전개될 수 있다.

**❶ 브라질**(원자재 금융의 붕괴)

고금리를 활용한 엔 캐리 자금이 브라질 국채와 원자재 선물에 대거 유입되었는데, 청산이 이루어지면 엔화 자금이 회수되면서 헤알(Real)화 가치가 폭락한다. 이는 수입 물가 폭등으로 이어져 중앙은행은 통제력을 상실한다. 그리고 브라질 증시(Bovespa)의 외국인 비중이 급격히 낮아지며 자본 시장이 경색된다.

**❷ 인도**(성장 동력의 급정거)

인도는 대규모 인프라 투자와 기술 스타트업 성장을 위해 저렴한 외화 차입금을 적극 활용했다. 청산이 이루어지면 엔화 차입 비용 상승으로 기업들의 이자 보상 배율이 급감하며 부도 위험이 커진다. 특히 루피(Rupee)화 가치 방어를 위해 외환 보유고를 소진하게 되는데, 이는 국가 신용 등급 강등의 트리거가 된다.

한국은 일본과 수출 경합도가 높으며, 글로벌 유동성 변화에 매우 민감한 '현금 인출기(ATM)' 시장 성격을 띠고 있다. 청산이 이루어지면 금융 측면에서 외국인이 환금성이 좋은 코스피 주식을 대량 매도하여 현금화하면서 주가가 급락한다. 실물 측면에서는 엔고 현상으로 일본 수출 기업들의 가격 경쟁력이 회복되지만, 글로벌 경기 침체에 따른 총수요 감소가 이를 상쇄하여 한국 수출액 자체가 동반 하락한다.

## (3) 신용 공급 위축

금융 기관들의 위험 가중 자산 관리가 강화되면서 실물 경제로의 대출이 제한되는 신용 경색(Credit Crunch)이 발생한다.

## 4  대공황의 전조로서의 의미

과거 1929년 대공황과 2008년 글로벌 금융 위기 역시 핵심 통화의 급격한 금리 변동과 유동성 회수에서 비롯되었다. 2026년 현재, 일본의 금리 인상은 전 세계적인 부채 위기와 결합하여 글로벌 금융 시스템의 '민스키 모먼트(Minsky Moment)'를 유발할 수 있는 가장 위험한 고리로 지목된다. 엔 캐리 자금의 청산은 그간 누적된 자산 버블의 종말을 알리는 서막이자 신세계대공황을 촉발하는 결정적 변수로 작용하고 있다.

2026년
신(新)세계대공황과
한국경제

# 2026년 신(新)세계대공황의 파급 효과

1. 엔비디아 및 글로벌 증시 하락 메카니즘 분석

2. 삼성전자와 SK하이닉스 주가 하락 시나리오 분석

3. 부동산 폭락과 금융 시스템의 연쇄 붕괴

4. 비트코인 폭락과 자산 가치 하락

5. 기업의 파산과 실업율의 폭등

2026년 3월 중순 현재, 미·이스라엘 연합군의 이란 공격으로 촉발된 국제 유가의 폭등과 글로벌 증시의 연쇄 폭락은 전 세계 경제를 본격적인 대공황의 소용돌이로 몰아넣고 있다. 지난 몇 년간 시장을 견인했던 인공 지능(AI) 열풍의 거품이 붕괴하고, 누적된 고금리 여파가 임계점을 넘어서며 글로벌 경제는 전례 없는 하향 곡선을 그리고 있다.

본 장에서는 기술주 중심의 자산 가치 하락이 어떻게 실물 경제와 금융 시스템, 나아가 고용 시장의 총체적 붕괴로 이어지는지 그 단계별 메카니즘을 상세히 분석하고자 한다.

# 1 엔비디아 및 글로벌 증시 하락 메커니즘 분석

앞장에서 설명한 것과 같이 경제 위기 발생 시 엔비디아(NVDA)를 필두로 한 기술주 중심의 자산 가격 버블 붕괴와 실물 경기 악화는 글로벌 증시의 하방 압력을 극대화할 것으로 전망된다.

## 1 엔비디아 주가 하향 조정의 핵심 요인

### 1. AI 버블 붕괴론의 확산

2025~2026년에 걸쳐 인공 지능(AI) 투자 모멘텀의 지속성에 대한 회의론이 대두됨에 따라 펀더멘탈 대비 과도하게 평가된 엔비디아의 밸류에이션(Valuation) 조정 가능성이 현실화되고 있다. 2026년 1월 현재, AI 버블 붕괴론을 뒷받침하는 핵심 기제는 다음과 같다.

### 2. 자본 지출 대비 수익성(ROI) 증명의 한계

2024년까지는 AI 인프라 선점을 위한 GPU 매수세가 공격적으로 이어졌으나 2025년 이후 시장의 초점은 '수익 창출 역량'으로 이동했다. 골드만삭스 등 주요 투자 은행(IB)은 AI 인프라 유지 비용이 생산성 개선 효과를 상회하는 '수익성 역전 현상'을 지적한다. 기업들이 보수적인 자본 지출(CAPEX) 기조로 선회할 경우, 엔비디아의 실적 모멘텀은 급격히 둔화될 수 있다.

## 3. 빅테크의 탈(脫)엔비디아 및 수직적 통합

엔비디아 매출의 핵심인 '매그니피센트 7(M7)' 기업들이 자체 AI 가속기(ASIC) 개발을 통한 공급망 수직 계열화를 가속화하고 있다. 그렇게 되면 첫째, 수요 절벽(Demand Cliff)이 나타난다. 구글(TPU), 아마존(Trainium), 메타(MTIA) 등의 자체 칩 전환은 엔비디아의 시장 지배력을 약화시키고, 독점적 지위에 기반한 고마진 구조를 위협한다. 둘째, 재고 사이클의 역전이 일어난다. 수요가 임계점에 도달한 상황에서 공급 과잉이 발생할 경우, 과거 암호 화폐 붐 붕괴 시기와 유사한 재고 누적 및 단가 하락(P의 하락)이 주가에 치명적인 타격을 줄 수 있다.

## 4. 거시 경제 여건과 경기 침체의 연쇄 작용

경기 침체 국면에서 기업들은 불확실성이 높은 미래 가치 자산인 AI 관련 예산을 가장 먼저 삭감하는 경향이 있다. 그 이유는 첫째, 고금리 기조의 장기화(Higher for Longer)로 2026년까지 유지되는 고금리 환경은 미래 현금 흐름의 할인율(Discount Rate)을 높여 기술주의 적정 가치를 하락시키기 때문이다. 둘째, 유동성 회수 및 리스크 오프(Risk-Off) 확산 때문이다. 금융 위기 시 투자자들은 고위험 성장주에서 이탈하여 국채, 금 등 안전 자산으로 자금을 재배치하는 '안전 자산으로의 도피(Flight to Quality)' 현상을 보인다.

# ② 하락 시나리오 분석: 기술적·구조적 관점

## 1. 경쟁 심화와 마진 압박

빅테크 기업의 자체 칩 도입은 단순한 고객 이탈을 넘어 엔비디아의 시장 지배력(Moat)을 약화시킨다. 그 이유는 첫째, 비용 절감 및 최적화 수요로, 경제 위기 시 기업들은 고가의 GPU와 쿠다(CUDA) 생태계 유지 비용을 줄이기 위해 저비용 대안을 모색한다. 둘째, 오픈 소스 생태계가 부상함에 따라 PyTorch, OpenXLA 등 프레임워크의 발전으로 하드웨어 종속성이 낮아지면서 고객들은 '가성비'가 높은 대체재(AMD, Intel 등)나 자체 칩으로 이전할 유인이 커진다.

## 2. 단계별 주가 조정 시나리오

비관적 시나리오(닷컴버블 재림)는 2000년 닷컴버블 당시 시스코(Cisco)의 사례를 모델로 살펴보자. 〈그림 3-1〉에서 보듯 버블 정점 당시 시스코의 주가수익비율(P/E Ratio)은 200배를 상회했다. 2000년 초 80달러 선이었던 주가는 버블 붕괴와 함께 급락하여, 이후 약 2년 여에 걸쳐 8달러 수준까지 90%가량 하락했다. 당시 "인터넷 시대가 오

그림 3-1_ 2000년대 시스코 주가 차트

자료: Trading View에서 검색

면 모든 기업에 시스코 장비가 들어간다"는 막연한 믿음이 실제 실적보다 훨씬 앞서 나갔던 결과였다.

특히 시스코는 2000년 3월 마이크로소프트(MS)를 제치고 전 세계 시가총액 1위(약 5,500억 달러)에 오르기도 했다. 흥미로운 점은 버블 붕괴 이후에도 시스코의 매출은 장기적으로 성장했다는 사실이다. 하지만 주가에 이미 반영된 기대치가 너무 높았던 탓에 주가가 전 고점을 회복하기까지는 무려

25년이라는 세월이 걸렸다. 최근 AI 인프라 수요에 힘입어 2025년 말에 이르러서야 다시 80달러 선을 회복하게 되었다. 이 시나리오는 실적이 우수함에도 불구하고 과도한 시장 기대감이 소멸하며 90% 이상의 멀티플 수축(Multiple Contraction)이 발생하는 최악의 상황을 가정하는 것이다.

현실적 조정 시나리오(60달러 수준)는 2022년 금리 인상기의 조정 패턴을 준거로 한다. 주요 빅테크 기업들의 설비 투자(CAPEX) 삭감이 현실화될 경우, 밸류에이션 디레이팅(De-rating) 과정을 거치며 고점 대비 50~60% 수준의 조정이 발생할 수 있다는 분석이다.

## 3. 정책 및 지정학적 리스크(Tail Risk)

첫 번째 리스크는 보호 무역주의와 규제이다. 트럼프 행정부의 대중국 수출 통제 강화는 엔비디아의 전체 가용 시장(TAM)을 축소시킨다. 두 번째 리스크는 지정학적 공급망 위기이다. 대만 해협 등 동아시아의 지정학적 불안은 TSMC에 의존하는 엔비디아 공급망의 근간을 흔드는 꼬리 위험(Tail Risk)으로 작용한다.

위에서 살펴본 것과 같이, 세계대공황(또는 경제 위기) 발생 시 엔비디아(NVIDIA)와 전 세계 주가는 기술주 중심의 버블 붕괴와 실물 경제 악화로 인해 급락할 가능성이 매우 높아보인다.

## ③ 엔비디아(NVDA) 및 기술주 급락 원인 분석

### 1. 성장 프리미엄의 소멸과 디레이팅(De-rating)

고성장 기술주는 미래 현금 흐름에 대한 기대치를 선반영하여 높은 멀티플(Valuation)을 형성한다. 그러나 경기 침체로 인해 성장의 불확실성이 증대되면 할인율 상승과 함께 미래 수익 가치가 급격히 희석된다. 이 과정에서 주가가 기업의 내재 가치 하락 폭보다 더 크게 하락하는 디레이팅 현상이 가속화된다.

### 2. AI 자본 지출(CAPEX)의 축소

대공황 수준의 위기 상황에서 기업들은 유동성 확보를 위해 최우선으로 투자를 감축한다. 특히 막대한 비용이 소요되는 AI 인프라 구축 관련 자본 지출(CAPEX)이 동결 혹은 삭감됨에 따라 엔비디아 GPU에 대한 수요는 하이퍼스케일러(Large-scale Cloud Providers)를 중심으로 급감하게 된다.

### 3. 투매(Panic Selling)와 버블 붕괴의 역사적 회귀

2000년 닷컴 버블 붕괴 당시 나스닥 지수가 약 78% 하위 조정되었던 사례와 유사하게 펀더멘털 대비 과도한 기대감이 유입된 기술주는 위기 시 가장 먼저 청산 대상이 된다. 이는 시장 내 공포 지수(VIX) 급등과 맞물려 투매 현상을 심화시킨다.

## 4 글로벌 증시 하락 메커니즘 및 전이 경로

### 1. 자산 가격의 상관관계 수렴(Correlation Convergence)

현대 금융 시스템의 긴밀한 상호 연결성으로 인해 미국 시장의 충격은 즉각적으로 글로벌 시장으로 전이된다. 위기 국면에서는 모든 위험 자산 간의 상관계수가 1에 수렴하며, 국가와 업종을 불문하고 자산 가격이 동반 하락하는 글로벌 전염 효과(Contagion Effect)가 나타난다.

### 2. 신용 경색 및 유동성 경색(Liquidity Crunch)

기업 실적 악화로 신용 위험이 증폭되면 금융 기관은 대출 회수 및 회수율 제고에 나선다. 이러한 신용 경색은 기업의 도산을 유발하며, 투자자들은 마진콜(Margin Call) 대응 및 현금성 자산 확보를 위해 우량 자산까지 무차별적으로 매도하는 단계에 진입한다.

### 3. 하락 나선(Downward Spiral)의 형성

증시 폭락은 다음과 같은 경제적 악순환을 초래한다. 첫째, 역자산 효과(Negative Wealth Effect)로, 자산 가치 하락에 따라 가계 소비가 위축된다. 둘째, 실물 경기 침체로, 소비 절벽이 기업 매출 감소와 고용 축소로 연결된다. 셋째, 투자 위축으로, 실적 악화가 다시 주가 하락을 부추기는 피드백 루프가 형성된다.

## 5 고평가 시장의 붕괴 및 하락 촉발 변수

### 1. 밸류에이션 지표의 경고(Shiller P/E)

현재 S&P 500의 CAPE 지수(경기조정주가 수익비율)가 역사적 평균을 크게 상회하고 있다는 점은 시장의 하방 취약성을 방증한다. 역사적 회귀(Mean Reversion) 관점에서 대공황급 위기 시 지수는 고점 대비 50% 이상의 기술적·기본적 조정을 받을 가능성이 농후하다.

### 2. 통화 정책의 실기(Policy Failure) 및 지정학적 리스크

첫째, 통화 정책 리스크이다. 인플레이션 억제를 위한 고금리 기조가 장기화되거나 경기 부양을 위한 금리 인하 타이밍을 놓치는 '정책적 과오(Policy Error)'는 시장 신뢰를 무너뜨린다. 둘째, 지정학적 갈등이다. 공급망 블록화와 무역 분쟁은 비용 인상 인플레이션(Cost-push Inflation)을 유발하여 중앙은행의 통화 정책 대응력을 약화시키고 스태그플레이션 압력을 가중시킨다.

### 3. 자본 이탈과 안전 자산 선호(Flight to Safety)

위기 발생 시 투자자들은 리스크 오프(Risk-Off) 전략에 따라 고위험 자산인 기술주에서 이탈하여 안전 자산으로 포트폴리오를 재편한다. 이것은 리스크 프리미엄 재평가에서 비롯된다. 즉, 불확실성 증대로 인해 위험 자산에 요구되는 수익률(Risk Premium)이 상승하게 되고, 이는 주가 하락을 압박한다.

또한 안전 자산으로 자금이 이동한다. 자금은 미국 국채, 금(Gold), 달러화 등 안전 자산(Safe-haven Assets)으로 급격히 쏠리는데, 이는 신흥국 시장의 자본 유출과 통화 가치 하락을 심화시킨다. 레버리지 청산 효과도 나타난다. 주가 하락이 담보 가치 하락으로 이어지며 발생하는 강제 반대 매매는 시장의 변동성을 비선형적으로 증폭시킨다.

2026년 현재, 엔비디아는 단순한 개별 종목을 넘어 글로벌 유동성과 AI 산업의 기대치를 상징하는 핵심 지표(Barometer)이다. 따라서 엔비디아의 버블 붕괴는 단순한 기술주 조정을 넘어 전 세계 금융 시스템의 연쇄적인 신용 위기와 실물 경제의 장기 침체를 촉발하는 트리거가 될 위험이 매우 높다.

# 2 삼성전자 및 SK하이닉스 주가 하락 시나리오 분석

2026년 글로벌 경제 및 자본 시장에 대한 전망은 극명하게 엇갈리고 있다. AI 산업의 '캐즘(Chasm)' 및 버블 붕괴론, 지정학적 리스크 심화에 따른 하방 압력과 메모리 반도체 업황 사이클 개선에 따른 상방 요인이 공존하고 있다.

여기서는 대외 거시 경제 변동성에 따른 국내 반도체 대표주의 하락 가능성을 심도 있게 분석해보고자 한다.

## 1 글로벌 경기 침체 가능성 및 자산 가격 하락 배경

### 1. 하향 전망의 근거: AI 수익성 회의론과 보호 무역주의의 결합

2026년은 AI 산업의 자본 지출(CAPEX) 대비 수익성(ROI) 검증 단계에 진입함에 따라 금융 시장의 변동성이 극대화될 것으로 예측된다. 특히 트럼프 2기 행정부의 관세 정책이 구체화되면서 글로벌 공급망의 분절화가 심화될 전망이다.

### (1) AI 수익성 임계점 도달

2024~2025년 단행된 대규모 AI 인프라 투자가 실제 기업 실적(Bottom-line) 개선으로 증명되지 못할 경우, 이른바 'AI 환멸기(Trough of Disillusionment)'에 진입하며 나스닥 중심의 기술주 투매 현상이 발생할 수 있다.

## (2) 보호 무역주의와 스태그플레이션 리스크

보편적 기본 관세(10~20%) 및 대중국 고율 관세(60%) 정책은 수입 물가 상승과 글로벌 교역량 위축을 초래한다. 이는 공급 측 요인에 의한 스태그플레이션(Stagflation)을 유발하여 전 세계적인 소비 심리 위축으로 이어질 수 있다.

## (3) 고금리 누적 효과 및 신용 리스크

장기간 지속된 긴축적 통화 정책의 여파로 기업의 채무 상환 능력이 한계에 다다르며, 한계 기업의 파산이 금융 시스템 전반의 체계적 리스크(Systemic Risk)로 전이될 가능성이 존재하고 있다.

# 2 삼성전자와 SK하이닉스의 펀더멘털 및 리스크 요인

글로벌 경기 하강 국면에서 한국 반도체 기업들은 대외 수요 변화에 가장 민감하게 반응하는 '경기 변동의 풍향계' 역할을 수행하고 있다.

## 1. 삼성전자(SAMSUNG ELECTRONICS)

### (1) 세트(Set) 부문 수요 위축

글로벌 가처분 소득 감소 시 스마트폰, TV, 가전 등 소비자 가전 부문의 수요가 급감하여 반도체 부문의 이익을 상쇄할 위험이 있다.

### (2) 외국인 자금의 디리스킹(De-risking)

국내 증시 시가 총액 1위 종목은 글로벌 헤지펀드의 포트폴리오 조정 시 유동성 확보를 위한 우선 매도 타깃이 되어 펀더멘털과 괴리된

오비슈팅 하락이 나타날 수 있다.

### (3) 기술적 조정 폭

과거 금융 위기 사례를 준용할 때 글로벌 경기 침체 동조화 발생 시 직전 고점 대비 30~50% 수준의 기술적 조정 가능성을 배제할 수 없다.

## 2. SK하이닉스(SK HYNIX)

### (1) HBM 공급 과잉 및 수요 불확실성

AI 메모리 비중이 높은 사업 구조상 AI 투자 사이클이 둔화될 경우 HBM(고대역폭 메모리)의 수급 불균형이 발생하여 수익성에 직격탄을 맞을 수 있다.

### (2) 높은 베타(Beta) 특성

삼성전자에 비해 반도체 사업 집중도가 높고 재무 레버리지가 민감하게 작용하여, 업황 하락기에는 시장 평균보다 큰 폭의 변동성을 보이는 경향이 있다.

### (3) 엔비디아(NVIDIA) 및 글로벌 기술주 동향

AI 대장주인 엔비디아의 밸류에이션 부담이 2026년 3분기경 임계점에 도달하며 고점 대비 상당 수준의 가격 조정(Price Correction)이 예상된다. S&P 500 지수의 주가수익비율(PER)이 과거 평균치로 회귀(Mean Reversion)할 경우 기술주 전반에 걸친 강력한 하락 압력으로 작용할 것이다.

## 3 종합 전망

2026년 초 메모리 반도체 실적이 '어닝 서프라이즈'를 기록했음에도 주가는 실적에 선행하는 특성상 향후 경기 침체 우려를 선반영할 수 있다. 즉, 실적 개선세와 주가 하락이 동시에 나타나는 '역금융장세' 혹은 '역실적장세'로의 진입 가능성이 높다.

2026년은 공격적인 자산 확대보다는 리스크 관리와 유동성(Cash-rich) 확보를 통해 대외 변동성에 대비하는 방어적 포트폴리오 전략이 절실히 요구되는 시점이다.

# 부동산 폭락과 금융 시스템의 연쇄 붕괴

## 1 부동산 시장의 급격한 자산 가격 조정 (Asset Bubble Burst)

### 1. 누적된 고금리의 시차적 충격과 임계점 도달

2024~2025년간 유지된 긴축적 통화 정책의 여파가 시차를 두고 실물 경제에 투영되면서 가계와 기업의 이자 보상 배율이 임계치에 도달할 것으로 예측된다.

### (1) 가계 가처분 소득의 급감

저금리 기조하에 체결된 고정 금리 대출의 갱신 주기 도래와 변동 금리 차주의 이자 비용 급증이 2026년에 정점에 달하며, 이는 민간 소비 위축과 가처분 소득의 실질적 감소로 직결된다.

### (2) 가계 부채 리스크의 현재화

GDP 대비 가계 부채 비율이 임계점을 상회함에 따라 한계 차주를 중심으로 한 '패닉 셀링(Panic Selling)'이 발생하며 부동산 가격의 하방 압력을 가중시킨다.

### 2. 디레버리징(Deleveraging)의 악순환

### (1) 담보 가치 하락과 마진콜 현상

자산 가치 하락은 담보인정비율(LTV)의 실질적 상승을 초래하며, 금융 기관의 대출 회수(Margin Call) 및 추가 담보 요구로 이어진다. 이는 매물 유도와 가격 하락을 가속화하는 '역피드백' 루프를 형성한다.

### (2) 상업용 부동산(CRE)의 펀더멘털 붕괴

원격 근무의 구조적 정착과 경기 침체에 따른 임대 수요 감소로 상업용 부동산의 공실률이 급증하며, 이를 기초 자산으로 하는 수익 증권 및 파생 상품 보유 금융 기관의 자산 건전성을 직접적으로 타격한다.

### 3. 수요 절벽과 부동산 PF(Project Financing) 부실

인구 구조 변화와 고용 불안정성 확대로 매수 심리가 고갈된 가운데, 건설사의 자금 조달 경색에 따른 미분양 급증과 공사 중단이 속출한다. 이는 부동산 자산 가치의 급격한 재평가(Downward Revision)를 유도하며 경제 시스템의 '도미노 도산'을 촉발하는 트리거가 된다.

## 2 금융 시스템의 전이 리스크와 은행 위기 (Banking Crisis)

### 1. 뱅크런(Bank Run)과 신용 경색(Credit Crunch)

부동산 담보 가치 하락은 은행의 자본 적정성(BIS 비율)을 악화시킨다. 이에 따른 예금자 불안은 비은행 금융 기관(제2금융권)부터 시작되는 유동성 위기를 초래한다.

### (1) 신용 공급의 수축

금융 기관이 건전성 관리를 위해 대출 문턱을 높이고 기존 대출을 회수하면서 시장 유동성이 고갈되는 '신용 경색'이 발생한다.

## (2) 글로벌 시스템적 리스크

복잡한 파생 상품 네트워크를 통해 일국(一國)의 위기가 전 세계 금융 시스템으로 전이되는 '글로벌 연쇄 파산'의 가능성이 농후하다.

# 3 정책적 대응의 한계와 자산 시장의 재편

## 1. 정부 개입의 구조적 한계: '정책 딜레마(Policy Dilemma)'

### (1) 재정 여력(Fiscal Space)의 고갈

팬데믹 대응 과정에서 급증한 국가 채무로 인해 2026년의 위기 상황에서 대규모 구제금융(Bail-out)을 시행할 재정적 여력이 현저히 저하되어 있다.

### (2) 국가–은행 간 '운명 공동체(Doom Loop)'

은행 시스템 방어를 위한 국채 발행 확대는 국채 금리 폭등을 유발하여 정부의 이자 비용을 가중시키고, 다시 금융 기관의 국채 자산 가치를 하락시키는 악순환을 초래한다.

### (3) 스태그플레이션 위험

유동성 공급을 통한 부양책은 화폐 가치 하락과 인플레이션을 자극하여 경기 침체 속 물가 상승이 결합된 최악의 시나리오를 전개시킬 수 있다.

## 2. 안전 자산 선호(Flight to Quality)와 자금의 대이동

〈표 3-1〉에서 보는 바와 같이 세계대공황 위기 징후 시 모니터링 지

| 구 분 | 핵심 지표 (Key Indicators) | 위기 임계치 (Threshold | 경제적 함의 및 파급 효과 |
|---|---|---|---|
| 가계 부채 | GDP 대비 가계 부채 비율 | 100% 초과 | 가처분 소득 대비 원리금 상환 부담이 소비를 잠식하는 '부채의 덫' 진입 |
| 부동산 | LTV 실질 반영 비율 | 80% 상회 | 자산 가치 하락으로 인한 담보 부족 발생. 금융권의 강제 대출 회수 촉발 |
| 금융 건전성 | 부동산 PF 연체율 | 15% 이상 | 건설사 부도 → 제2금융권 유동성 위기 → 시중 은행 신용 경색으로 전이 |
| 통화 정책 | 실질 금리(Real Interest Rate) | 3% 이상 지속 | 고금리 누적 효과로 인한 한계 기업 및 가구의 연쇄 도산 임계점 |
| 안전 자산 | 금(Gold) 가격 변동률 | 연간 30% 급등 | 법정 화폐 시스템에 대한 신뢰 붕괴 및 '질적 도피(Flight to Quality)' 가속화 |

표를 확인해보면, 위험 자산(부동산, 주식)으로부터의 이탈 가속화로 인해 실물 자산 및 기축 통화로의 자본 집중 현상이 나타난다.

### (1) 실물 안전 자산(금, 은)

통화 시스템에 대한 불신이 심화될 때 최후의 가치 저장 수단으로서 실물 귀금속 수요가 폭발적으로 증가한다.

### (2) 달러(USD) 및 국채

글로벌 유동성 함정 속에서 가장 높은 유동성을 가진 달러화와 무위험 자산으로 인식되는 미국채로 자금이 쏠리며 달러 인덱스(DXY)의 가파른 상승을 견인한다.

## 3. 한국 정부의 과제: 거시 건전성 관리

한국 정부와 한국은행은 유동성 공급과 물가 안정이라는 상충하는 목표 사이에서 정밀한 통화 정책을 운용해야 한다. 가계 부채 연체율,

외환 보유고, 주택 가격 지수 등의 선행 지표를 상시 모니터링하여 시스템적 붕괴를 막기 위한 '컨틴전시 플랜(Contingency Plan)' 가동이 시급하다.

### 주요 용어 해설

#### 1. 부동산 PF(Project Financing) 부실의 거시 경제적 메커니즘

부동산 PF는 프로젝트의 미래 현금 흐름(Future Cash Flow) 및 담보 가치를 기반으로 자금을 조달하는 구조이다. 2026년 시나리오에 따른 이 구조의 체계적 붕괴 과정은 다음과 같다.

##### ① 유동성 경색(Liquidity Crunch) 및 차환 리스크

글로벌 긴축 통화 정책의 장기화와 신용 위험 프리미엄 상승으로 금융권이 대출 공급을 축소한다. 이로 인해 기존 PF 대출의 차환(Roll-over)이 거절되면서 건설 및 시행사는 유동성 위기에 직면하며 단기 지급 불능 상태에 빠지게 된다.

##### ② 신용 등급 하향 및 자금 조달의 경색(Credit Rationing)

유동성 위기가 심화된 건설사들의 신용 등급이 하향 조정(Downgrade)됨에 따라 채권 시장을 통한 자금 조달 비용이 급격히 상승하거나 발행 자체가 무산되는 '신용 할당(Credit Rationing)' 현상이 발생한다.

##### ③ 미분양 사태와 자산 가격의 하향 경직성 붕괴

부동산 자산 가치 급락은 수요 위축과 공급 과잉이 맞물린 결과이다.
수요 측면 (Demand Shock)에서는 실업률 상승과 가처분 소득 감소로 인해 가계의 구매력이 급감하며 '수요 절벽'이 발생한다. 가격 수정(Price Adjustment) 면에서는 유동성 확보를 위한 건설사의 '투매(Fire Sale)'와 수분양자들의 급매물이 시장에 쏟아지며 부동산 자산의 시장 가격은 패닉 셀링(Panic Selling)과 함께 급격히 하향 조정된다.

##### ④ 실물 경제로의 전이: 공사 중단 및 연쇄 도산

자산 가치 하락과 자금 차단은 실물 부문의 생산 중단으로 이어진다. 이렇게 되면 첫째, 생산 활동 중단(Stalled Projects)이 일어난다. 한계 비용을 감당하지 못한 건설사들이 공사를 중단하게 되는데, 이는 투입 자본의 매몰 비용(Sunk Cost)화를 초래한다. 둘째, 공급망 연쇄 부도(Domino Effect)가 일어난다. 건설업의 후방 연쇄 효과(Backward Linkage Effect)에 따라 자재, 설계, 인력 업체 등 관련 산업 전반으로 부도가 확산되며 거시 경제적 고용 위기를 심화시킨다.

### ⑤ 금융 시스템 위기로의 전이(Financial Contagion)

부동산 PF의 부실은 대출 채권의 자산 건전성을 악화시켜 금융 시스템 리스크로 직결된다. 부실 채권(NPL)이 급증하면 차주(건설사)의 채무 불이행으로 인해 금융 기관의 자산 건전성이 악화된다. 특히 자본 확충 능력이 취약한 비은행 금융 기관(제2금융권)이 1차적 시스템 리스크에 노출된다. 뱅크런(Bank Run) 및 신뢰 위기가 닥쳐오면 특정 기관의 건전성 악화 정보가 시장에 퍼져 예금자의 인출 사태가 발생하는데, 이는 금융 시스템 전체의 유동성 함정 및 신용 붕괴를 초래한다.

2026년 시나리오에서 부동산 PF 부실은 단순한 특정 산업의 위축을 넘어 '자금 경색 → 생산 중단 → 자산 가치 폭락 → 금융 시스템 붕괴'로 이어지는 연쇄적인 악순환(Vicious Cycle)을 형성한다. 이는 자산 버블 붕괴에 따른 대차대조표 불황(Balance Sheet Recession)의 전조가 될 수 있으며, 가계와 기업의 순자산이 급감하는 광범위한 경제 위기의 촉매제가 될 것으로 분석된다.

## 2. 글로벌 연쇄 파산: 파생 상품을 통한 위기의 전이(Contagion)

현대 금융 시스템은 부채담보부증권(CDO) 및 신용부도스왑(CDS) 등 복잡한 파생 상품 네트워크로 긴밀히 결착되어 있다. 위기의 전이는 다음과 같은 경로를 통해 가속화된다.

첫째, 기초 자산의 가치 급락 및 평가 절하이다. 부동산 가격의 폭락은 이를 기초 자산(Underlying Asset)으로 하는 파생 상품의 연쇄적 가치 하락을 초래하게 되는데, 특정 임계점을 넘을 경우 해당 상품의 가치는 '제로(0)'에 수렴하게 된다. 둘째, 정보의 비대칭성과 신뢰의 붕괴이다. 금융 기관별 위험 노출액(Exposure) 파악이 불가능해짐에 따라 정보의 비대칭성이 극대화된다. 이는 금융 기관 간 상호 불신으로 이어져 자금 시장의 신용 경색(Credit Crunch)및 유동성 고갈을 야기한다.

### ① 마진콜(Margin Call)과 자산의 투매(Fire Sale)

기관 투자자들의 증거금 유지 의무는 하락장에서 하방 압력을 가중시키는 부의 피드백 루프(Negative Feedback Loop)를 형성한다. 그렇게 되면 첫째, 강제 청산의 악순환이 일어난다. 담보 가치 하락에 따른 마진콜 발생 시 투자자는 추가 증거금을 납입하거나 보유 포지션을 강제 청산당해야 하는 상황에 직면한다. 둘째, 디레버리징(Deleveraging)과 자산 투매가 일어난다. 증거금 마련을 위해 주식, 금, 국채 등 유동성이 높은 우량 자산까지 시장에 매물로 내놓는 투매(Fire Sale) 현상이 발생한다. 이는 자산 간 상관관계를 급격히 높이며 전 세계적인 자산 가격 동반 폭락을 유도한다.

### ② 국경을 넘는 체계적 위험(Systemic Risk)의 확산

글로벌 대형 은행(G-SIBs)의 파산은 국경을 넘어 전 세계 금융 시스템의 안정성을 저해한다. 먼저 자본 회수(Capital Repatriation)와 외환 위기를 불러온다. 위기에 직면한 선진국 금융 기관들이 유동성 확보를 위해 신흥국에 실행했던 대출 및 투자 자금을 급격히 회수(Sudden Stop)하면서, 기초 여건이 취약한 국가들의 외환 위기와 국가 부도 위험이 고조된다. 다음으로 거래 상대방 위험(Counterparty Risk)의 현실화가 나타난다. 특정 기관의 파산이 결제망으로 연결된 수천 개의 거래 상대방에게 손실을 전가하며, 금융 네트워크 전체가 무너지는 도미노 효과(Domino Effect)를 일으킨다.

### ③ 실물 경제로의 전이 및 장기 침체(Great Depression)

금융 시스템의 기능 마비는 중개 기능의 상실을 의미하며, 이는 실물 경제의 침체로 전이된다. 금융 시스템이 마비되면 신용 공급이 중단되고 기업이 도산한다. 금융권의 대출 태도 경직으로 인해 건실한 기업들조차 운전 자금 조달에 실패하는 자금난을 겪게 되며, 이는 대규모 폐업과 고용 시장의 붕괴로 이어진다. 아울러 역자산 효과(Negative Wealth Effect)와 수요 절벽이 나타난다. 자산 가치 하락에 따른 소비 위축과 미래 불확실성에 의한 투자 절벽은 총수요를 급감시켜 경제를 장기적인 대공황 상태로 몰아넣는다.

## 4 비트코인 폭락과 자산 가치 하락

2026년 세계대공황 시나리오의 핵심 축인 비트코인 폭락과 자산 가치 하락은 앞서 기술한 경제적 연쇄 반응과 궤를 같이한다. 구체적인 메커니즘은 다음과 같다.


## 1 비트코인 및 암호 화폐 시장의 붕괴

### 1. 유동성 회수와 투매 현상

대공황 초입 단계에서 경제 주체들은 가용 현금(Cash Liquidity) 확보를 위해 위험 자산인 비트코인을 최우선적으로 매각할 것이다. 이는 위기 상황에서 나타나는 '자산 유동화 경향'에 따른 것으로, 시장에 매물이 압도적으로 쏟아지며 가격 붕괴를 초래한다.

**(1) 초기 단계: 위험 자산(Risk-on Asset)의 한계와 즉각적 투매**

경제 위기 발생 시 투자자들은 자산의 안정성에 따라 포트폴리오를 재편한다. 이때 비트코인은 높은 변동성으로 인해 여전히 고위험 자산으로 분류된다.

경제 위기 시에는 첫째, 마진 콜(Margin Call) 대응이 나타난다. 주식 및 부동산 등 전통적 자산 가치가 급락하면 투자자들은 담보 가치를 유지하거나 손실을 보전하기 위해 즉각 현금화가 용이한 암호 화폐를 우선 매도한다. 비트코인은 〈그림 3-2〉, 〈그림 3-3〉에서 보는 바와 같이 2025년 10월 고점 이후 'N자형' 하락 추세에 진입했으며, 2026. 2.

자료: Trading View에서 검색

20. 현재, 대략 고점 대비 50% 정도 하락했다. 2026년 경제 위기가 본격화되면 하방 압력은 더욱 가중될 것으로 분석된다. 둘째, 현금 선호 현상(Flight to Cash)이 나타난다. 대공황 수준의 위기에서는 비트코인과 같은 대체 자산보다 실질적인 결제 수단인 법정 화폐(특히 달러)와 금·은 등 안전 자산에 대한 수요가 폭증한다. 이 과정에서 유동성이 상대적으로 낮은 암호 화폐 시장은 적은 매도세에도 가격이 급락하는 '유동성 함정'에 직면하게 된다.

### (2) 기관 투자자의 유동성 확보 전략

2026년은 과거와 달리 기관 투자자의 비중이 비약적으로 높아진 시점이다. 이는 위기 시 더욱 조직적이고 대규모의 투매를 야기하는 요인이 된다. 이렇게 되면 첫째, 기업의 생존 자금 마련이 관건이 된다. 재무제표상 비트코인을 보유한 기업들은 실적 악화와 부채 상환 압박에 직면할 경우, 운영 자금 확보를 위해 보유 중인 암호 화폐를 시장에 대량 방출할 것이다.

둘째, ETF 환매 요구가 발생한다. 비트코인 현물 ETF를 통한 유입 자금이 시장 공포로 인해 일시에 환매를 요청할 경우, 자산운용사는 기계적인 매도에 나설 수밖에 없다. 이는 가격 폭락의 '부의 피드백 루프(Negative Feedback Loop)'를 형성한다.

## (3) 디레버리징(Deleveraging)의 연쇄 반응

첫째, 강제 청산이 가속화된다. 레버리지 비중이 높은 암호 화폐 시장 특성상, 가격이 임계점 이하로 하락하면 담보 부족으로 인한 강제 청산(Liquidation)이 도미노처럼 이어진다. 이는 '폭포수 효과(Waterfall Effect)'를 일으켜 가격 하락을 더욱 심화시킨다. 둘째, 신용 경색이 온다. 금융 기관들이 리스크 관리를 위해 대출 회수 및 신규 공급 중단에

**그림 3-3_** 최근 비트코인 주가 추이

자료: Trading View에서 검색

나서면서 시장의 유동성은 완전히 고갈될 것이다.

### (4) 2026년의 특수성: 제도적 보호 부재와 심리적 항복

암호 화폐 시장은 위기 시 중앙은행의 '최종 대부자(Lender of Last Resort)' 기능이나 예금자 보호 제도가 미비하여 공포 확산을 제어할 수단이 전무하다. 결국 가격 지지선이 무너지면 비트코인의 가치 저장 수단으로서의 신뢰가 붕괴되며, 최후의 보유자들까지 시장을 이탈하는 '패닉 셀(Panic Selling)'과 '항복(Capitulation)' 단계에 진입하게 된다.

2026년은 미국과 한국 모두 역사적인 부채 임계점에 도달하는 시점이다. 미국의 경우, 명목 GDP 대비 국가 채무 비율이 약 126.8~130%에 육박하며 매년 부채 규모가 가파르게 증가하고 있다. 한국 또한 가계 부채가 GDP 대비 90% 후반대를 유지하며 세계 최고 수준의 가계 부채 리스크를 안고 있다. 이러한 부채 주도의 경제 구조에서 금리 인하 중단이나 신용 경색이 발생할 경우, 자산 시장의 레버리지는 순식간에 역회전하며 폭발적인 투매를 유발하게 된다.

## 2 '디지털 금' 서사의 붕괴와 자산 동조화

안전 자산으로 추앙받던 비트코인이 증시 폭락과 강한 동조화(Coupling)를 보이며 투기적 수요의 증발과 함께 가치 저장 수단으로서의 신뢰를 상실하는 과정은 다음과 같다.

### 1. 증시와의 동조화(Coupling) 심화

2026년 대공황 시나리오에서 비트코인은 독립적 자산이 아닌 '고위험 기술주'와 유사한 행보를 보일 가능성이 크다. 첫째, 유동성 회수 메커니즘이다. 위기 시 주식 시장의 급락은 즉각적인 마진 콜을 유발하며, 투자자들은 자금 확보를 위해 비트코인을 처분한다. 2026년 초 은(Silver) 시장에서 나타난 단기 급락 사례에서 볼 수 있듯 레버리지가 높은 비트코인 역시 단 하루 만에 -30% 이상의 폭락을 기록할 수 있는 취약한 구조를 지닌다.

## 2. '디지털 금' 환상의 종말

암호 화폐는 첫째, 실물 금과의 상관관계에서 괴리가 있다. 역사적으로 경제 위기 시 금은 가치 방어력을 입증해왔으나 비트코인은 시스템적 위기 상황에서 극심한 변동성을 노출하며 안정성을 입증하지 못할 것이다. 2024년부터 이어온 금 가격의 급등은 경제 위기의 전조(Trigger)로 해석되는 반면, 비트코인의 급락은 해당 자산이 실물 경제 위

기에서 헤지(Hedge) 수단이 될 수 없음을 시사한다.

둘째, 내재 가치에서 논란이 있을 수 있다. 생존이 직결된 대공황 환경에서는 실물 경제적 효용이 제한적인 디지털 코드보다 실물 자산에 대한 선호도가 압도적으로 높아지기 때문이다.

## 3. 투기 수요 증발 및 하락 가속화

암호 화폐 시장에서 하락이 가속화하면 채굴자 항복(Miner Capitulation)이 나타난다. 비트코인 가격이 채굴 한계 비용(Marginal Cost) 이하로 하락할 경우, 채굴 기업들의 보유 물량 투매가 마지막 지지선을 붕괴시키는 결정타가 될 것이다.

# 3  주식 및 금융 자산의 연쇄 붕괴

## 1. 기업 실적 악화와 펀더멘털 추락

경제 위기는 '소비 침체 → 기업 실적 악화 → 주가 폭락'의 정형화된 악순환을 생성한다. 이러한 악순환으로 첫째, 소비 절벽과 가처분 소득이 감소한다. 고물가와 실업률 상승으로 구매력이 저하된 가계는 필수재를 제외한 소비를 중단하며, 이는 기업의 매출 급감과 재고 누적으로 이어진다. 둘째, 고정비 부담 및 금융 비용이 증가한다. 매출은 감소하나 인건비, 임대료 등 고정비와 신용 스프레드 확대에 따른 이자 비용은 상승하여 기업의 영업 이익은 급격히 적자 전환된다. 셋째, 밸류에이션 멀티플(Multiple)이 붕괴된다. 호황기에 적용되던 미래 성장성(PER)은 불확실성 앞에 무의미해지며, 자산 가치는 장부 가치 이하로 수렴하게 된다. 넷째, 한계 기업 파산과 신용 경색이 일어난다. 부채 비율이 높은 '좀비 기업'들의 연쇄 도산은 금융권의 부실 채권(NPL)으로 전이되어 전체 금융 시스템의 마비를 초래한다.

## 2. 안전 자산 선호(Risk-off)의 심화

대공황 상황에서 시장은 모든 위험 자산을 외면하고 달러, 금, 초단기 국채 등 전통적인 안전 자산으로만 자금이 쏠리는 '극단적 위험 회피' 현상을 보일 것이다. 2026년 대공황 시나리오에서 생존을 위한 최우선 전략은 금(은)과 현금 유동성 확보로 귀결된다.

# 5 기업의 파산과 실업률의 폭등

2026년 세계대공황 시나리오에서 기업 파산과 실업률 폭등은 경제 붕괴를 가속화하는 핵심 동인(Key Driver)이다.

## 1 한계 기업(Zombie Companies)의 연쇄 도산

### 1. 유동성 고갈과 신용 경색

고금리 기조가 장기화되면서 자생력을 상실한 한계 기업들이 자본 조달에 실패하며 도산하기 시작한다. 이러한 현상은 금융 시스템 전반의 마비로 확산되며, 그 구체적인 메커니즘은 〈표 3-2〉에 제시한 바와 같다.

### (1) 이자보상배율(ICR)의 붕괴와 부채 차환(Roll-over) 실패

영업 이익으로 이자 비용조차 감당하지 못하는 한계 기업들의 인내심이 임계치에 도달한다. 저금리 기조에서 조달했던 부채의 만기가 도래할 때 고금리 환경 속에서 재대출이 거부되거나 차환에 실패하며 즉각적인 유동성 위기에 직면한다.

$$\text{이자보상배율(ICR)} = \frac{\text{영업 이익(EBIT)}}{\text{이자 비용(Interest Expense)}}$$

(이 지표가 1미만이면 잠재적 파산 위험군으로 분류된다.)

## (2) 신용 경색(Credit Crunch)의 확산

금융 기관들은 리스크 관리 차원에서 대출 문턱을 극단적으로 높인다. 이는 한계 기업을 넘어 우량 기업(Blue-chip)에게도 대출금 회수나 추가 담보를 요구하는 '돈맥경화' 현상을 야기하며 자본 시장을 마비시킨다.

### [사례] 투퍼웨어(Tupperware)의 몰락

78년 역사를 지닌 미국의 '투퍼웨어 브랜즈'는 2024년 9월, 결국 파산 보호를 신청했다. 주요 원인은 다음과 같다.

첫째, 부채 상환 불능이다. 고금리 환경에서 약 8억 달러(한화 약 1조 600억 원) 이상의 부채를 감당하지 못했다.

둘째, 유동성 고갈이다. 판매 채널 혁신 실패와 원재료비 상승으로 현금 흐름이 악화되며 이자보상배율이 급격히 하락했다.

셋째, 신용 경색이다. 채권단과의 채무 조정 협상이 결렬되면서 자금 조달의 길이 완전히 차단되었다. 투퍼웨어의 파산은 단순한 기업 몰락을 넘어 전통적 제조 기반 기업이 고금리 충격을 견디지 못하고 무너지는 과정을 여실히 보여준다.

표 3-2_ 투퍼웨이 파산의 주요 내용

| 항 목 | 상세 내용 |
| --- | --- |
| 파산 시기 | 2024년 9월 17일(미국 법원 접수) |
| 주요 사유 | 고금리로 인한 이자 비용 증가 및 소비 위축 |
| 영향 | 전 세계 수만 명의 판매원 및 직원의 고용 불안정 초래 |

## (3) 자산 투매(Fire Sale)에 따른 악순환

파산 절차에 진입한 기업들이 유동성 확보를 위해 부동산, 설비, 지분을 시장에 투매하면서 자산 가치가 급락한다. 이는 금융 기관의 담보 가치 하락으로 이어져 다시 신용을 축소시키는 역공급 과잉의 악순환을 형성한다.

## 2. 글로벌 공급망(GVC)의 붕괴

주요 앵커 기업이나 핵심 소재 기업의 파산은 글로벌 공급망을 단절시켜 건실한 기업들까지 연쇄적인 생산 차질을 겪게 한다.

### (1) 적시 생산 방식(Just-in-Time)의 부메랑

효율성을 극대화했던 JIT 시스템은 완충 재고가 부족하여 공급망 중단 한 곳의 병목 현상(Bottleneck)만으로도 전체 공정을 중단시키는 치명적인 약점으로 작용한다.

### (2) 흑자 도산(Insolvency despite Profit)의 발생

공급망 붕괴로 생산 및 인도가 지연되면 장부상 이익에도 불구하고 매출 채권 회수가 불가능해진다. 고정비 부담을 이기지 못한 건실한 기업들마저 일시적 자금난으로 무너지는 흑자 도산이 속출한다.

# 2 실업률의 기하급수적 폭등

## 1. 대규모 구조 조정과 노동 시장 경직

매출 급감에 직면한 기업들은 생존을 위해 인건비 절감을 목적으로 한 전방위적인 정리해고를 단행한다.

### (1) 전 산업의 동시다발적 해고

서비스업의 소비 위축에 따른 1차 충격, 제조업의 가동 중단에 따른 2차 충격을 거쳐 AI와 자동화 기술의 결합으로 인한 사무직(White-collar)의 3차 충격까지 이어지며 실업의 질이 급격히 악화된다.

## (2) 실업의 악순환(Death Spiral)

대규모 해고는 가계 소득 증발을 의미하며, 이는 다시 소비 절벽으로 이어져 기업의 추가 해고를 유발하는 기하급수적 폭등을 일으킨다.

## 2. 신규 채용 중단과 '흉터 효과(Scarring Effect)'

고용 시장이 동결되면서 청년층의 노동 시장 진입이 차단되는 '고용 절벽' 현상이 심화된다.

### (1) 인적 자본의 사장

신규 구직자들이 장기간 미취업 상태에 놓이면서 전문 기술과 경력을 형성하지 못하는 '흉터 효과'가 발생한다. 이는 국가 전체의 장기 잠재 성장률을 하락시키는 요인이 된다.

# 3 소비 위축과 디플레이션 소용돌이 (Deflationary Spiral)

## 1. 가처분 소득의 소멸과 예비적 저축 동기

실업률 폭등은 가계의 가처분 소득을 급감시키며, 고용 유지가 불안정한 계층조차 지출을 극도로 억제하는 '예비적 저축'에 집중하게 만든다.

## 2. 소비 절벽과 부채 디플레이션

### (1) 수요 부재에 따른 가격 하락

기업들이 재고 소진을 위해 가격을 인하함에도 불구하고 소비자들은 추가 하락을 기대하며 구매를 지연시킨다.

## (2) 실질 채무 부담의 증가

물가 하락으로 화폐 가치가 상승하면 고정된 명목 부채를 가진 가계와 기업의 '실질 부채 부담'은 오히려 무거워진다. 이는 다시 파산율을 높이는 부채 디플레이션(Debt Deflation)을 완성한다.

# 4 사회적 불안과 재정 위기

## 1. 중산층의 빈곤화와 사회적 안전망 마비

자산 가격 폭락과 실직이 동시다발적으로 발생하며 경제의 중추인 중산층이 붕괴한다. 이는 사회적 양극화와 체제에 대한 불신으로 확산된다.

## 2. 정부 재정의 '가위 효과(Scissors Effect)'

세입은 급감하는 반면, 복지 및 공적 자금 투입 등 세출 수요는 폭증하여 국가 재정이 고갈된다.

### (1) 국가 신인도 하락

급증하는 재정 적자를 보전하기 위해 무리한 국채 발행이 이어지면 국채 금리가 상승하고 국가 신용 등급이 강등된다. 이는 결국 민간의 위기가 국가 부도(Default) 위기로 전이되는 최종 단계로 진입하게 한다.

2026년
신(新)세계대공황과
한국경제

# 금과 은 가격의 폭등과 한국 경제의 희망

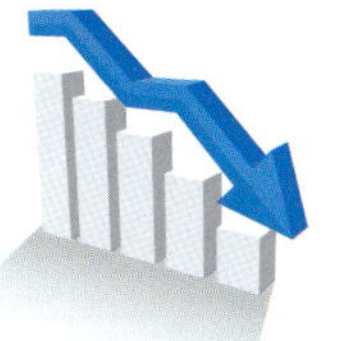

# 제4장

# 중앙은행의 안전 자산 확보 전략: 금·은 매수 확대

1. 금과 은 가격의 폭등과 하이퍼인플레이션

2. 스태그플레이션의 영향과 자산 가치 폭락

3. 국제 유가 상승과 한국 경제의 위기

글로벌 경제의 불확실성이 심화됨에 따라 전 세계 중앙은행들은 기존 기축 통화 시스템에 대한 의존도를 낮추고 있다. 즉, 화폐 가치 하락과 지정학적 리스크에 대비하기 위해 이들은 '궁극의 가치 저장 수단'인 금과 은을 확보하는 전략적 선택을 하고 있다.

본 장에서는 중앙은행들이 실물 자산 매집에 박차를 가하는 근본적인 이유를 살펴보고, 이러한 국제 금융 질서의 변화가 한국 경제에 던지는 시사점과 대응 방향을 심도 있게 분석하고자 한다.

# 1 금과 은 가격의 폭등과 하이퍼인플레이션

2026년 1월 말 현재, 세계 경제는 과잉 유동성과 지정학적 불안정으로 인해 극심한 위기에 직면해 있다. 그 때문에 글로벌 금융 시장의 중심축은 법정 화폐에서 금·은 등 실물 자산으로 급격히 이동하고 있다.

본 장에서는 각국 중앙은행들이 위험 회피(Hedge) 수단으로 금과 은을 공격적으로 매수함에 따라 발생하는 가격 변동과 하이퍼인플레이션 현상을 상세히 분석하고자 한다.

## 1 금과 은 가격의 폭등 원인

### 1. 각국 중앙은행의 공격적 매수

달러 패권의 약화와 법정 화폐(Fiat Money)에 대한 신뢰 하락으로 인해 각국 중앙은행은 외환 보유고 내 금 비중을 급격히 높이고 있다. 2026년 1월 31일, 〈그림 4-1〉에서 보는 바와 같이 미국 시장 내 금·은 가격의 일시적 급락(금 현물 –9%, 은 현물 –28% 등)에도 불구하고 신흥국을 중심으로 한 '탈달러화' 움직임은 금 수요를 폭발적으로 증가시키는 추세다. 이는 기존 달러 중심의 브레턴우즈 체제가 해체되고 있음을 시사하는 강력한 신호이다.

## (1) 주요 원인 분석

**① 외환 보유고의 질적 변화**(탈달러화 가속)

과거 중앙은행들이 달러와 국채를 주된 보유 자산으로 삼았던 것과 달리 2026년 1월 말 현재 '가치 저장의 수단'으로 금과 은의 비중을 유례없이 높이고 있다. 이 현상의 구체적인 원인은 대략 3가지로 설명할 수 있다.

첫째, 외환 보유고의 질적 변화(탈달러화의 가속화)이다. 서방의 금융 제재를 목격한 BRICS 등 신흥국(중국, 인도, 러시아, 브릭스 국가들)은 특정 국가의 통제권 밖에 있는 실물 자산을 선호하게 되었다.

둘째, 법정 화폐의 가치 저장 기능 상실로서, 지난 수년간 단행된 무제한 양적 완화는 화폐 공급량의 폭증을 야기했다. 2026년 현재 직면한 하이퍼인플레이션은 종이 화폐의 구매력을 파괴하고 있으며, 중앙은행들조차 스스로 발행하는 화폐보다 공급량이 한정된 금과 은을 더 신뢰하게 되었다. 이는 화폐의 역사적 기원인 '금본위제'적 속성으로 회귀하여 포트폴리오의 붕괴를 막으려는 방어 기제이다.

셋째, 금융 시스템의 무기화에 대응한 최후의 결제 수단 확보이다. 지정학적 불안정이 극대화된 현 상황에서 SWIFT(국제은행간통화협정) 배제와 같은 금융 제재는 국가 경제를 마비시키는 강력한 무기가 되었다. 금과 은은 디지털 흔적을 남기지 않으면서 전 세계 어디서나 통용되는 '무국적 화폐'이다. 중앙은행들은 시스템 셧다운이나 결제망 차단과 같은 블랙 스완(Black Swan) 사태에 대비해 국가 생존을 담보할 최후의 보루로서 실물 금괴나 은괴를 직접 비축(Physical Stockpiling)하고 있다.

❷ 거래 상대방 위험(Counterparty Risk) 없는 자산

금은 특정 국가가 압류하거나 가치를 임의로 훼손할 수 없는 유일한 국제 결제 수단으로 부각되고 있다.


❸ 하이퍼인플레이션 방어막

무제한 유동성 공급으로 화폐 가치가 급락하자 중앙은행들은 자국 통화 가치를 방어하기 위한 '실물 담보' 확보에 나섰다. 이에 JP모건 등 투자은행과 개인 자산가들의 매수세가 가세하며 〈그림 4-1〉에서 보는 바와 같이 2026년 1월 29일 기준 금값은 온스당 5,500달러, 은값은 118달러를 돌파하는 기염을 토했다.


❹ 은(Silver)의 전략적 가치 재발견

2025년 들어서면서 은(Silver)의 전략적 가치 재발견으로 과거 금의


**그림 4-1_** 2026. 3. 6. 국제 금 시세(온스당)

자료: Trading View에서 검색

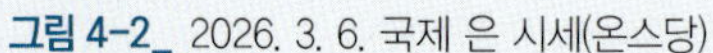

**그림 4-2_** 2026. 3. 6. 국제 은 시세(온스당)

자료: Trading View에서 검색

보조 수단으로 여겨졌던 은은 그 위상이 높아졌다. 세계 경제 위기가 감돌기 시작하면서 〈그림 4-2〉에서 보는 바와 같이 2025년부터 2026년 1월 말에 1온스당 118달러까지 가격이 급등하면서 '전략적 산업 자재'이자 '화폐 자산'이라는 이중 지위를 얻게 되었다.

**❺ 첨단 산업의 필수재**

AI 데이터 센터, 태양광, 핵융합 등 미래 산업의 핵심 소재인 은의 공급 부족(Supply Deficit)이 심화됨에 따라 중앙은행들의 은 비축은 '은 본위제'에 준하는 수요 폭발을 일으켰다.

2026년의 금·은 매입 열풍은 단순한 투기가 아니라 지난 50년간 유지된 종이 화폐 시스템의 한계를 느낀 중앙은행들이 인류 역사상 가장 오래된 '진짜 돈'으로 회귀하는 통화 시스템의 리셋(Monetary Reset) 과정으로 보아야 한다. 이러한 세계 각국의 중앙은행들의 움직임은 시장에 "더 이상 종이돈을 믿지 마라"라는 강력한 메시지를 던지고 있다. 이는 곧 일반 개인 투자자들의 '패닉 바잉'으로 이어져 하이퍼인플레이션을 가속화하는 기폭제가 되고 있는 중이다.

## 2. 은(Silver)의 재평가 요인

은의 가치 재평가 요인은 크게 세 가지 측면에서 분석할 수 있다.

### (1) 화폐적 지위의 회복(Gresham's Law의 역전)

경제 위기 상황에서 법정 화폐에 대한 신뢰가 급락함에 따라 금에 비해 저평가되었던 은이 '가난한 자의 금'을 넘어 '실질적 대체 화폐'로 급부상하고 있다. 기록적인 금값 폭등으로 인해 개인과 기관의 매수세가 은으로 대거 유입되면서 '금-은 비율(Gold–Silver Ratio)'이 정상화되는 과정이 진행 중이다.

### (2) 4차 산업 혁명의 핵심 전략 자산

은은 현존하는 금속 중 전기 전도성이 가장 뛰어나 미래 산업의 필수불가결한 요소이다. 특히 탄소 중립 정책 가속화로 태양광 패널 제조용 은 수요가 공급을 앞지르고 있다. 또한 전기차(EV)는 내연 기관차보다 약 2배 이상의 은을 소모하며, 5G 기지국 등 통신 인프라 확충에도 대량의 은이 투입되고 있다.

### (3) 공급 부족의 심화(Supply Deficit)

은은 주로 구리나 납 광산의 부산물로 채굴되는 특성상 단기간에 생산량을 늘리기 어렵다. 런던귀금속시장협회(LBMA)와 뉴욕상품거래소(COMEX)의 실물 재고가 2020년대 중반 이후 지속적으로 감소하면서 공급 측면의 한계로 인한 쇼트 스퀴즈(Short Squeeze) 현상이 빈번하게 발생하고 있다.

| 자산 항목 | 2020년 이전 경향 | 2026년 현재 상황 |
| --- | --- | --- |
| 미국 달러/국채 | 압도적 비중(60% 이상) | 신뢰 하락 및 비중 급감(40% 미만) |
| 금(Gold) | 보조적 수단(10% 내외) | 핵심 안전 자산(30~50% 목표) |
| 은(Silver) | 거의 보유 안 함 | 산업/통화 전략 자산으로 신규 편입 |
| 기타 통화 | 유로, 엔 등 분산 | 가치 하락으로 인해 기피 대상 |

## 3. 실물 자산으로의 도피

하이퍼인플레이션 공포가 확산되면서 민간 부문의 자금이 종이 화폐를 떠나 가치 저장 수단인 금과 은으로 급격히 쏠리고 있다.

〈표 4-1〉에서 알 수 있듯이 2026년 2월 현재 온스당 은 가격이 118달러를 상회하고 있다. 세계 경제가 직면한 전례 없는 위기 속에서 민간 자금이 금과 은으로 이동하는 현상은 단순한 투자를 넘어선 '생존을 위한 자산의 대이동'으로 분석된다.

### (1) '최고의 수익 자산'으로의 재발견

이번 위기에서 주목할 점은 〈그림 4-1〉, 〈그림 4-2〉에서 보는 바와 같이 은 가격 상승 폭이 금을 압도하고 있다는 점이다. 그 이유는 첫째, 유통 화폐로서의 편의성이다. 금은 고가여서 생필품 구매 등 소액 결제에 부적합할 수 있으나 은은 상대적으로 단위가 낮아 위기 상황에서 실물 유통 화폐 역할을 할 것이라는 기대감이 반영되었다. 둘째는, 구조적 수급 불균형이다. 은은 안전 자산인 동시에 첨단 산업의 필수 소재이다. 하이퍼인플레이션으로 채굴 비용은 급등한 반면, 공급이 수요를 따라가지 못하는 '구조적 쇼크'가 민간의 매수세와 맞물려 가격 폭등을 유도하고 있다.

### (2) 심리적 공포와 포모(FOMO) 현상의 가속화

경제 위기가 심화될수록 대중의 심리는 이성적 판단보다 공포에 지배된다. 주식·부동산 등 기존 자산 가치가 폭락하는 것을 목격한 중산층 이하 개인들까지 자산을 지키기 위해 뒤늦게 금·은 시장에 뛰어드는 '패닉 바잉(Panic Buying)' 현상이 나타나고 있다. 과거 자산가들의 전유물이었던 금·은 헤징(Hedging)이 일반 시민의 생존 전략이 되면서 실물 시장의 매물 고갈과 비정상적인 프리미엄(웃돈) 형성을 초래하고 있다.

## 4. 금－은 비율(Gold－Silver Ratio)의 정상화 과정

은 가격의 재평가를 가늠하는 핵심 척도인 '금－은 비율(금 가격/은 가격)'의 변화를 살펴보면 〈표 4-2〉에서 보는 바와 같이 현시점의 은 가격 상승은 단순한 일시적 현상이 아님을 알 수 있다.

### (1) 지표 분석 및 전망

〈표 4-2〉의 역대 금－은의 가격 비율을 살펴보면 역사적으로 금과 은의 가격 비율의 변화를 볼 수 있다. 과거 로마 시대나 미국의 은 본위제 시절 금－은 비율은 15:1 내외였다. 2026년 현재 하이퍼인플레이션으로 인해 종이 화폐의 가치가 소멸되면서 시장은 다시 이 역사적 비율로 회귀하려는 강한 성향을 보이고 있다.

은은 또한 상승 잠재력이 있다. 현재 금 가격이 온스당 5,000달러를

표 4-2_ 역대 금－은 비율 비교

| 시 기 | 금－은 비율<br>(Gold－Silver Ratio) | 비 고 |
| --- | --- | --- |
| 역사적 평균 | 15 : 1 | 화폐로서의 가치가 인정되던 시기 |
| 20세기 평균 | 47 : 1 | 산업용 수요와 통화 수요의 혼재 |
| 2020년 팬데믹 | 120 : 1 | 은의 역사적 저평가(패닉 상황) |
| 2026년 현재 | 63:1 | 은의 화폐 지위 회복 및 공급 부족 |

상회하는 상황에서 금-은 비율이 과거 평균인 15:1 달러까지 축소될 경우, 은 가격은 산술적으로 온스당 300달러를 돌파할 가능성이 열려 있다.

은은 산업적 희소성까지 갖고 있다. 금은 채굴된 양의 대부분이 보관되어 있으나 은은 산업용으로 소모되어 사라지는 양이 상당하다. 지표상 지각 내 매장량 비율인 17:1에 근접할수록 은의 희소 가치는 금보다 가파르게 상승할 것으로 예측된다.

### (2) 글로벌 은 재고 현황(Inventory Shock)

가격 폭등의 실질적 근거가 되는 주요 거래소의 실물 재고 현황 데이터(2026. 2. 7.)를 살펴보면 은은 LBMA(런던귀금속시장협회) 재고 현황상 2022년 이후 연평균 15~20%씩 감소하여 2026년 현재 '가용 재고(Available Inventory)'가 역대 최저 수준인 8억 온스 미만으로 추락했다. 실물 프리미엄이 붙어 있어서 종이 은(선물) 가격과 실물 은(실버바) 가격의 괴리가 커지며 실물 획득을 위한 프리미엄이 30~50%에 달하는 기현상이 발생하고 있다.

## 2 하이퍼인플레이션의 발생과 심화

### 1. 통화 가치의 하락

2025년 상반기부터 세계 각국 중앙은행들이 금(Gold)을 확보하기 위해 자국 통화를 대량 발행하고, 과거 경기 부양을 위해 살포했던 과잉 유동성이 제때 회수되지 못하면서 화폐 가치가 휴지 조각처럼 급락하는 하이퍼인플레이션이 발생하고 있다.

2026년 2월 현재 우리가 목도하고 있는 현상은 단순한 물가 상승을 넘어선 '화폐 체제의 신뢰 붕괴'이다. 세계 각국 중앙은행들이 생존을

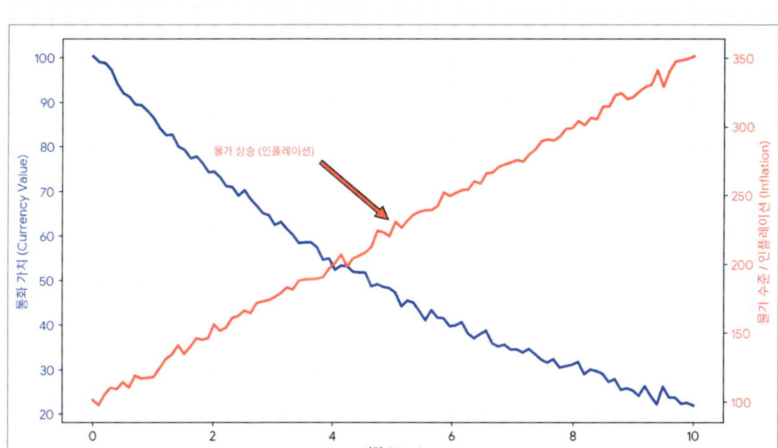


위해 선택한 금·은 매집 행보가 역설적으로 자국 통화의 파멸을 가속화하는 기폭제가 된 것이다.

## (1) 하이퍼인플레이션의 발생과 심화: "금(Gold)을 얻고 신뢰(Trust)를 잃다"

〈표 4-3〉에서 보는 바와 같이 중앙은행의 공격적인 실물 자산 매수

표 4-3_ 하이퍼인플레이션 심화 메커니즘

| 구 분 | 과거의 인플레이션 | 2026년 현재의 하이퍼인플레이션 |
| --- | --- | --- |
| 주요 원인 | 수요 증가 및 비용 상승 | 중앙은행의 금 매집 및 통화 신뢰 붕괴 |
| 화폐의 역할 | 가치 저장 및 교환 수단 | 즉각 처분해야 할 위험 자산 |
| 중앙은행 대응 | 금리 인상을 통한 유동성 흡수 | 실물 자산 쏠림으로 인한 금리 정책 무력화 |
| 결과 | 완만한 물가 상승 | 화폐 단위의 무의미화(Reset 단계) |

가 통화 가치 급락으로 이어지는 이유는 크게 세 가지 경로로 설명할 수 있다.

### ❶ 화폐 발행을 통한 실물 자산 확보(세뇨리지의 역설)

각국 중앙은행이 금을 매수하려면 막대한 자금이 필요하다. 이미 재정 적자가 임계치에 달한 정부와 중앙은행은 추가적인 화폐 발행(Money Printing)을 통해 매수 자금을 조달하고 있다. 이로 인해 시장에 유통되는 화폐량은 기하급수적으로 늘어나는 반면, 화폐가 보증하는 '경제적 가치'는 실물 자산인 금으로 이전되고 있다. 결과적으로 시중에는 가치가 하락한 종이돈이 넘쳐나고, 금 한 돈을 사기 위해 지불해야 하는 화폐 단위가 천문학적으로 치솟으며 화폐의 구매력은 사실상 소멸 단계에 접어들었다.

### ❷ '그레샴의 법칙(Gresham's Law)'의 현대적 재해석

"악화가 양화를 구축한다"는 법칙이 국가 단위에서 실현되고 있다. 중앙은행조차 자국 통화나 타국 채권(미 국채 등)보다 금과 은을 더 신뢰한다는 신호를 시장에 보내자 민간 경제 주체들 사이에서 화폐 보유에 대한 공포가 확산하기 시작했다. "중앙은행조차 돈을 버리고 금을 사는데, 개인이 왜 이 종이를 들고 있어야 하는가?"라는 의구심이 패닉으로 이어진 것이다. 사람들은 화폐를 수령하는 즉시 물건이나 실물 자산으로 교환하려 하며, 이에 따라 화폐 유통 속도($V$)가 통제 불능 수준으로 가속화되면서 하이퍼인플레이션의 불길에 기름을 붓고 있다.

### ❸ 과잉 유동성의 역습과 부채의 화폐화

지난 수년간 경기 부양을 위해 공급된 막대한 유동성이 회수되지 못한 상태에서 지정학적 위기로 인한 공급망 붕괴가 겹쳤다. 정부의 눈덩이 부채를 해결하기 위해 중앙은행이 국채를 직접 매입하며 돈을 찍어내는 '부채의 화폐화(Monetization of Debt)'가 진행되면서 통화 시스템의 근간이 흔들리고 있다.

화폐 가치를 지탱하던 마지막 보루인 '국가에 대한 신뢰'가 무너지며 화폐는 더 이상 교환의 매개체가 아닌 '가장 빠르게 가치가 소멸하는 쓰레기'로 전락하고 있다. 현재의 위기는 단순히 금값이 상승하는 문제가 아니다. 중앙은행이 '최후의 보루'로서 금을 사들이는 행위는 스스로가 만든 법정 화폐 시스템(Fiat Money System)의 종말을 선언하는 것과 다름없다. 이제 세계 경제는 종이 위의 숫자가 아닌 '실물의 무게'가 지배하는 시대로 회귀하고 있다.

## 2. 물가 상승의 악순환

금과 은 가격의 폭등은 원자재 가격 상승을 유발하고, 이는 곧 생산자 물가와 소비자 물가의 동반 상승으로 이어진다. 물가가 일 단위로 급등함에 따라 화폐의 교환 기능이 마비되는 단계에 이르렀다고 볼 수 있다. 2026년 1월 29일 현재, 우리가 목격하고 있는 물가 상승의 악순환(Price-Wage Spiral)은 단순한 인플레이션을 넘어 경제의 근간을 흔드는 하이퍼인플레이션의 전형적인 경로를 밟고 있다.

〈표 4-4〉에서 보는 바와 같이, 세계 각국의 중앙은행들이 생존을 위해 금과 은을 매집하며 법정 화폐의 가치를 스스로 부정함에 따라 시장에서는 다음과 같은 파괴적인 연쇄 반응이 일어나고 있다.

**표 4-4_** 하이퍼인플레이션의 전개 구조

| 단 계 | 현 상 | 결 과 |
| --- | --- | --- |
| 1단계 | 중앙은행의 금·은 매집 | 법정 화폐 신뢰도 하락 및 귀금속 가격 폭등 |
| 2단계 | 원자재가 전방위 상승 | 생산자 물가 폭등 및 공급망 경색 |
| 3단계 | 심리적 공황(Panic) | 화폐 투매 및 실물 자산 사재기 성행 |
| 4단계 | 시스템 붕괴 | 화폐의 교환 기능 상실 및 경제 활동 중단 |

## (1) 원자재 기반 비용 인상(Cost-Push)의 가속화

금과 은은 단순히 귀금속이 아니라 산업 전반의 가치 척도이며, 이들의 가격 폭등은 즉각적으로 모든 실물 자산의 가격을 밀어 올리고 있다. 특히 은(Silver)은 반도체, 태양광, 전자 기기 등 첨단 산업의 필수 소재이기에 은값의 폭등은 제조 원가를 수직 상승시키며 생산자 물가 지수(PPI)를 폭증시킨다. 또한, 화폐 가치 하락에 대비해 원유, 구리, 곡물 등 원자재 시장으로 투기 자금이 몰리면서 물류비와 에너지 비용이 걷잡을 수 없이 오르고 있다.

## (2) 기대 인플레이션의 폭주와 화폐 유통 속도

하이퍼인플레이션의 가장 무서운 점은 사람들의 심리다. 내일 물건 값이 더 오를 것이라는 확신이 들면 사람들은 화폐를 보유하지 않고 즉시 실물로 바꾸려 한다. 이로 인해 화폐 유통 속도가 비정상적으로 증가하고 있다. 돈이 손에 들어오자마자 시장으로 쏟아져 나오면서 시중 통화량이 물리적으로 늘어나지 않더라도 물가가 오르는 현상이 발생하는 것이다.

또한 가격 수정 주기가 단축되고 있다. 과거에는 연간 또는 분기별로 가격을 조정했다면 이제는 시간 단위로 가격표가 바뀐다. 이는 시장의 가격 신호 기능을 완전히 마비시키고 있다.

## (3) 화폐의 교환 기능 마비와 '실물 경제로의 도피'

물가가 매일 급등하면서 법정 화폐가 더 이상 신뢰할 수 있는 가치 저장 수단이 되지 못함에 따라 대체 거래 수단이 등장하게 된다. 상점에서는 현금 대신 금화, 은화 혹은 직접적인 물물 교환을 선호하게 되는데, 이는 공급망 붕괴로 이어진다. 생산자들은 물건을 팔아봤자 내일이면 원자재조차 살 수 없는 값어치가 된다는 것을 알기에 제품 출하를 중단(Hoarding)한다. 이로 인해 시중에는 물건이 귀해지고 가격은 다시 폭등하는 악순환이 완성된다.

 　제2부　금과 은 가격의 폭등과 한국 경제의 희망

현재의 위기는 단순히 시중 유동성이 많아서 발생하는 것이 아니라 '화폐라는 약속'이 깨졌기 때문에 발생하는 것이다. 실물 자산인 금과 은으로의 도피는 결국 기존 금융 시스템의 종말을 예고하는 강력한 신호로 해석해야 한다.

## 3. 실물 경제의 붕괴

저축의 가치가 사라지자 사람들은 생필품 사재기에 나서게 되고, 이는 공급망 붕괴와 결합하여 사회적 혼란을 가중시키고 있다. 2026년 1월 말 현재 금과 은 가격의 폭등은 단순한 자산 가치 상승을 넘어 기존 금융 시스템의 붕괴를 의미한다. 세계 각국 중앙은행들의 공격적인 매수 행보는 화폐 시스템을 수호하려는 최후의 방어인 동시에 역설적으로 하이퍼인플레이션을 가속화하는 트리거(Trigger)가 되고 있다.

우리가 목도하고 있는 현상은 단순한 경기 침체가 아닌 '화폐에 대한 신뢰가 증발한 시대'의 단면이다. 세계 중앙은행들이 자국 화폐의 가치를 방어하기보다 금과 은 같은 실물 자산을 확보하는 데 사활을 걸면서 민간 경제는 하이퍼인플레이션의 불길 속으로 더욱 깊이 내몰리고 있다.

### (1) 실물 경제의 붕괴와 하이퍼인플레이션: 가치 저장 기능의 상실

하이퍼인플레이션의 가장 치명적인 점은 물가 상승 자체가 아니라 화폐 가치가 하락하는 속도를 예측할 수 없다는 데 있다. 이렇게 되면 첫째, 구매력이 증발한다. 아침에 산 빵 가격이 저녁에 두 배가 되는 상황에서 저축은 곧 손실을 의미한다. 사람들은 현금을 보유하는 즉시 생필품(식량, 연료 등)으로 바꾸려 하며, 이는 화폐 유통 속도($V$: Velocity of Money)를 비정상적으로 가속화한다. 둘째, 공급망의 마비가 온다. 판매자들 역시 내일 더 높은 가격에 팔 수 있는 물건을 오늘 팔 이유가 없다. 물건이 창고에 쌓여 있음에도 시장에는 매물이 없는 '인위적 공급 부족'이 발생하며 사회적 혼란은 극에 달하게 된다.

## (2) 중앙은행의 헷지(Hedge)가 불러온 역설

중앙은행은 본래 시장의 소방수 역할을 해야 하지만, 현재 전 세계 중앙은행들은 '각자도생'의 길을 걷고 있다. 〈표 4-5〉에서 알 수 있듯 이러한 행보는 두 가지 위험한 신호를 보낸다.

첫째, 신뢰의 항복 선언으로, 중앙은행의 공격적인 금·은 매집은 "우리가 발행한 법정 화폐를 우리조차 믿지 못한다"는 선언과 같다. 이 메시지는 시장에 즉각적인 공포를 확산시켜 뱅크런(Bank Run)과 실물 자산 가격의 폭등을 유도한다.

둘째, 화폐 시스템의 종말이다. 금 가격의 폭등은 법정 화폐(Fiat Money)의 가치를 '제로(0)'에 수렴하게 만든다. 결국 중앙은행의 매수 행보는 인플레이션 억제책이 아니라 화폐 가치 하락을 공식화하는 촉매제가 되고 있다.

표 4-5_ 하이퍼인플레이션의 영향과 2026년 위기 상황

| 구 분 | 정상 경제 | 2026년 위기 상황 |
|---|---|---|
| 거래 매개 | 법정 화폐(원, 달러 등) | 금, 은, 외화 또는 물물 교환 |
| 임금 체계 | 월급제(정기적 지급) | 일당제 또는 실물 지급(가치 변동 대응) |
| 금융 활동 | 대출 및 투자 활성화 | 대출 중단 및 자산 동결 |

## (3) 사회적 계약의 파괴와 암시장 형성

경제의 기본 축인 '계약'과 '신용'이 무너지면서 실물 경제는 지하로 숨어들게 된다. 화폐를 매개로 한 사회적 약속이 효력을 잃으면서 공식적인 상거래는 중단되고, 생존을 위한 암시장과 물물 교환이 그 자리를 대신하게 된다.

## (4) 금융 시스템의 종말과 새로운 질서의 태동

현재의 금·은 가격 폭등은 단순한 자산 증식 수단이 아니라 기존 달러 패권과 법정 화폐 시스템에 대한 조종(弔鐘)이다. 중앙은행들이 마지막 보루로 금을 선택한 순간, 서민들이 사용하는 종이 화폐는 그 가치를 지탱할 물리적·심리적 근거를 상실했다. 이는 기존 질서의 종말이자 예측 불가능한 새로운 경제 질서가 태동하고 있음을 알리는 신호탄이다.


## 3 한국 경제의 희망과 대응

대외 의존도가 높은 한국 경제에 있어 이러한 귀금속 가격의 폭등은 위기인 동시에 기회이다.

### 1. 리스크 관리

2026년 세계 경제 위기와 하이퍼인플레이션 시나리오 속에서 대외 의존도가 높은 한국의 개인과 기업이 실물 금과 은을 통해 구매력 하락을 방어해야 하는 이유는 다음과 같다.

### (1) 하이퍼인플레이션과 구매력 보호

하이퍼인플레이션 상황에서는 화폐 가치가 기하급수적으로 하락한다. 중앙은행(BOK)이 금리를 인상하더라도 물가 상승 속도를 따라잡지 못하면 현금 자산은 사실상 '종잇조각'으로 전락한다. 반면, 금과 은은 지난 수천 년간 가치가 증명된 '진정한 화폐'로서 가치 저장 수단의 역할을 수행한다. 화폐 공급량이 무한정 늘어날 때 공급이 한정된 귀금속은 그 가치가 상대적으로 폭등하며 개인의 구매력을 보존해 주기 때문이다. 대외 의존도가 높은 한국 경제에 있어 이러한 귀금속 가격의 폭등은 위기이자 기회이다.

## (2) 개인의 대응 전략: 자산의 실물화

개인은 금융 시스템의 붕괴 가능성에 대비해 '종이 금(ETF, 선물)'이 아닌 실물(Physical) 자산을 보유하는 것이 핵심이다. 전체 자산의 20~30% 정도를 실물 금과 은에 배분하여 하이퍼인플레이션의 헤지(Hedge) 수단으로 삼아야 한다. 특히 은(Silver)은 금보다 가격 변동성이 커 위기 시 상승 폭이 더욱 가파를 수 있다. 또한 소액 결제가 필요한 상황에서 금보다 유동성이 좋아 '생존용 화폐'로서의 기능을 수행할 수 있다는 장점이 있다.

## (3) 기업의 대응 전략: 원가 관리와 자산 방어

수입 의존도가 높은 한국 기업들에 원자재 가격 폭등은 치명적이다. 제조 기업은 은과 같은 산업용 귀금속을 단순 투자용이 아닌 '필수 원자재'로 인식하고 선제적으로 재고를 확보해야 한다. 또한 기업 자산의 일부를 귀금속으로 보유함으로써 환율 급등(원화 가치 하락)에 따른 환차손을 방어하고, 재무 구조의 건전성을 높여 기업 신용을 보강하는 수단으로 활용할 수 있다.

## (4) 대외 의존도 극복을 위한 '기회'

한국은 자원 빈국이지만 기술 강국이기에 귀금속 가격 폭등 시기에 실물 자산을 보유하고 있다면 이를 새로운 도약의 발판으로 삼을 수 있다. 수출 경쟁력 측면에서 원자재 가격 상승분을 보유 자산의 가치 상승으로 상쇄하여 가격 경쟁력을 유지할 수 있다. 부의 이전 측면에서는 화폐 가치 하락에 선제적으로 대응한 주체가 위기 이후 자산 가격이 정상화될 때 압도적인 구매력을 바탕으로 새로운 기회를 선점할 수 있다.

2026년 경제 위기 시나리오에서 금과 은은 단순한 투자 상품이 아니다. 이는 화폐 시스템의 붕괴로부터 자산과 기업의 생존을 지키는 '경제적 방공호'이다. 실물 자산을 직접 확보하는 것이야말로 가장 확실한 리스크 관리의 시작이다.

## 2. 전략적 비축

국가적 차원에서도 자원 안보를 위해 은(Silver)과 같은 산업용 전략 광물의 비축량을 확대하는 것은 미래 산업 경쟁력을 유지하기 위한 핵심 과제다. 2026년 대공황 시나리오 속에서 금과 은은 단순한 귀금속을 넘어 '경제적 생존권'을 상징하는 핵심 자산으로 자리매김하고 있다. 특히 대외 의존도가 높은 한국에 있어 이러한 전략 광물의 비축은 단순한 자산 보유를 넘어 '산업 생존권'과 직결된다.

### (1) 산업 경쟁력 유지의 핵심

한국의 주력 산업인 반도체, 이차 전지, 태양광 패널 등 첨단 산업에서 은은 대체 불가능한 전도체로 쓰인다. 대공황으로 인한 공급망 붕괴와 가격 폭등 시기에 국가적 비축량이 확보되어 있다면 한국 기업들은 글로벌 경쟁사들이 원가 압박으로 무너질 때도 상대적으로 안정적인 생산 라인을 가동할 수 있는 우위를 점하게 된다.

### (2) 통화 가치 하락에 대한 방어막

원화 가치가 급락하는 경제 위기 상황에서 정부와 중앙은행이 보유한 금과 은은 국가 신용도를 지지하는 강력한 담보가 된다. 이는 수입 물가 폭등을 억제하고 대외 결제 능력을 유지하는 원동력이 된다.

### (3) 경제적 생존권으로서의 의미

2026년 시나리오에서 금과 은은 더 이상 단순한 투자 대상이 아닌 다음과 같은 '경제적 생존권'을 의미한다. 첫째, 자원 안보 측면에서 화폐 가치가 무력화된 시대에 실물 자산은 식량과 에너지를 수입할 수 있는 유일한 '국제적 통용 수단'이 된다. 둘째, 미래 산업의 주도권을 잡기 위해서도 중요하다. 은 비축을 통해 4차 산업 혁명의 필수 소재를 선점함으로써 공황 이후 재편되는 세계 경제 질서 속에서 제조 강국으로서의 지위를 공고히 할 수 있다.

## (4) 선제적 대응 전략

한국 경제가 이 위기를 기회로 바꾸기 위해서는 〈표 4-6〉에서 보는 바와 같이 선제적 대응 전략이 필요하다.

첫째, 한국은행의 금 비축량 확대이다. 글로벌 평균 대비 낮은 금 보유고를 공격적으로 늘려 원화의 신뢰도를 높여야 한다.

둘째, 은(Silver)의 전략 물자 지정 및 관리이다. 산업용 은 수요를 정밀하게 예측하여 국가 희소 금속 비축 시스템에 포함하고, 민관 공동 비축을 장려해야 한다.

셋째, 도시 광산(Urban Mining) 산업 육성이다. 해외 수입이 어려운 상황에 대비하여 폐가전 등에서 금과 은을 추출하는 기술을 고도화하고 자급률을 높여야 한다.

결론적으로, 2026년 대공황 속에서 금과 은의 전략적 비축은 한국 경제가 하이퍼인플레이션의 파고를 넘고 미래 산업의 경쟁력을 지켜낼 수 있는 가장 강력한 '경제적 방패'이자 '성장 동력'이 될 것이다.

표 4-6_ 금과 은에 대한 선제적 대응 전략

| 과 제 | 세부 내용 | 기대 효과 |
| --- | --- | --- |
| 중앙은행 금 비축 확대 | 현재 세계 39위 수준(104.4톤)인 한국은행의 금 보유고를 획기적으로 늘려 외환 보유고 내 금 비중(현재 약 3%) 상향 | 원화의 국제적 신뢰도 제고 및 하이퍼인플레이션 방어 |
| 은(Silver) 전략 물자 관리 | 은을 국가 희소 금속 비축 시스템에 정식 편입하고, 현재 약 2개월분인 비축량을 100일분 이상으로 확대 | 산업용 수요 급증에 따른 공급 쇼크 선제적 차단 |
| 도시 광산(Urban Mining) 육성 | 폐가전 및 폐배터리에서 금·은을 추출하는 기술 고도화 및 재자원화율 20% 달성 추진 | 원자재 대외 의존도 완화 및 자급자족형 공급망 구축 |

# 2 스태그플레이션의 영향과 자산 가치 폭락

2026년 세계 경제의 불확실성이 심화됨에 따라 스태그플레이션 (Stagflation)의 본격화는 자산 시장의 지각 변동을 일으키는 핵심 요인이 되었다. 여기서는 이러한 경제적 배경이 금·은 가격 폭등에 미친 영향과 전통적 자산 가치 하락 간의 인과관계를 분석해보고자 한다.

## 1 전통적 자산 가치의 폭락

### 1. 주식 및 채권 시장의 붕괴

지속적인 고물가와 경기 침체가 동시에 발생하면서 기업 이익이 급감하고 가계 소비가 위축되고 있다. 이는 주식 시장의 하락세(Bear Market)를 고착화하며 실질 금리 상승 부담으로 인해 안전 자산으로 여겨졌던 채권 가격마저 동반 하락시키는 양상을 보인다. 2026년 예상되는 스태그플레이션 환경에서 주식과 채권 등 전통적 자산 가치가 동반 폭락하는 메커니즘은 다음과 같다.

### (1) 주식 시장: 수익성 악화와 밸류에이션 하락의 이중고

스태그플레이션은 기업에 '비용 상승'과 '수요 감소'라는 최악의 조합을 강요한다.

**❶ 수익성(Margin)의 압착**

원자재 및 인건비 상승분을 소비 위축으로 인해 가격에 전가하지 못하며 기업 이익이 급감한다.

### ❷ 할인율 상승

인플레이션을 잡기 위해 중앙은행이 고금리 기조를 유지하면서 미래 현금 흐름을 현재 가치로 환산할 때 적용되는 '할인율'이 높아진다. 특히 미래 성장성에 기반을 둔 기술주와 성장주들의 주가 평가 가치 (Multiples)가 가장 먼저 타격을 입는다.

### ❸ 실망 매물과 패닉 셀링

기업 실적 악화가 공식화되면 투자자들은 자산 배분 비중을 줄이게 되며, 이는 주식 시장의 장기 하락세(Bear Market)를 고착화할 것이다.

## (2) 채권 시장: 안전 자산의 역설

전통적으로 경기가 불황일 때 채권은 안전 자산 역할을 하지만, 스태그플레이션 상황에서는 그 기능이 상실된다.

### ❶ 실질 금리 상승의 압박

인플레이션 억제를 위한 중앙은행의 긴축으로 채권 수익률이 상승 (채권 가격 하락)하며 기존 채권 보유자들은 막대한 평가 손실을 입는다.

### ❷ 구매력 손실

물가 상승률이 채권 이자율을 상회하면서 실질 수익률이 마이너스로 전환되어 자산으로서의 매력을 상실한다.

### ❸ 60/40 포트폴리오의 붕괴

주식과 채권이 동반 하락하며 전통적인 분산 투자 전략이 무력화된다.

## (3) 금과 은으로의 자금 쏠림(Safe Haven)

주식과 채권이 제 기능을 상실하면서 투자자들은 '실물 화폐'인 금과 은으로 회귀한다.

### ❶ 가치 저장 수단

법정 통화의 신뢰도가 하락할 때 희소성을 가진 귀금속은 강력한 방어선이 된다.

### ❷ 자산 시장의 지각 변동

공포 지수가 높아질수록 금·은 가격은 기하급수적으로 폭등하며, '수익 자산(주식)'과 '보전 자산(채권)'이 무너진 자리를 '실질 가치 자산(금·은)'이 대체하게 된다.

## 2. 부동산 거품 붕괴와 유동성 고갈

구매력 저하와 금리 부담으로 인해 부동산 시장의 유동성이 고갈되며, 가계 자산의 상당 부분을 차지하는 부동산 가치가 급격히 하락하고 있다. 부동산은 가계 자산의 70~80%를 차지하는 핵심 자산이지만, 2026년 경제 위기 속에서 가장 큰 타격을 입는 중이다. 그 이유는 다음 세 가지로 요약해볼 수 있다.

첫째, 금리 부담의 임계점 도달이다. 스태그플레이션을 방어하기 위한 중앙은행의 지속적인 금리 인상은 대출 이자 부담을 극대화했다. 이른바 '영끌'로 부동산을 구입했던 가계들이 이자 비용을 감당하지 못해 매물을 쏟아내면서 공급 과잉이 발생하고 있다.

둘째, 구매력 저하로 인한 수요 실종이다. 물가 급등으로 실질 소득이 줄어든 가계는 생필품 외의 지출을 줄이게 된다. 주택은 가장 큰 비용이 드는 재화이므로 신규 수요가 얼어붙으며 시장의 유동성이 고갈된다.

셋째, 자산 가치 하락의 악순환이다. 부동산 가격 하락은 담보 가치 하락으로 이어지고, 이는 은행의 대출 회수 압박을 가중시킨다. 결국 '급매'와 '경매'가 속출하며 시장 가격이 펀더멘털 이하로 추락하는 거품 붕괴 현상이 나타나게 된다.

### 3. 금과 은 가격 폭등과의 상관관계

전통적 자산(주식, 채권, 부동산)의 몰락은 자본을 '실물 안전 자산'으로 이동시킨다. 화폐 가치가 하락하고 금융 시스템에 대한 불신이 커질 때 금은 유일하게 신용 리스크가 없는 자산으로 평가받으며 '최후의 보루'로서 보유 수요가 급증한다. 2026년의 경제 위기는 금을 단순한 장신구가 아닌 '진정한 화폐'로 재인식하게 만들고 있다.

또한 은(銀)의 이중적 가치에 주목해야 한다. 은은 안전 자산의 성격과 산업용 원자재로서의 가치를 동시에 지닌다. 최근 공급망 교란으로 인해 은의 희소성이 부각되면서 금보다 높은 변동성을 보이며 가격이 폭등하는 양상을 띠고 있다.

2026년 경제 위기는 '종이 자산(화폐, 주식, 채권) 및 부동산'에서 '실물 자산(금, 은)'으로 부의 주도권이 넘어가는 시기로 정의할 수 있다. 자산 가치의 폭락은 곧 실물 자산으로의 급격한 자금 쏠림 현상을 야기하는 직접적인 도화선이 되고 있다.

## 2 스태그플레이션하에서의 금과 은의 위상

### 1. 구매력 보존의 최후 수단

화폐 가치가 하락하는 인플레이션 상황에서 금과 은은 실질적인 구매력을 보존할 수 있는 유일한 '실물 화폐'로 재평가된다. 2026년 세계 경제가 스태그플레이션(고물가·저성장)과 자산 가치 폭락이라는 이중고를 겪는 상황에서 금과 은이 구매력 보존의 최후 수단으로 평가받는 이유는 다음과 같다.

### (1) 법정 화폐의 신뢰 저하와 내재 가치

스태그플레이션 상황에서는 물가는 오르는데 경제 성장은 정체된다. 정부는 경기를 부양하기 위해 금리를 낮추거나 유동성을 공급해야 하지만, 이는 인플레이션을 더욱 심화시키는 정책적 딜레마를 유발한다. 이 과정에서 법정 통화의 가치는 급격히 하락하지만, 금과 은은 물리적 희소성을 바탕으로 한 내재 가치를 지니고 있어 화폐 가치 하락분을 상쇄하며 구매력을 방어한다.

### (2) '실물 화폐'로서의 역사적 증명

금과 은은 수천 년 동안 인류 역사에서 화폐로 통용되어 왔다. 2026년의 경제 위기처럼 금융 시스템에 대한 불신이 극에 달할 때 투자자들은 중앙은행의 통제를 받는 '신용 기반 자산' 대신 '독립적인 실물 자산'으로 회귀한다. 특히 은은 산업적 수요까지 겸비하고 있어 화폐적 가치와 실물 경제 가치를 동시에 지닌 다각적인 자산이 된다.

### (3) 자산 가치 폭락에 대한 헤지(Hedge) 수단

주식, 부동산 등 위험 자산의 가치가 폭락하는 시기에는 자산 간 상관관계가 무너진다. 이때 금과 은은 안전 자산(Safe Haven)으로서의 지위가 강화된다. 기업 실적 악화와 디폴트 위험으로 주식과 채권 가치가 하락할 때 금과 은은 상대적 가치가 상승하며 포트폴리오의 전체 손실을 상쇄한다.

### (4) 실질 금리 하락과의 상관관계

스태그플레이션기에는 물가 상승률이 명목 금리보다 높게 유지되는 경우가 많다. 이 경우 실질 금리(명목 금리 – 물가 상승률)가 마이너스 영역에 진입하게 되는데, 이는 이자가 붙지 않는 자산인 금과 은의 보유 기회비용을 제거한다. 즉, 은행에 예금하는 것보다 금과 은을 보유하는 것이 실질적인 자산 손실을 막는 유익한 길이 되는 것이다. 2026년의 불확실성 속에서 금과 은은 단순한 투자 상품을 넘어 '가장 정직한 화폐'로 회귀하며 개인의 부(Wealth)를 지켜주는 최후의 방어막 역할을 수행한다.

### (5) 희소성과 안전 자산 선호(Flight to Quality)

경기 침체가 깊어질수록 투자자들은 종이 자산에 대한 신뢰를 잃고 물리적 실체가 있는 귀금속으로 자금을 대거 이동시킨다. 특히 2026년에는 각국 중앙은행들의 대규모 금 매입세가 더해지며 가격 상승의 강력한 촉매제가 될 것이다.

## 3 은(Silver)의 차별적 상승 요인

은은 화폐적 가치뿐만 아니라 태양광 등 친환경 에너지와 첨단 산업의 필수 소재로서의 가치를 동시에 지닌다. 스태그플레이션 여파로 신규 광산 채굴이 위축되는 상황에서 산업적 수요 증가와 공급망 차질은 은의 희소성을 더욱 극대화한다. 이는 은이 금보다 높은 수익률을 기록할 수 있는 강력한 배경이 된다.

## 4 부의 재편

스태그플레이션은 단순한 경제 위기를 넘어 '부의 재편(Wealth Transfer)'을 의미한다. 현금 및 신용 기반 자산의 가치가 하락하는 반면 실물 자산인 금과 은을 보유한 국가와 개인은 자산 가치 방어를 넘어 막대한 자본 이득을 얻을 수 있다. 따라서 금·은의 보유는 한국 경제가 대외 채무 부담을 상쇄하고 새로운 경제 동력을 확보하는 데 중요한 전략적 헤지(Hedge) 수단이 될 것이다.

# 3 국제 유가 상승과 한국 경제의 위기

원화 가치 하락(평가절하)과 국제 유가 급등이 맞물리며 한국 경제의 위기감이 고조되고 있다. 안전 자산 선호 심리로 인해 금과 은 가격은 2026년 1월 29일 사상 최고치를 경신했으며, 미국과 이란 간의 지정학적 긴장은 국제 유가를 가파르게 견인하고 있다.

이는 에너지 수입 의존도가 높은 한국 경제에 심각한 비용 인상 인플레이션(Cost-push Inflation) 압박과 경상 수지 악화 부담을 가중시킬 것으로 전망된다.

## 1 미국-이란 갈등 및 국제 유가 상승의 파급 효과

### 1. 호르무즈 해협 봉쇄 리스크

호르무즈 해협은 전 세계 해상 원유 수송량의 약 20~30%가 통과하는 핵심 전략 요충지이다. 이란이 미군이나 이스라엘의 공습에 대한 보복으로 이 해협을 봉쇄할 경우 사우디아라비아, 쿠웨이트, 이라크 등 주요 산유국의 수출 경로가 전면 차단된다.

〈그림 4-4〉에서 보듯, 2025년 12월 배럴당 55달러였던 유가는 미국-이란 갈등 고조 이후 미국과 이스라엘의 협력 공습으로 80달러를 상회하여 급등 중이다. 만약 전쟁이 장기전으로 확대되어 해협이 완전히 폐쇄될 경우, 국제 유가는 단기적으로 배럴당 150~200달러를 상회하는 '오일 쇼크' 국면에 진입할 가능성이 매우 크다.

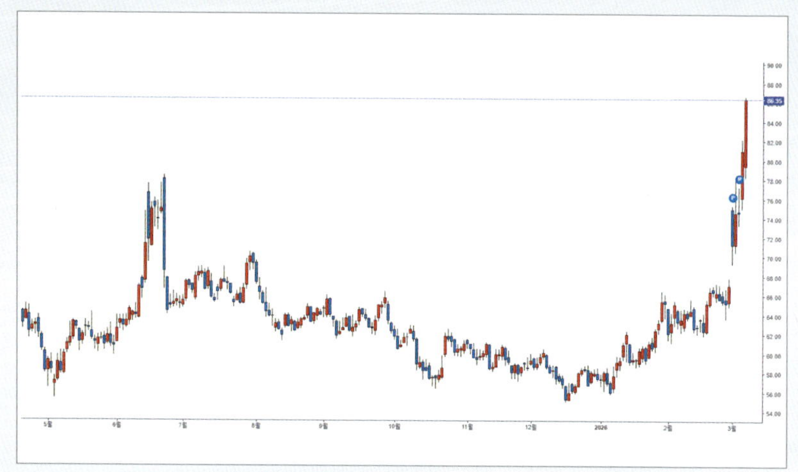

자료: Trading View에서 검색

## 2. 에너지 인프라 파괴 및 생산 차질

군사적 충돌이 본격화되면서 세계 5위의 산유국(OPEC 내 3위)인 이란 내 주요 석유·가스 시설이 직접적인 타격 대상이 된다. 생산 설비 파괴 시 하루 수백만 배럴의 공급이 즉각 중단된다. 이란의 반격으로 주변 산유국의 정유 시설이나 유조선까지 공격받을 경우 글로벌 공급망은 통제 불능 상태에 빠지게 된다.

## 3. '공포 지수'와 투기 세력의 유입

유가는 실제 공급 차질이 발생하기 전부터 심리적 요인에 의해 급등한다. 전쟁 발발 가능성만으로도 금융 시장에서는 원유 선물 가격에 '지정학적 리스크 프리미엄'이 추가된다. 여기에 각국의 전략 비축유 확보 경쟁과 헤지펀드 등 투기 자금의 유입은 유가 상승의 변동성을 더욱 증폭시킬 것이다.

## 4. 스태그플레이션과 글로벌 경제 위기의 연결 고리

유가 폭등은 2026년 경제 위기를 심화시키는 핵심 도화선이다. 에너지 가격은 산업 전반의 기초 비용으로, 운송비와 제조 원가 상승을 유발하여 전 세계적인 물가 상승을 초래한다. 가계의 가처분 소득이 에너지 비용으로 전용되면서 소비는 급감하고, 기업 수익성 악화에 따른 고용 위축이 뒤따른다.

결국 고물가를 잡기 위해 금리를 올리면 경기 침체가 심화되고, 경기를 부양하려 금리를 내리면 물가가 폭등하는 스태그플레이션(Stag-flation)의 늪에 빠지게 된다. 이란발 유가 폭등은 글로벌 공급망 붕괴와 초인플레이션을 유발하여 2026년 세계 경제를 장기적 대공황 국면으로 몰아넣을 수 있는 파괴력을 지닌다.

## 2 한국 경제의 위기

### 1. 원화 약세

국제 유가 상승은 에너지 수입 의존도가 높은 한국 경제에 큰 부담으로 작용한다. 이는 무역 수지 악화와 원화 가치 하락(환율 상승)을 유발하는 결정적인 요인이 된다. 2026년 세계 경제 위기 및 지정학적 리스크(미-이란 전쟁)로 인한 유가 폭등 시나리오가 한국 경제에 미치는 영향은 다음과 같다.

첫째, 무역 적자의 확대이다. 원유, LNG 등 에너지 수입 비용이 직접적으로 증가함에 따라 수입액이 급증하고, 이는 무역 수지의 급격한 악화로 이어진다.

둘째, 달러 수요 급증이다. 에너지 결제는 주로 달러로 이루어진다. 수입 대금 결제를 위해 국내 기업과 금융 기관이 외환 시장에서 달러를 대량 매수하면서 달러 강세를 유발한다.

셋째, 원/달러 환율 상승이다. 외환 시장에서 달러 수요가 공급을 초과함에 따라 원화 가치는 하락하고 환율은 상승한다.

넷째, 인플레이션 악순환이다. 원화 약세는 수입 물가를 다시 밀어 올려 국내 인플레이션을 심화시키며, 이는 다시 에너지 수입 비용 부담을 가중시키는 악순환(Vicious Cycle)을 초래한다.

특히 2026년 글로벌 경기 침체가 동반될 경우, 반도체 및 자동차 등 주요 수출 품목의 실적 악화로 외화 유입이 감소하여 원화 약세 압력은 더욱 가중될 것이다. 또한, 안전 자산 선호 심리로 인한 글로벌 달러 강세는 원화 가치 하락을 더욱 가속화할 전망이다.


## 2. 경제적 부담

고유가는 기업의 생산 비용 증가와 가계의 구매력 감소를 초래하여 인플레이션을 가속화하고 경제 성장을 저해한다. 고유가로 인한 영향은 다음과 같다.

첫째, 기업 채산성 악화이다. 에너지 및 원자재 비용 상승은 상품과 서비스의 생산 원가를 높인다. 이는 제조업뿐만 아니라 운송, 화학 등 석유 의존도가 높은 산업군에 직접적인 타격을 주어 기업의 경영 부담을 심화시킨다.

둘째, 가계 소비 위축이다. 주유비, 난방비 등 필수 생계비 지출이 늘어나면서 가계의 실질 가처분 소득이 감소한다. 이는 민간 소비 여력을 약화시켜 내수 경기 침체를 유발한다.

셋째, 스태그플레이션 위험이다. 비용 인상 인플레이션(Cost-push Inflation)이 발생하면 경기 둔화 속에서도 물가가 오르는 스태그플레이션의 공포가 현실화될 수 있다.

　넷째, 성장 동력 저하이다. 비용 상승, 소비 위축, 물가 불안이 복합적으로 작용하면 기업 투자가 위축되고 전반적인 경제 활동이 둔화되어 장기적인 성장 저해 요인이 된다. 결론적으로 고유가는 한국 경제의 물가 압력을 가중시키고 성장을 가로막는 핵심적인 리스크 요인으로 작용할 것이다.

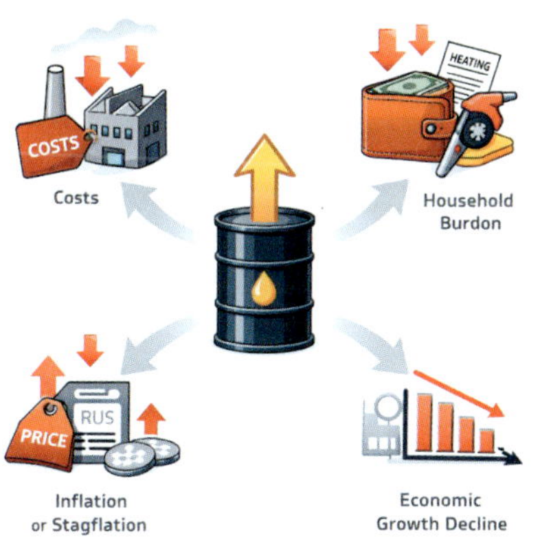

# 한국 경제의 성공과 희망


1. 한국은행 이창용 총재의 통화 금융 및 외환 정책 판단

2. 트럼프의 MEGA 정책과 미래

3. 금·은 가격 10~20배 폭등과 미래

4. HBM 기술과 엔비디아, 삼성전자, SK하이닉스 주가 전망

5. 한국의 조선 산업 및 현대차 그룹의 경쟁력과 미래

6. 한국 부동산의 위험과 투기 성향

7. 한국 방위 산업의 경쟁력과 미래


오늘날 한국 경제는 글로벌 고금리, 자국 우선주의, 기술 패권 다툼이라는 '복합적 파도' 앞에 서 있다. 본 장에서는 통화 정책과 MAGA 기조, 자산 가치의 변동을 통해 대외 환경을 진단하고, 반도체(HBM)·모빌리티·방산 등 대한민국 성장의 3대 핵심 동력을 심층 분석한다. 나아가 부동산 투기와 부채라는 내부적 리스크를 직시하며, 위기 너머의 지속 가능한 성장을 위한 실질적 전략을 제언한다.

# 1 한국은행 이창용 총재의 통화 금융 및 외환 정책 판단

## 1 이창용 한국은행 총재의 정책 기조 및 판단

2022년 취임 이후 2026년 1월 현재까지 이창용 총재의 금융 및 외환 정책 판단을 살펴보면 다음과 같다. 최근 언론 보도에 따르면 이 총재는 원/달러 환율 상승에도 불구하고 과거와 같은 시스템적 금융 위기 가능성은 낮다고 평가하고 있다.

### (1) 전통적 금융 위기 가능성 일축

이 총재는 한국 경제가 1997년 IMF 외환 위기나 2008년 글로벌 금융 위기처럼 외채 상환 불능으로 인해 국가 부도가 발생하는 '전통적 의미의 위기' 상황은 아니라고 강조하고 있다.

### (2) 순대외 채권국 지위 확보

그 근거로 한국이 순대외 채권국이라는 점을 들고 있다. 환율 상승 시 이익을 보는 경제 주체가 존재하며, 과거와 달리 금융 기관의 건전성이 높아 붕괴 위험이 현저히 낮다는 점을 설명한다.

### (3) 고환율에 대한 경계감

그럼에도 불구하고 고환율 상황 자체에 대해서는 깊은 우려를 표명하고 있다. 환율 상승이 수입 물가를 자극하고 경제 양극화를 심화시킬 수 있다는 점에서 이를 단순한 환율 변동이 아닌 '물가 및 양극화의 위기'로 인식하며 긴장을 늦추지 않고 있다.

## ② 한국은행의 정책 대응 및 진단

### 1. 통화 정책과 환율의 연계

한국은행은 외환 시장 안정을 위해 정부와 긴밀히 협력하고 있으며, 시장 질서를 저해하는 투기적 수요 등에 엄정히 대응한다는 입장이다. 특히 2026년 1월 금융통화위원회에서 기준 금리 동결을 결정할 당시, 환율 상승 압력이 핵심 변수로 작용했음을 시사했다. 이는 환율 방어만을 위해 금리를 인상하기는 어렵지만, 금리 결정 과정에서 환율이 매우 중요한 고려 요소임을 인정한 것이다.

### 2. 환율 상승 원인 분석

이 총재는 최근의 환율 상승이 달러화 강세 및 엔화 약세 등 글로벌 금융 환경의 영향뿐만 아니라 국내 거주자의 해외 주식 투자 확대에 따른 자금 유출 등 국내 수급 요인에도 기인한다고 진단했다.

이창용 총재는 충분한 외환 보유액과 대외 건전성을 바탕으로 시스템 위기 가능성은 배제하고 있다. 그러나 환율 급등이 초래할 경제적 부담과 물가 상승 압력은 엄중하게 인식하고 있으며, 이를 통화 정책의 핵심 요소로 관리하고 있다. 즉, 현재의 정책 운용이 대외 환경 변화에 따른 적절한 대응이며, 한국 경제가 충분한 복원력을 갖추고 있다는 자신감을 보이고 있다.

# 김중수 전 총재와 이창용 현 총재의 금 보유 및 외환 정책 비교

특히 2024년부터 2025년까지 이어진 글로벌 중앙은행들의 '골드러시' 속에서 한국의 금 보유 비중은 세계 평균(약 14%)의 10분의 1 수준인 1.5%에 머물렀다.

이창용 총재가 강조한 '미 국채 이자 수익'은 연 4~5% 수준이었으나 동기간 원화 대비 금 가격 상승률은 연 20%를 상회하며 기회비용 측면에서 막대한 손실을 기록했다. 이는 결국 환율 1,475원이라는 기록적인 고환율 상황에서 한국은행의 개입 수단을 달러라는 단일 자산에만 국한시키는 전략적 패착으로 이어졌다.

## 1. 과거 금 매입 실기(失機)와 정책적 연속성 결여

과거 김중수 총재 재임 시절(2010~2014년) 한국은행은 약 90톤의 금을 집중 매입했으나 이후 10년 넘게 한국의 금 보유량은 104.4톤에 정체되어 있다. 2026년 세계 경제 위기 속에서 각국 중앙은행들이 금을 안전 자산으로 대거 확충한 것과 대조적으로 한국의 정체된 금 보유 비중은 외환 보유액 다변화 실패라는 비판을 피하기 어렵다.

### (1) 김중수 전 총재의 매입: '상투 논란'에서 '선견지명'으로의 재평가

김 전 총재 당시의 금 매입은 직후 금값 하락으로 인해 '고점 매수'라는 거센 비판을 받았다. 이는 한국은행 내부에 '금 추가 매입 기피'라는 트라우마를 남겼다. 그러나 2026년 현재의 폭등한 금 시세와 지정학적 위기를 고려할 때 당시의 결정은 결과적으로 15년을 앞선 전략적 투자였다는 재평가가 힘을 얻고 있다.

| 구 분 | 김중수 전 총재(과거) | 이창용 현 총재(현재) |
| --- | --- | --- |
| 금 매입 성향 | 공격적 매입(2011~2013년) | 보수적 유지(유동성 중시) |
| 주요 논리 | 외환 보유고 다변화, '금은 안전 자산' | 금 가격 변동성 위험, 달러의 실질 유동성 우선 |
| 위기 대응 | 글로벌 금융 위기 후속 조치 | 고물가, 고금리, 고환율 '3고(高)' 대응 |

## (2) 이창용 총재의 보수적 접근: '유동성과 기회비용'의 함정

이창용 총재는 금의 무이자 자산 특성과 위기 시 현금화 속도(유동성)가 달러보다 떨어진다는 점을 들어 추가 매입에 회의적이었다. 미 국채 이자 수익이 국익에 유리하다는 논리였으나 이는 전 세계 중앙은행들의 '탈달러 및 금 확충' 흐름과 정반대되는 행보였다.

결과적으로 한국은행은 13년째 금 보유량을 동결하며 '골드 랠리'를 통한 수익 창출과 포트폴리오 방어 기회를 모두 실기했다는 비판에 직면해 있다.

## (3) 2026년 위기 상황에서의 비판적 쟁점

### ❶ 외환 보유고 다변화 실패

환율 1,475원 상황에서 달러 가치의 급격한 변동은 비(非)달러 자산의 실질 가치 하락을 의미한다. 금이라는 강력한 헤지(Hedge) 수단을 외면함으로써 포트폴리오의 특정 자산 쏠림 현상을 자초했다.

### ❷ 대외 신인도 방어 역량의 한계

금은 국가 신용의 최후 보루이다. 유동성 경색 상황에서 금 비중이 현저히 낮은 한국(1%대)은 주요국 대비 대외 신뢰도 방어에서 불리한 위치에 있다.

| 국가별 | 외환 보유고 내 금 비중 |
| --- | --- |
| 한국 | 약 1.3~1.5% 내외(104.4톤 동결) |
| 글로벌 평균 | 약 10~15% |
| 주요국(미국, 독일 등) | 60~70% 이상 |
| 신흥국(중국, 인도, 폴란드) | 최근 3년간 매년 10~20%씩 비중 확대 중 |

〈표 5-2〉에서 보듯 세계 10위권 경제 대국인 한국의 금 보유 비중이 신흥국 평균에도 못 미치는 '언더웨이트(Underweight)' 상태라는 점은 외환 건전성의 아킬레스건으로 작용하고 있다.

### ❸ 정책 연속성 부재에 따른 판단 착오

김중수 총재가 매입 시점의 가격 변동성 리스크를 안겼다면 이창용 총재는 유동성 논리에 함몰되어 전략적 유연성을 상실했다. 결론적으로 2026년의 시각에서 한국은행은 '비쌀 때 사서 비난받고(김중수), 정작 필요할 때는 사지 않아 기회를 놓치는(이창용)' 정책적 엇박자를 반복했다는 비판이 제기된다. 이는 환율 방어 시 오직 달러 매도에만 의존하게 만드는 전략적 한계를 노출시켰다.

## 2. 이창용 총재의 금융 및 환율 정책에 대한 비판적 고찰

이창용 총재는 취임 이후 고금리 기조를 통해 물가 안정과 환율 방어 사이에서 고군분투해 왔으나 2026년 초고환율 국면은 다음과 같은 정책적 한계를 드러내고 있다.

### (1) 금 보유의 전략적 가치 저평가와 자산 배분 편중

금은 달러 가치 하락 및 글로벌 금융 시스템 불안 시 '최후의 보루'

역할을 수행한다. 그러나 한국은행은 그간 유동성 확보와 운용 수익성을 우선시하며 금 추가 매입에 소극적인 태도를 견지해 왔다. 이는 2026년과 같은 복합 위기 상황에서 달러 의존도를 낮추고 외환 자산 구성을 다변화할 수 있었던 전략적 기회를 실기한 것으로 평가된다.

### (2) 한미 금리 차 역전 누적과 심리적 지지선 부재

한미 금리 격차가 장기간 지속되는 상황에서 금 보유량 확대를 통한 대외 신인도 제고 및 심리적 방어 기제 구축에 실패한 점은 뼈아프다. 이는 결과적으로 원달러 환율 1,475원 돌파라는 시장 충격에 대응할 수 있는 추가적인 방어 수단을 스스로 제약하는 결과를 초래했다.

   제2부  금과 은 가격의 폭등과 한국 경제의 희망

## 2 트럼프의 MEGA 정책과 미래

2026년 초반, 도널드 트럼프 미국 대통령 재선 이후 '미국 우선주의 (MAGA)'가 극단적으로 강화됨에 따라 세계 경제와 지정학적 질서에 메가톤급 충격이 가해지고 있다.

## 1 2026년 세계 대공황 가능성 및 지정학적 위기

### 1. 관세 전쟁발 세계 대공황 우려와 전개 상황

트럼프 행정부의 급진적인 고관세 정책과 주요국의 보복 관세가 맞물리면서 2026년 세계 경제 성장률이 급락하고 '1929년식 대공황' 수준의 위기가 도래할 수 있다는 경고가 잇따르고 있다.

### (1) 세계 경제 성장 둔화

OECD와 유엔 등 주요 국제기구는 2026년 세계 경제 성장률이 전년 대비 소폭 둔화할 것으로 전망한다. 이는 고율 관세, 교역량 감소, 지정학적 불확실성이 복합적으로 작용한 결과다.

### (2) 보복 관세 및 무역 갈등

'미국 우선주의' 기조하에 중국(60%), 기타 동맹국 및 전 세계(20%)를 대상으로 한 보편 관세가 시행되었다. 이에 대응해 타국들이 보복 관세 부과나 미국 자산 매각 등 극단적 시나리오를 검토하며 갈등이 심화되고 있다.

| 구 분 | 2025년 하반기 | 2026년 상반기(현시점) | 2026년 하반기 전망 |
|---|---|---|---|
| 대중국 관세 | 25%<br>(추가 인상 시작) | 45~60%<br>(전 품목 확대) | 75% 이상(핵심 전략 품목) |
| 보편적 기본 관세 | 2.5%(시범 도입) | 10~15%<br>(전 국가 대상) | 20%(상호주의 관세 시행 시) |
| 철강·알루미늄 | 25% | 39.8~50% | 공급망 재편에 따른 탄력 적용 |
| 자동차 및 부품 | 2.5% | 15~25% | 미국 내 생산 시설 연동제 |

〈표 5-3〉에서 보는 바와 같이, 2026년 초, 미국 대법원의 관세 권한 판결을 전후로 관세율은 다음과 같은 단계적 인상 경로를 밟고 있다.

### (3) 공급망 충격과 인플레이션

관세 정책은 글로벌 공급망 위기와 결합하여 연쇄적인 충격을 주고 있다. 이는 수입 물가 상승으로 이어져 소비자 부담을 증대시키고 전 세계적인 인플레이션 압박을 가중시킨다.

### (4) 대공황 가능성 논란

트럼프 대통령은 사법부가 관세 정책에 제동을 걸 경우 미국 경제가 1929년식 대공황에 빠질 것이라며 사법부를 압박하고 있다. 반면 전문가들은 즉각적인 대공황보다는 '관세의 시대' 진입에 따른 장기적인 경제적 부담과 질서 재편 과정으로 해석하는 시각이 우세하다.

### (5) 지정학적 리스크 가중

경제 갈등이 안보 이슈와 결부되면서 2026년 세계 질서는 중대한 전환점을 맞이하고 있다.

## 2. 베네수엘라 침공 및 마두로 체포

트럼프식 '신(新)먼로주의(서반구 우선주의)'에 따라 미군이 베네수엘라를 전격 침공해 니콜라스 마두로 대통령을 체포하고 정권 교체를 단행했다.

### (1) 작전 전개

2026년 1월 3일 새벽, 미군은 베네수엘라 전역에 대규모 공습을 가해 방공망을 제압했으며, 카라카스 티우나 요새를 급습하여 마두로 대통령 부부를 체포했다. 이들은 현재 뉴욕으로 이송되어 마약 테러 음모 혐의로 재판을 기다리고 있다.

### (2) 침공 명분

트럼프 행정부는 이번 작전이 마약 밀매 근절과 미국 안보를 위협하는 외세(러시아, 중국 등)와의 결탁을 저지하기 위한 조치라고 발표했다. 이는 서반구 내 미국의 영향력을 공고히 하려는 외교 정책의 일환이다.

### (3) 원유 공급망 불안

세계 최대 석유 매장량을 보유한 베네수엘라의 정세 불안은 글로벌 유가 변동성을 극대화했다. 트럼프 대통령은 과도 정부 수립 전까지 미국이 직접 유전을 관리할 것임을 시사했다.

### (4) 국제 사회의 분열

아프리카, 아시아, 남미 국가들은 이번 군사 개입을 국제법 위반으로 규정하며 비난하고 있다. 반면 NATO 회원국을 포함한 북미 및 유럽 국가들은 미국의 작전을 지지하거나 묵인하며 중립적인 태도를 보이고 있다.

## (5) 베네수엘라 내부 상황

마두로 체포 후 델시 로드리게스 부통령이 임시 대통령직을 승계했으나 야권과 국제 사회는 30일 이내 조기 대선 실시를 요구하며 정통성 논란이 격화되고 있다.

## 3. 그린란드 매입 시도와 유럽과의 갈등

2026년 초반, 트럼프 행정부는 그린란드 매입을 두고 덴마크 및 유럽연합(EU)과 극심한 갈등을 빚고 있다. 미국은 북극권 안보를 명분으로 군사적 행동 가능성까지 시사하며 영토 확장을 시도 중이지만, 이는 유럽의 강력한 반발과 전 세계적 지정학적 긴장을 고조시키고 있다. 트럼프 대통령은 러시아와 중국의 북극 활동 억제를 위해 "소유해야 지킬 수 있다"는 논리를 내세우며 다음과 같은 전략을 구사하고 있다.

## (1) 매입 압박

덴마크와의 공식 협상에서 합의가 결렬될 경우, 무력을 포함한 '모든 선택지(All options on the table)'를 고려하겠다고 압박하고 있다.

## (2) 경제적 유인책

주민 설득을 위해 1인당 10만 달러(약 1억 4천만 원) 수준의 현금 지급 방안을 검토했으나 실제 주민들의 미국 편입 찬성 여론은 6%에 불과해 실효성이 낮은 상태다.

## (3) 보복 관세

매입에 반대하며 군함을 파병한 유럽 8개국에 대해 10%의 추가 관세 부과를 예고하며 압박 수위를 높였다. 이에 대해 덴마크와 EU는 "영토를 사고파는 시대는 지났다"며 주권 존중을 강조하고 있다. 특히 EU 집행위원회는 미국의 관세 위협을 '치명적 실수'로 규정하며 대규모 투자로 맞대응할 것을 선언했다. 다만, 2026년 1월 다보스 포럼에서 트럼프 대통령이 무력 불사용 의사와 관세 철회 가능성을 내비치며 일시적인 전술적 후퇴 양상을 보이고 있으나 미-EU 간의 동맹 균열은 심화되는 추세다.

## 4. 대(對)이란 군사적 압박 및 중동 위기

베네수엘라 사태에 이어 이란에 대한 강력한 군사적 압박이 진행되면서 중동의 긴장이 최고조에 달하고 있다.

### (1) 군사 포위망 구축

미국은 이란 주변 해역에 항공모함 전단 등 대규모 해군 전력을 전진 배치하여 압박 수위를 높이고 있다.

### (2) 정권 핵심 타격 시사

트럼프 대통령은 이란 정권 핵심 인사에 대한 '표적 제거'를 포함한 모든 군사 옵션을 검토하며 측근들을 독려하고 있다.

### (3) 이란의 강력 반격 예고

이란은 미군 기지와 이스라엘 주요 시설에 대한 보복 타격을 경고하며 전면전 불사 의지를 밝히고 있다.

### (4) 경제 제재와 내부 혼란

미국의 석유 수출 차단 및 유엔 제재 복원으로 이란 내 극심한 경제난이 발생했으며, 이는 2025년 말부터 이어진 대규모 반정부 시위와 맞물려 정권의 실존적 위협으로 작용하고 있다. 이러한 공세적 대외 정책은 국제 유가의 변동성을 극대화하며 세계 경제의 불확실성을 키우는 핵심 리스크가 되고 있다.

## 2 트럼프의 'MEGA(Make Everything Great Again)' 정책의 미래

트럼프 2.0 시대의 MAGA는 단순히 '과거의 영광'을 재현하는 수준을 넘어 모든 첨단 산업의 공급망을 미국 내에서 완결하려는 MEGA (Make Everything Great Again) 전략으로 진화했다.

### 1. 완전한 공급망 내재화(A to Z 전략)

트럼프 행정부는 반도체, AI, 로봇, 배터리 등 핵심 첨단 산업의 설계 (Architecture)부터 최종 서비스(Goods/Services)에 이르는 전 단계를 미국 내에 유치하는 것을 목표로 한다. 주요 정책 수단은 다음과 같다.

#### (1) 전 단계 밸류체인 구축

단순 제조 시설 유치를 넘어 초기 설계부터 소재, 장비, 완성품에 이르는 산업 생태계 전체를 미국 영토 내에 이식하고자 한다.

#### (2) 고관세 및 강력한 리쇼어링 인센티브

무역 적자 품목과 중국산 제품에 대해 징벌적 고관세를 부과하는 동시에 자국 내 생산 기업에는 파격적인 세액 공제를 제공하여 다국적 기업의 '강제적 투자'를 유도한다.

#### (3) 전략적 수출 통제

중국 등 적대국을 겨냥한 첨단 기술 수출 통제를 강화하여 글로벌 공급망의 탈중국화를 가속화하고 있다.

#### (4) 입법적 뒷받침

반도체과학법(CHIPS Act)의 개정 또는 '메가 법안(MEGA Act)' 추진을 통해 자국 중심의 공급망 구축을 정책적으로 정당화한다.

## 2. 반도체 및 AI 관세 강화와 기업의 대응

트럼프 2.0 행정부는 '채찍과 당근' 전략을 통해 글로벌 반도체 기업들을 압박하고 있다.

### (1) 25% 보복 관세 부과

2026년 1월 15일부터 미국 내 공급망 기여도가 낮거나 제3국으로 재수출되는 특정 첨단 반도체 품목에 25%의 관세를 부과하기 시작했다.

### (2) 관세 면제의 조건부 활용

미국 내 R&D 센터 운영, 스타트업 생태계 지원, 자국 내 데이터센터 공급 등 미국 기술 주권 강화에 기여하는 물량에 한해서만 관세 면제 혜택을 부여한다.

### (3) 협상 지렛대로서의 관세

대만과의 사례처럼 '미국 내 공장 건설 시 관세 면제 쿼터 부여' 방식을 한국 기업에도 적용하며 추가 투자를 압박하는 지렛대로 활용 중이다.

## 3. 우리 기업의 대응 상황

### (1) 삼성전자 및 SK하이닉스

이미 대규모 투자 계획을 발표했으나 트럼프 행정부는 관세 면제 유지 조건으로 추가 투자나 기술 공유를 요구할 가능성이 크다.

### (2) SK하이닉스의 전략적 투자

AI 메모리 주도권 유지를 위해 인디애나주에 38억 7,000만 달러 규모의 첨단 패키징 거점을 구축하고 있으나 2단계 관세 확대 가능성에 대비한 시나리오 경영이 시급하다.

### (3) 공급망 재편의 불확실성

관세 리스크를 피하기 위한 공급망 다각화는 비용 상승과 운영 효율 저하라는 이중고를 안겨주고 있다.


## 4. MAGA 진영 내의 분열과 정치적 리스크

트럼프 행정부의 공격적인 AI 육성 정책은 역설적으로 핵심 지지층인 MAGA 내부에서 일자리 감소와 공공요금 급등에 대한 우려를 낳으며 내부 균열을 초래하고 있다. 이는 행정부의 핵심 경제 전략인 'AI 가속화'에 상당한 정치적 리스크로 부상하고 있다.

### (1) 일자리 축소 우려

MAGA 운동의 기반인 미숙련 노동자 및 블루칼라 계층은 AI 자동화가 자신들의 생존권을 위협할 것으로 보고 있다. 특히, 〈표 5-4〉에서 보는 바와 같이 스티브 배넌 등 포퓰리즘 성향의 인사들은 AI가 노동자 계층에 '일자리 대재앙'을 가져올 것이라며 경고의 목소리를 높이고 있다.

### (2) 에너지 비용 급등

AI 데이터 센터의 폭발적인 전력 수요는 미국 전역의 주거용 전기 요금 상승을 유발하고 있다. 이는 저소득층 유권자들에게 직접적인 경제적 부담이 되어 데이터 센터 건설 반대 여론으로 확산 중이다. 특히, AI 데이터 센터는 일반 산업 시설보다 수십 배 이상의 전력을 소모하며,

**표 5-4_** 미국 2026년 AI 도입에 따른 직종별 고용 영향 전망

| 직종 구분 | 예상 고용 변화율 | 주요 영향 내용 | 비 고 |
|---|---|---|---|
| 단순 사무/행정 | −28〜−35% | 대량의 데이터 처리 및 예약 자동화 | 화이트칼라 초급직 위기 |
| 고객 서비스(상담) | −40%↑ | AI 챗봇 및 음성 비서의 80% 이상 대체 | 감원 속도가 가장 빠름 |
| 제조/블루칼라 | −15〜−20% | AI 기반 자동화 로봇 도입 확대 | 미시간 등 제조 벨트 타격 |
| 금융/회계 분석 | −12% | 정형 업무 자동화 및 리스크 분석 AI | 중간 숙련직 일자리 감소 |
| 에너지/전기 기술 | +10〜+15% | 데이터 센터 및 전력망 건설 수요 | 숙련 기술직 구인난 심화 |

**표 5-5_** 미국 주요 지역별 주거용 전기 요금 인상률 추이(2025~2026 전망)

| 지 역 | 데이터 센터 수 | 2025년 인상률 (전년 대비) | 2026년 예상 인상률 | 주요 원인 |
|---|---|---|---|---|
| 버지니아 | 660+ | 13.0% | 15.5%↑ | 전력 확보 비용 10배 급등 |
| 일니노이 | 240+ | 15.8% | 18.0%↑ | 노후 전력망 교체 비용 전가 |
| 오하이오 | 190+ | 12.0% | 14.0%↑ | 신규 데이터 센터 클러스터 조성 |
| 미국 평균 | – | 6.1% | 7.5〜9.0% | AI 및 클라우드 수요 폭증 |

〈표 5-5〉에서 보는 바와 같이, 특히 데이터 센터가 밀집한 지역(버지니아, 일리노이 등)을 중심으로 전력망 확충 비용이 소비자에게 전가되고 있다. 전력 공급사가 지불하는 전력 확보 비용(Capacity Price)이 1년 사이 메가와트(MW)당 약 28달러에서 269달러로 10배 가까이 폭등하면서 저소득층 지지 기반의 경제적 부담이 현실화되고 있다.

트럼프 행정부는 '화이트 하우스 리스크'를 감수하며 AI 패권을 밀어붙이고 있으나 위 표에서 나타나듯 '전기료 인상'과 '일자리 증발'이라는 두 마리 토끼가 지지층의 반발을 사고 있다.

### (3) 정책적 모순

AI 산업 육성을 위해 막대한 전력이 필요함에도 불구하고 환경 및 전통 산업 보호를 명분으로 재생 에너지 프로젝트를 중단시키는 정책적 모순이 발생하고 있다. 이는 전력 단가 하락 공약을 이행하기 어렵게 만들며 차기 선거의 부담으로 작용하고 있다.

### (4) 연방–주 정부 간 마찰

AI 산업 규제를 철폐하려는 연방 정부의 움직임이 주(州) 정부의 자치권을 침해하면서 공화당 소속 주 법무 장관들조차 행정 명령에 반발하는 등 내부 갈등이 격화되고 있다.

## 5. Don't Fight the White House: 새로운 투자 원칙의 등장

금융 시장에서는 연준(Fed)의 통화 정책보다 백악관의 발언이 주식 시장을 더 강력하게 움직이는 '화이트 하우스 리스크' 상수가 되었다. 이에 따라 월가의 전통 격언인 "Don't Fight the Fed(연준에 맞서지 마라)"는 이제 "Don't Fight the White House(백악관에 맞서지 마라)"로 대체되고 있다.

### (1) 시장 주도권의 이동

투자자들은 이제 금리 결정보다 대통령의 직접적인 정책 개입과 행정 명령에 더 민감하게 반응한다. 예측 불가능한 백악관의 행보가 시장 변동성의 핵심 축이 된 것이다.

### (2) 정책 기반의 시장 변동성

대통령의 발언 한마디에 특정 산업(예: 신용카드 금리 상한제, 모기지 채권 매입 지시 등)의 승자와 패자가 즉각 갈리고 있다. 이는 기업의 펀더멘털보다 정책 리스크에 집중하게 만드는 단기 투자 성향을 심화시킨다.

### (3) 사법 리스크와 불확실성

특정 대형 은행(예: JP모건)을 겨냥한 소송 등 백악관의 직접적인 개입은 투자 환경의 예측 가능성을 현저히 떨어뜨리고 있다.

### (4) 연준 독립성 위협

연준 의장과 이사진에 대한 압박은 중앙은행의 독립성 약화 우려를 낳고 있다. 이는 장기적인 인플레이션 통제 불능이나 금융 위기 시 대응력 저하라는 구조적 리스크로 간주된다.

"Don't Fight the White House" 현상은 보호 무역주의와 정치적 개입이 일상화된 시대의 단면을 보여준다. 시장의 불확실성이 극대화된 상황에서 전문가들은 단기 정책 변동에 일희일비하기보다 장기적인 기업 가치에 주목할 것을 권고하고 있으나 백악관의 영향력을 무시하기는 어려운 실정이다.

## 6. 부동산 투자 제한 및 시장 개입

트럼프 대통령은 주거 안정을 명분으로 기관 투자자의 단독 주택 매입을 금지하는 강력한 시장 개입 정책을 추진 중이다. 이는 주택 시장의 구조적 문제를 해결하겠다는 의지를 담고 있으나 시장에서는 실효성에 대한 다양한 분석이 제기되고 있다.

### (1) 정책 목표

천정부지로 치솟은 집값을 안정시키고 고물가로 인해 내 집 마련에 어려움을 겪는 젊은 층의 주거권을 보장하는 데 있다. 트럼프 대통령은 "집은 사람이 사는 곳이지 기업의 투자 대상이 아니다"라고 강조하며 정책 정당성을 확보하고 있다.

## (2) 추진 방식

행정 명령을 통해 대형 기관 투자자의 추가적인 단독 주택 매입을 즉시 금지하고, 이를 상시화하기 위한 법제화를 의회에 강력히 요구할 방침이다.

## (3) 시장 영향 분석

긍정적인 부분은 주택 시장 내 투기 수요를 억제하여 실수요자들의 거래 기회를 확대하고 심리적 불안을 완화할 것으로 기대된다는 점이다. 그러나 미국 전체 단독 주택 중 기관 투자자의 소유 비중이 약 18% 수준으로 아주 높지는 않아 실질적인 하락 효과는 제한적일 수 있다는 지적이 있다. 또한, 과도한 시장 개입이 투자 심리를 위축시켜 장기적으로는 신규 주택 공급 부족을 심화시킬 것이라는 우려도 공존한다.

실제로 정책 발표 직후 주요 리츠(REITs) 및 부동산 관련 주가가 하락하는 등 시장은 민감하게 반응하고 있다. 결론적으로 이 정책은 '주거 안정'이라는 명분 아래 국가의 통제력을 강화하려는 트럼프 행정부의 전형적인 특징을 보여준다.

2026년 트럼프의 MEGA 정책은 보호주의와 AI 기반 산업 재편을 통해 자국 내 성장을 도모하지만, 동시에 세계 경제의 불확실성을 극대화하는 '양날의 검'이 되고 있다.

# 금·은 가격 10~20배 폭등과 미래

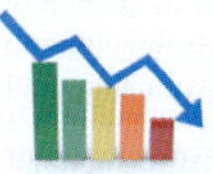

2026년 세계 대공황 발생 여부와 금·은 가격의 10배 이상 폭등 가능성은 현재 금융 시장의 주요 쟁점 중 하나이다.

## 1  2026년 세계 대공황 발생 가능성

경제 전문가들 사이에서는 2026년을 전후로 거대한 경제적 충격이 올 수 있다는 경고를 지속하고 있다.

### 1. 부채 위기

전 세계 부채 수준이 역사적 정점에 달한 가운데, 금리 인상의 여파가 실물 경제에 본격적으로 전이되는 시점이 2026년이 될 것이라는 분석이 지배적이다. 부채 위기의 핵심 메커니즘은 다음과 같다.

#### (1) 부채의 역사적 임계점 도달

전 세계의 국가, 가계, 기업 부채를 합산한 총부채는 GDP 대비 역대 최고 수준이다. 팬데믹 기간 경기 부양을 위해 발행된 막대한 유동성이 회수되지 못한 상태에서 부채의 양적 팽창이 임계점에 도달했다.

#### (2) 고금리 정체(Higher for Longer)의 시차 효과

위기가 2026년에 본격화될 것으로 보는 이유는 '금리 인상의 시차적 전이' 때문이다. 특히 2025~2026년은 저금리 시절 실행된 대출의

리파이낸싱(재대출) 주기가 집중되는 시기이다. 이때 높은 금리로 대출
을 갱신해야 하므로 이자 부담이 급증하게 된다.

### (3) 한계 기업의 붕괴

영업 이익으로 이자조차 감당하지 못하는 '좀비 기업'들이 2026년
을 기점으로 파산할 것으로 보이는데, 이는 고용 시장과 금융권에 직
접적인 타격을 줄 것으로 보인다.


## 2. 실물 경제로의 전이 과정

부채 위기는 단순한 금융권의 문제를 넘어 다음과 같은 경로로 실물
경제에 전이된다. 첫째, 신용 경색이다. 은행들이 대출 심사를 강화하
고 자금을 회수하면서 시중 유동성이 급격히 고갈된다. 둘째, 자산 가
격 하락이다. 부채 상환을 위해 부동산과 주식 등 자산을 매각하는 '디
레버리징(부채 축소)' 현상이 발생하며 자산 가치가 폭락한다. 셋째, 소
비 및 투자 위축이다. 가계는 이자 부담으로 소비를 줄이고, 기업은 설
비 투자를 포기하며 경기 침체(Recession)가 대공황 수준으로 심화될
수 있다.


## 3. 금·은 가격의 폭등 메커니즘

대공황 시나리오에서 금·은 가격이 10배 이상 폭등할 수 있다는 주
장의 근거는 '법정 화폐에 대한 신뢰 상실'이다. 이렇게 된 데에는 두
가지 이유가 있다. 첫째, 안전 자산 선호(Safe Haven) 증가이다. 국가 부
도 위험이 커지면 종이 화폐의 가치는 하락하고 실물 자산인 금과 은
으로 자금이 쏠리게 된다. 둘째, 통화 시스템의 재편이다. 기존 달러 패
권이 흔들리는 과정에서 금 본위제와 유사한 시스템으로의 회귀 가능
성이 거론되며, 금 가격의 상단이 열리게 된다. 결론적으로, 2026년 부

채 위기설은 저금리 시대의 '빚 잔치'가 고금리라는 '청구서'를 받아드는 시점이 될 것이라는 경고이다. 이는 금융 시스템의 붕괴와 함께 실물 안전 자산인 금과 은의 가치를 재발견하는 계기가 될 수 있다.

## 4. 경기 순환론

경기 순환 주기에 따르면 2008년 금융 위기 이후 지속된 유동성 파티의 종료 시점이 다가오고 있다. 경기 순환론 관점에서 본 2026년 위기 가능성은 다음과 같다.

### (1) 경기 순환론의 핵심 원리

자본주의 경제는 '회복 → 호황 → 후퇴 → 침체' 과정을 반복한다. 2026년이 주목받는 이유는 주요 경제 주기들이 이 시점에 수렴하기 때문이다. 주의해서 살펴볼 경제 주기는 다음과 같다.

첫째, 주글라 파동(Juglar Cycle)이다. 약 8~10년 주기의 설비 투자 순환으로, 팬데믹 당시 부양책으로 연장된 주기가 2020년대 중반 하강 국면에 진입할 것으로 보인다.

둘째, 쿠즈네츠 파동(Kuznets Cycle)이다. 약 15~25년 주기의 부동산 경기 순환으로, 글로벌 부동산 가격의 정점과 하락 시점이 2026년과 맞물릴 수 있다.

셋째, 콘드라티예프 파동(Kondratiev Wave)이다. 약 40~60년 주기의 장기 파동으로, 기술 혁신 및 자원 가격 변화와 관련된다.

### (2) 2026년 위기설의 배경

첫째. 유동성 파티의 종말이다. 현재 상황은 '부채로 쌓아 올린 성장의 한계'에 도달해 있다. 인플레이션 억제를 위한 고금리 정책이 지속되면서 부채 상환 능력이 한계에 다다르는 시점이 2026년경이 될 가능성이 크다. 둘째, 과잉 설비와 수요 감소이다. 하강 국면에서는 기업의 과잉 투자가 재고로 남고, 소비 심리가 위축되면서 실적 악화와 실업률 상승의 악순환이 발생한다. 셋째, 금·은 가격 폭등 가능성이다.

결론적으로 대공황 수준의 위기 발생 시 화폐 가치 하락에 따라 금·은의 가치가 부각된다. 법정 화폐 체제에 대한 불신으로 달러나 유로

등 종이 화폐의 신뢰도가 떨어지면 역사적으로 검증된 가치 저장 수단인 금으로 자금이 집중된다. 금/은 비율(Gold–Silver Ratio)은, 역사적 위기 때마다 은은 금보다 큰 변동성을 보이며 재조정되었다.

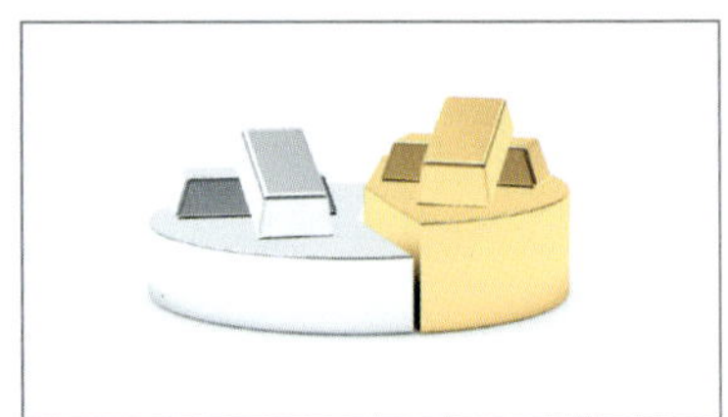

저평가된 은이 산업 수요와 안전 자산 수요를 동시에 충족하며 금보다 가파르게 상승(10배 폭등 가설의 근거)할 수 있다. 각국 중앙은행의 금 매입으로 최근 중앙은행들의 역대급 금 매집 현상이 나타나고 있는데, 향후 통화 질서 개편에 대비한 움직임으로 해석된다.

종합해보면 2026년은 고금리 여파의 누적, 지정학적 리스크, 부채 만기 도래 등이 맞물리는 시기이다. 이에 따라 경제적 변동성이 극대화되며 대공황에 준하는 위기가 발생할 가능성이 높다는 분석이 설득력을 얻고 있다.


## 2 금(Gold) 가격 전망: 10배 이상 폭등 시나리오

### 1. 2026년 세계 대공황 발생 가능성 및 금(Gold) 가격 전망

금과 은은 경제 위기 발생 시 최후의 보루이자 최고의 안전 자산으로 평가받는다. 2026년 세계 대공황 시나리오에서 금 가격이 10배 이상 폭등할 수 있다는 전망의 핵심 근거는 '화폐 가치의 하락과 실물 자산으로의 자금 이동'에 있다.

## (1) 법정 통화(Fiat Currency)의 신뢰 붕괴

현재의 화폐 시스템은 국가 신용에 기반한 법정 통화 체제이나 대공황 수준의 위기가 닥치면 다음과 같은 메커니즘으로 화폐 가치가 급락하게 된다.

첫째, 무제한 유동성 공급의 부작용이 나타난다. 정부와 중앙은행이 붕괴를 막기 위해 천문학적인 통화를 발행할 경우, 통화량 급증으로 인해 화폐의 구매력은 파괴된다. 둘째, 달러 패권이 약화된다. 세계 기축 통화인 달러에 대한 신뢰가 흔들리면 달러 기반 자산(채권, 예금)에서 탈출하려는 수요가 폭증하게 된다.

## (2) 실물 금으로의 자금 대이동(Flight to Quality)

화폐가 가치를 상실할 것이라는 공포가 확산되면 투자자들은 수천 년간 검증된 가치 저장 수단인 금으로 회귀한다. 그 이유는 금의 희소성과 불변성 때문이다. 종이돈은 무한정 발행할 수 있으나 금은 채굴량이 한정되어 있어 인플레이션 헤지(위험 회피)에 최적화되어 있다. 또한 실물 자산 선호 경향이 나타나는데, 금융 시스템(은행, 증권사) 마비에 대한 우려로 인해 디지털 숫자가 아닌 직접 소유할 수 있는 '실물 금'에 막대한 프리미엄이 붙기 때문이다.

## (3) 10배 폭등 시나리오의 성립 근거

〈그림 5-1〉에서 보듯 2024년 1월 온스당 약 1,700~1,900달러 수준이었던 금값은 2026년 1월 30일에 온스당 5,354달러까지 고점을 찍고, 일시 하락했다가 2026. 3. 6. 현재 거의 5,200달러 근처에 도달했다. 10배 폭등 시나리오가 성립하는 이유는 다음과 같다.

첫째, 기술적 분석이다. 현재의 가파른 상승 기울기를 고려할 때 향후 2~3년 내 온스당 20,000달러 이상으로 치솟을 가능성이 매우 높다. 둘째, 통화 리셋(Monetary Reset)이다. 기존 달러 체제가 붕괴하고

자료: Trading View에서 검색

새로운 금 본위제 시스템으로 전환될 경우, 전 세계 통화량과 금 보유량을 맞추기 위해 금 가격의 인위적인 재평가(Revaluation)가 불가피하다. 셋째, 하이퍼인플레이션이다. 물가가 통제 불능으로 상승하는 상황에서 자산 가격은 명목상 수십 배 상승할 수 있으며, 이 과정에서 금은 가장 강력한 구매력 보존 수단이 된다.

## (4) 금 가격 전망 및 결론

금값의 10배 폭등은 세계 경제 질서가 완전히 재편되는 극단적인 상황을 전제로 한다. 이는 곧 기존 금융 시스템의 종말과 사회적 혼란을 의미한다.

종합적으로 분석할 때 전 세계 중앙은행의 금 매입 확대와 개인 및 기관의 폭발적인 투기 수요가 맞물린다면 10배 폭등은 충분히 실현 가능한 시나리오다. 경제 위기 초기에는 현금 확보를 위해 금값이 일시적으로 하락할 수 있으나 위기가 본격화되면 가장 빠르게 회복하고 급등하는 패턴을 보일 것이다.

2026년 대공황 시나리오에서의 금값 폭등은 "종이 화폐의 시대가 저물고 실물 가치의 시대로 회귀한다"는 패러다임의 전환을 상징한다.

## 3 은(Silver) 가격 전망: 20배 폭발적 상승 가능성

은은 금보다 변동성이 크며 산업용 수요와 화폐적 가치를 동시에 지니고 있다. 〈그림 5-2〉에서 보듯 국제 은 가격은 2025년 3월 온스당 30달러 수준에서 2026년 1월 말 현재 110달러를 돌파하며, 이후 조정 중에 있으나 상승 추세는 살아 있다.

**그림 5-2_** 국제 은 시세 차트(2026. 3. 6. 현재)

자료: Trading View에서 검색

2026년 2월 초에는 80달러 전후로 일시적 조정을 받았으나 기술적 분석에 따르면 향후 2~3년 내에 현재 가격 대비 5배, 저점 대비 최대 20배 수준인 온스당 300~500달러 구간 진입도 충분히 가능할 것으로 전망된다.

## 1. 금/은 비율(Gold-Silver Ratio)의 재조명

역사적으로 경제 위기 상황에서는 금/은 비율이 축소되며 은 가격이 금보다 더 가파르게 상승하는 경향이 있다. 2026년 세계 경제 불확실성이 심화됨에 따라 은은 단순한 귀금속을 넘어 '전략적 자산'으로서 금보다 높은 수익 잠재력을 평가받고 있다.

### (1) 금/은 비율의 역사적 배경

금/은 비율은 금 1온스를 구매하는 데 필요한 은의 양을 의미하며, 은의 저평가 여부를 판단하는 핵심 지표다. 역사적으로 이 비율은 지각 내 부존량 비율인 15:1~16:1 달러 수준을 유지해 왔으나 현대 금융 시스템에서는 평균 50:1~60:1 달러 사이에서 등락을 반복하고 있다.

위기 초기에는 금으로 자금이 쏠리며 비율이 100:1 달러 이상으로 치솟기도 하지만, 화폐 가치 하락이 본격화되면 은의 '화폐적 성격'이 부각되며 비율이 급격히 좁혀지는 특성이 있다.

### (2) 은 가격의 상대적 강세 이유

첫째, 시장 규모와 레버리지 효과이다. 은 시장은 금 시장에 비해 규모가 매우 작다. 따라서 동일한 규모의 투기 자금이 유입될 경우, 공급이 제한적인 은의 가격 변동 폭이 훨씬 크며, 이는 곧 폭발적인 시세 분출로 이어진다.

둘째, 산업용 수요와 공급 부족의 결합이다. 금은 주로 자산 비축용으로 쓰이지만, 은은 전기차, 태양광 패널, 5G 장비 등 미래 첨단 산업의 필수 소재다. 은은 구리나 납 채굴의 부산물로 얻어지는 경우가 많아 가격 상승에 따른 즉각적인 증산이 어렵다.

2026년 대공황 우려 속에서 실물 자산을 확보하려는 산업계와 투자자의 수요가 맞물릴 경우, 공급 부족(Deficit) 현상은 가격의 수직 상승을 견인할 것이다.

## 2. 기술적 분석 및 전망(온스당 300~500달러 가능성)

2026년 1월 현재 온스당 110달러 돌파는 역사적 신고가 경신으로, 상단의 저항선이 소멸한 '블루 스카이' 영역에 진입했음을 의미한다. 금/은 비율이 과거 위기 극복기 수준인 15:1~30:1 달러로 회귀한다고 가정할 때 은 가격은 수학적으로 온스당 300~500달러 구간에 도달하게 된다. 특히 '종이 은(선물 시장)' 거래량이 실물 보유량을 압도하는 현 상황에서 실물 인도 요구가 급증할 경우 숏 스퀴즈(Short Squeeze) 현상이 발생하며 단기간에 가격이 폭등할 가능성이 크다.

2026년 시나리오에서 은은 '가난한 자의 금'에서 '가장 강력한 전략 자산'으로 탈바꿈할 것이다. 이는 부의 재편 과정에서 압도적인 우위를 점하는 핵심 수단이 될 것이다.

### 1. 숏 스퀴즈(Short Squeeze) 현상

숏 스퀴즈(Short Squeeze)란 주가 하락을 예상해 주식을 빌려 팔았던 공매도 투자자들이, 예상과 달리 주가가 급등할 때 손실을 줄이기 위해 주식을 다시 사들이는(쇼트 커버링) 과정에서 주가가 더욱 폭등하는 현상을 말한다.

### ① 발생 원리와 과정

공매도 투자자가 주가 하락을 예상하고 주식을 빌려 매도했으나 호재나 매수세 유입으로 주가가 상승하기 시작할 때 이러한 현상이 발생한다. 주가가 계속 오르면 공매도 투자자의 손실은 무한대로 커질 수 있으므로 빌린 주식을 갚기 위해 시장에서 주식을 급하게 되사야 한다. 이때 공매도자의 강제적인 매수세가 더해지면서 주가가 '쥐어짜듯(Squeeze)' 수직 상승하게 된다.

### ② 주요 사례

첫째, 게임스톱(GameStop) 사태(2021년)
온라인 커뮤니티 레딧(Reddit)의 개인 투자자들이 공매도 세력에 맞서 주식을 대량 매수하여 헤지펀드들에 막대한 손실을 입히고 주가를 폭등시킨 대표적 사례이다.

둘째, 테슬라(Tesla)
과거 수년간 공매도 세력의 주요 타깃이었으나 실적 개선과 함께 주가가 급등하며 반복적인 숏 스퀴즈가 발생했다. 숏 스퀴즈는 단기간에 비정상적인 주가 폭등을 야기하지만, 공매도 잔고가 해소되고 나면 주가가 다시 급락하는 경우가 많다.

# 4 HBM 기술과 엔비디아, 삼성전자, SK하이닉스 주가 전망

2026년 1월 현재, 세계 경제는 도널드 트럼프 미 행정부의 관세 정책과 급증한 부채로 인한 경기 둔화 우려 속에 놓여 있다. 특히 반도체 산업을 주도했던 '슈퍼 사이클'이 변곡점에 다다르며 일각에서는 경제 위기의 전조가 시작되고 있다는 경고가 나오고 있다.

## 1 2026년 세계 경제 위기 전망

### 1. 주요 경제 리스크

현재 세계 경제는 트럼프 행정부의 강력한 보호 무역주의, 부채 위기, 그리고 AI 거품론이라는 세 가지 거대한 리스크가 맞물리며 극심한 불확실성 국면에 진입했다.

### (1) 보편적 관세 부과와 세계 성장률 둔화

트럼프 대통령의 보편적 관세 정책은 글로벌 공급망을 흔드는 즉각적인 위협이다. 경제협력개발기구(OECD)는 세계 경제 성장률이 2025년 3.2%에서 2026년 2.9%로 둔화할 것으로 전망했으나, 무역 장벽이 강화될 경우 성장률이 2.5~2.6% 수준까지 추가 하락할 수 있다는 분석이 제기된다. 고율 관세는 수출 감소에 그치지 않고 원자재 가격 상승과 환율 변동성을 초래하여 제조업 밀집 지역의 고용과 소비를 위축시키는 악순환을 유발하고 있다.

## (2) 미 국채 급증과 시스템 붕괴 우려

미국의 확장적 재정 정책과 감세안은 국채 발행 규모를 기록적인 수준으로 끌어올리며 금융 시스템의 근간을 위협하고 있다. 재정 적자 확대로 국채 공급이 늘어남에 따라 국채 가격 하락(금리 상승) 압력이 지속되고 있는데, 이는 외국인 투자자의 매도세를 자극해 '달러 패권'에 대한 의구심을 키우는 요인이 된다.

국제통화기금(IMF)에 따르면 2026년 선진국의 GDP 대비 정부 부채 잔액은 평균 111.8%에 달할 것으로 보인다. 이는 향후 금리 인하 국면에서도 재정적 여력을 제한하는 심각한 걸림돌이 될 전망이다.

## (3) AI 거품론과 반도체 슈퍼 사이클의 변곡점

증시를 견인했던 AI 열풍이 '수익성 증명'이라는 시험대에 오르며 거품 붕괴 우려가 확산되고 있다. 파이낸셜타임스(FT) 등 주요 외신은 "AI 투자로 수익을 창출하는 시대의 초입은 지났다"고 분석하며, 가시적인 성과를 내지 못하는 기업을 중심으로 '옥석 가리기'가 본격화될 것으로 보고 있다.

삼성전자와 SK하이닉스가 주도하는 HBM 시장은 여전히 성장세가 기대되지만, 테슬라와 구글 등 빅테크 기업들의 자체 AI 칩 개발(인하우스화)로 인한 경쟁 심화와 단가 하락, 공급 과잉 우려가 동시에 제기되는 상황이다.

## ２ HBM 기술 및 기업별 주가와 실적 전망

2026년은 HBM4(6세대) 상용화의 원년이다. 2026년 1월 현재, 엔비디아(NVIDIA)는 차세대 AI 가속기인 '루빈(Rubin)' 출시를 목전에 두고 시장 지배력을 공고히 하고 있으나 대내외적 경제 불확실성과 높은 밸류에이션 부담이 교차하는 중대한 기점에 서 있다.

# 1. 차세대 AI 가속기 '루빈(Rubin)'과 HBM4 기술

엔비디아는 2026년을 기점으로 기존 블랙웰(Blackwell) 아키텍처를 넘어선 '루빈' 플랫폼을 본격 양산할 예정이다. 루빈 GPU는 6세대 고대역폭 메모리인 HBM4를 최초로 채택하는 가속기다. 엔비디아는 최근 HBM4의 데이터 전송 속도 요구치를 기존 11Gbps에서 13Gbps로 상향하며 기술 격차를 더욱 벌리고 있다.

루빈은 단순한 성능 개선을 넘어 베라(Vera) CPU와 NV링크 스위치 등을 하나로 묶어 데이터 센터 전체를 하나의 거대한 AI 시스템으로 기능하게 설계되었다. 또한 TSMC의 3나노미터(3nm) 공정과 차세대 패키징 기술(CoWoS-L)을 사용하여 전력 효율과 연산 속도를 극대화하고 있다.

2026 회계 연도 기준, 엔비디아의 실적은 여전히 견조한 성장세를 유지할 것으로 보인다. 시장은 매출과 주당 순이익(EPS)의 지속적인 상승을 기대하고 있으며, 메타(Meta)와 마이크로소프트(MS) 등 주요 빅테크 기업의 AI 인프라 투자가 강력한 버팀목이 되고 있다. 또한, 자율주행 AI 플랫폼인 '알파마이요(Alphamayo)'를 공개하며 데이터 센터를 넘어 자동차 산업으로 AI 생태계를 확장 중이다.

그러나 장밋빛 전망 이면에는 과도한 기대감에 따른 조정 압력과 경제적 변수가 산재해 있다. 엔비디아의 평균 목표 주가는 185달러 선에서 형성되어 있으나 최저치는 140달러까지 벌어져 있어 전문가들 사이에서도 고평가 논란이 치열하다. AI 슈퍼 사이클이 하락 국면에 접어들 경우, 엔비디아의 주가 하락이 한국을 포함한 전 세계 반도체 지수를 동반 하락시킬 우려도 제기된다.

AMD 등 경쟁사들이 대항마 성격의 GPU 출시를 예고하고 있으며, 구글, 아마존 등 고객사들이 자체 제작 주문형 반도체(ASIC) 비중을 높임에 따라 'GPU 독점' 체제에도 균열이 생기고 있다. 특히 트럼프 행정부의 고관세 정책과 부채 급증에 따른 경기 둔화는 전 세계 데이터 센터 투자 여력을 위축시킬 수 있는 핵심 위협 요인이다. 루빈의 성공

적인 안착이 엔비디아의 독주를 지속시킬지, 아니면 높아진 기대치가
실망으로 바뀌며 시장 하락의 트리거가 될지 귀추가 주목된다.

## 2. 삼성전자 전망

〈그림 5-3〉에서 보는 바와 같이 삼성전자의 주가는 강세를 보이고
있으며, HBM4에서의 기술적 반등 성공으로 '선두권 진입'이 가시화
되고 있다. 1c D램 공정과 자체 파운드리를 결합해 엔비디아 루빈 공
급의 우위를 점할 것으로 보이며, 2026년 영업 이익 전망치가 약 88조
~116조 원까지 상향됨에 따라 일부 증권사에서는 목표 주가를 24만
원선으로 제시하고 있다.[2026년 영업 이익 116조 원은 삼성전자의 역대 최
고 기록(약 58조 원)의 2배에 달하는 수치이다. 근거는 HBM의 가격 인상이다.]

삼성전자는 HBM4 단계에서 기존의 '추격자' 위치를 벗어나 시장의

**그림 5-3_** 삼성전자 주가 추이(2026. 3. 6. 현재)

자료: Trading View에서 검색

판도를 바꾸는 전략을 실행 중이다. 업계 최초로 1c 나노(6세대) D램 공정을 HBM4에 적용하여 전력 효율과 성능을 극대화했는데, 이는 경쟁사 대비 미세 공정에서의 우위를 점하려는 승부수다.

특히 설계부터 파운드리, 메모리 제조를 모두 수행하는 삼성만의 'IDM 역량'을 활용하여 커스텀(맞춤형) HBM 시장에 대응하고 있다. TSMC와 협력하는 경쟁사들과 달리, 삼성은 자체 파운드리를 통해 고객사 요구에 최적화된 베이스 다이(Base Die)를 결합하는 '원스톱 솔루션'을 제공한다. 현재 루빈을 겨냥해 엔비디아와 긴밀히 협력 중이며, HBM4 공급 물량에서 마이크론을 앞지르는 성과를 거두고 있다.

반도체 슈퍼 사이클의 정점에 진입하며 재무 지표 역시 역대급 기록 경신을 예고하고 있다. 〈표 5-6〉에서 보는 바와 같이, 주요 증권사들은 삼성전자의 2026년 연간 영업 이익이 전년 대비 약 122~128% 급증할 것으로 보고 있다.

KB증권은 약 97.1조 원, 하나증권은 87.4조 원 수준을 전망하며, 시장 일각에서는 최대 116조 원 이상의 실적을 기대하기도 한다.

이에 따라 KB증권 등 국내 주요 리서치 기관은 삼성전자의 목표 주가를 16만 원으로 상향 조정했으며, AI 메모리 시장 독점력 강화와 실적 서프라이즈를 전제로 최고 24만 원까지 제시하는 공격적인 전망도 나오고 있다. 비록 트럼프 2기 정부의 관세 정책과 글로벌 부채 위기가 하방 압력으로 작용하고 있으나 AI 인프라 투자가 수요를 지탱하는 만

**표 5-6_** 2026년 삼성전자 실적 전망

| 구 분 | 2025년<br>(잠정/추정) | 2026년<br>(전망치 평균) | 전년 대비<br>(YoY) |
| --- | --- | --- | --- |
| 매출액 | 약 332.8조 원 | 약 430조~526조 원 | +30~58% |
| 영업 이익 | 약 43.5조 원 | 약 100조~211조 원 | +130~380% |
| 당기 순이익 | 약 39.2조 원 | 약 77조~150조 원 | +98% 이상 |
| 영업 이익률 | 약 13% | 약 23~40% | 대폭 상승 |

큼 삼성전자는 HBM4를 통해 수익성을 방어하고 공급자 우위의 시장
을 형성할 것으로 전망된다.

## 3. SK하이닉스 전망

SK하이닉스는 HBM3E 시장의 약 75%를 점유한 압도적 경쟁력을
바탕으로, 2026년 공급 물량에 대해 이미 전량 수주 확정(Sold out)을
선언했다. HBM4 시장에서도 초기 진입자 우위를 지속할 것으로 보이
며, 연간 영업 이익은 기관에 따라 최소 73조 원에서 최대 100조 원에
달할 것으로 분석된다.

〈그림 5-4〉에서 보듯 2026년 1월 현재, SK하이닉스는 AI 인프라 확
장에 따른 HBM 수요 폭증으로 역대급 실적 사이클에 진입해 있으며,
주가 또한 사상 최고치를 경신 중이다.

**그림 5-4_** SK하이닉스 주가(2026. 3. 6. 현재)

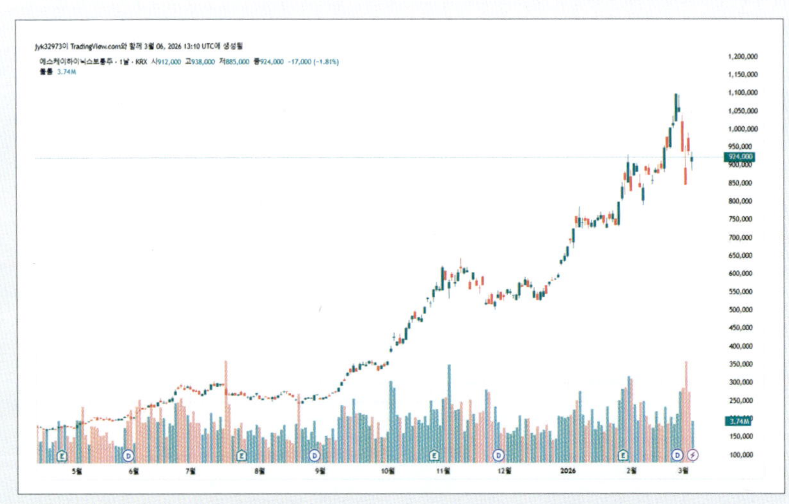

자료: Trading View에서 검색

　　제2부　금과 은 가격의 폭등과 한국 경제의 희망

## (1) 2026년 시장 지배력 및 기술 리더십

2025년 기준 HBM3E 시장의 62~75%를 장악한 SK하이닉스는 2026년에도 주도권을 유지할 전망이다. 특히 HBM3E는 2026년에도 AI 서버의 주력 메모리로 활용될 것으로 보인다.

또한, 2026년은 HBM4 양산의 원년이다. SK하이닉스는 CES 2026에서 세계 최초로 16단 HBM4를 공개하며 기술 리더십을 과시했다. 이는 엔비디아의 차세대 GPU '루빈(Rubin)' 탑재와 직결되어 있어 시장 내 가장 유리한 고지를 선점한 것으로 평가받는다.

## (2) 실적 전망 및 리스크 요인

〈표 5-7〉에서 보는 바와 같이, 2026년 생산 예정인 HBM 물량 대부분은 이미 공급 계약이 확정되었거나 협의가 완료된 상태이다. IM증권은 2026년 영업 이익을 약 93조 8,000억 원으로 추산했으며, 일부 공격적인 분석 기관은 매출 165조 원, 영업 이익 100조 원 시대를 예고하고 있다. HBM 단가가 600달러를 상회하는 등 메모리 가격 강세에 힘입어 영업 이익률은 60%에 육박할 전망이다.

다만, 거시 경제적 불확실성은 여전한 변수이다. 도널드 트럼프 행정부의 한국산 반도체 및 자동차에 대한 25% 관세 인상 기습 선언은 무

표 5-7_ SK하이닉스 2026년 실적 및 수익성 전망 비교

| 구 분 | 2024년<br>(실적 반등기) | 2025년<br>(HBM3E 주도) | 2026년<br>(전망치) | 비 고 |
|---|---|---|---|---|
| 매출액(조 원) | 약 65~70 | 약 110~120 | 165.0 | HBM4 양산 효과 |
| 영업 이익 (조 원) | 약 18~22 | 약 45~55 | 93.8~100.0 | 역대 최대 실적 |
| 영업 이익률(%) | 약 30% | 약 45% | 57%~60.6% | 제조업 최고 수준 |
| HBM 주요 제품 | HBM3/3E (8단) | HBM3E (12단) | HBM4 (16단) | 기술 전환점 |
| 시장 점유율<br>(HBM) | 약 50% 이상 | 약 62~75% | 주도권 유지 전망 | 엔비디아 루빈 탑재 |

역 갈등을 심화시키고 있다.

미국이 대만과의 협상을 통해 '투자 연동형 관세 면제' 혜택을 부여한 것과 달리 한국 기업들은 추가적인 대미 투자 압박과 복잡한 협상 과제를 안게 되었다. 이는 향후 고정비 상승 및 수익성 저하의 잠재적 요인이 될 수 있다.

## 3 주가 하락 전망

### 1. 하락 요인

2026년 1월 현재, 세계 경제와 반도체 산업은 이례적인 실적 기록과 동시에 심각한 하락 리스크가 공존하는 변곡점에 서 있다.

#### (1) AI 투자 거품 붕괴 및 수익성 검증의 한계

지난 2~3년간 구글, 메타, 마이크로소프트 등 빅테크 기업들은 막대한 자금을 AI 인프라에 투입해 왔으나 2026년에 접어들며 시장은 "AI가 실질적으로 얼마만큼의 매출과 이익을 창출했는가"를 묻기 시작했다. JPMorgan Chase 등 글로벌 투자 은행은 수익 가시성이 확보되지 않을 경우 AI 설비 투자 규모(CAPEX)가 급격히 축소되어 HBM과 GPU 수요가 동시에 폭락할 수 있다고 경고한다. 또한, 2026년에는 HBM3E 및 HBM4의 공급 과잉 가능성이 제기되고 있다. 골드만삭스는 기술 성숙에 따른 양산 수율 안정화로 인해 HBM 가격이 두 자릿수 이상 하락할 위험이 있다고 분석한다.

#### (2) 미 트럼프 정부의 관세 폭탄과 공급망 마비

트럼프 행정부는 AI 반도체에 대해 최대 25%의 관세를 부과하는 방안을 논의 중이다. 이는 엔비디아가 설계한 칩뿐만 아니라 이를 위탁 생산하는 TSMC, 그리고 핵심 부품인 HBM을 공급하는 한국 기업(삼성전자, SK하이닉스)의 마진을 직접적으로 압박하고 있다. 특히 미국이 대만과의 무역 협상을 통해 사실상 무관세 혜택을 부여한 것과 달리 한국 반도체는 아직 명확한 면제 혜택을 받지 못해 상대적 경쟁력이 약화될 우려가 매우 크다.

## (3) 고금리 지속과 글로벌 소비 위축(대공황 전조)

반도체 '슈퍼 사이클'의 하방 압력은 단순한 업황 문제를 넘어선다. 고금리 장기화로 가계 부채 부담이 가중되면서 스마트폰, PC 등 IT 기기 소비가 급감하고 있다.

IMF와 OECD는 무역 장벽 강화로 인해 2026년 글로벌 경제 성장률이 하향 조정될 것으로 내다보는데, 이는 곧 반도체 수요처 전반의 위축으로 이어질 것으로 예측된다.

사상 최대 실적에도 불구하고 주가가 하락하는 것은 시장 참여자들이 미래 가치를 '피크 아웃(Peak-out, 정점 통과)'으로 인식하기 때문이다. 주요 지표의 하락 반전은 기술적 버블 붕괴의 초기 단계로 해석될 수 있다.

## (4) 기업별 핵심 하락 요인

삼성전자는 HBM4 주도권 확보가 지연될 경우 파운드리와 메모리 양대 부문에서 수익성이 악화될 수 있고, 미 관세 정책 대응 수준에 따라 실적이 급락할 위험이 있다. SK하이닉스는 HBM 의존도가 매우 높아 AI 버블 붕괴 시 가장 직접적인 타격을 입게 된다.

현재의 고밸류에이션(높은 주가 수준)을 정당화하기 위한 실적 증명 압박이 극에 달한 상태이며, 글로벌 공급망 마비와 소비 위축 등 거시 경제 변수가 주가 하락의 트리거로 작용할 전망이다.

**5** 한국의 조선 산업 및
현대차 그룹의 경쟁력과 미래

2026년 세계 경제 환경과 한국의 핵심 수출 산업인 조선 및 자동차 분야의 현황과 전망은 다음과 같다.

## 1 2026년 세계 경제 상황: 연착륙인가 구조적 붕괴인가?

### 1. 성장률 전망

주요 국제기구는 2026년 세계 경제가 2.6~2.7% 수준의 완만한 성장을 유지할 것으로 전망하고 있다. 이는 과거 대공황과 같은 급격한 붕괴보다는, 보호 무역주의 확산 및 관세 전쟁에 따른 '만성적 저성장 기조'에 가깝다. 그러나 거시 지표상의 '완만한 저성장' 예고와 달리 금융 시장 내부에서는 금·은 가격의 폭등을 통해 심각한 시스템적 위기 가능성을 경고하는 모순적 상황이 전개되고 있다.

### (1) 금·은 가격 폭등이 암시하는 위기 징후

2026년 1월, 국제 금 시세가 사상 처음으로 온스당 5,000달러를 돌파하며 글로벌 경제에 강력한 경고음을 울렸다. 2024년 말 2,700달러선이던 금값이 불과 1년여 만에 두 배 가까이 폭등한 것은 단순한 자산 가치 상승을 넘어 기존 글로벌 경제 질서의 근본적인 균열을 시사한다. 주요 위기 징후는 다음과 같다.

❶ 화폐 가치의 신뢰 상실과 인플레이션 심화

물가 상승으로 법정 화폐의 구매력이 하락함에 따라 실물 자산인 금으로 자금이 쏠리고 있다. 전문가들은 이를 '화폐 가치의 용해'로 표현하며 달러의 기축 통화 위상 약화와 금의 '대안 통화' 부상을 지적하고 있다.

❷ 금융 시스템의 불안정과 안전 자산 쏠림

2026년 1월 26일, 금 선물 가격이 5,032.50달러를 기록하며 심리적 저항선을 무너뜨렸다. 이는 주식 시장의 낙관론과 달리 시장 저변에 거대한 리스크가 잠재되어 있음을 시사한다. 개인 투자자뿐만 아니라 각국 중앙은행 또한 '경제적 보험' 차원에서 금 보유 비중을 공격적으로 확대하고 있다.

❸ 지정학적 긴장 및 구조적 붕괴의 전조

역사적으로 금값의 급등은 대규모 금융 위기의 전조였다. 현재의 추세는 1930년대 대공황이나 2008년 금융 위기를 상회하는 파괴력을 가진 구조적 붕괴의 신호일 수 있다는 우려가 제기된다. 특히 다음과 같은 요인들이 이러한 전망을 뒷받침하고 있다.

첫째, 기술적 분석 관점이다. 금 가격 차트의 기술적 분석에 따르면 2026년 말 금 가격은 온스당 최소 10,000달러를 상회할 가능성이 있다. 이는 단순한 자산 상승을 넘어 금융 시스템 전반의 불안 심리를 반영하는 신호를 포함한다.

둘째, 부채 위기이다. 뱅크오브아메리카(BofA)는 전쟁 리스크보다 미국의 과도한 부채 문제를 금값 상승의 핵심 동인으로 경고했다.

셋째, 디베이스먼트 트레이드(Debasement Trade)이다. 통화 가치 하락에 대비해 달러 대신 금 비중을 늘리는 현상이 심화되고 있다.

넷째, 스태그플레이션형 위기이다. 공식 성장률은 2%대이나 귀금속 가격 폭등은 화폐 시스템에 대한 불신과 '고물가 저성장'이 결합된 변칙적 대공황에 대한 공포를 반영한다.

## 2 한국 조선 산업의 경쟁력과 미래

### 1. 실적 전망

2026년은 고부가 선박인 LNG 운반선의 인도가 본격화되며 '조 단위' 순이익 시대에 진입할 것으로 전망된다. 특히 조선업이 2026년 '슈퍼 사이클'에 본격 안착함에 따라 한국 경제의 핵심 버팀목 역할을 할 것으로 보인다. 이미 3.5년치 이상의 일감을 확보하여 실적 개선이 가시화되었으며, LNG 운반선 및 친환경 선박 분야의 압도적 기술력을 바탕으로 고수익 구조를 확립했다. 현재 상선을 넘어 잠수함 등 방산 수출과 해양 플랜트 분야로 영역을 확장하며 성장을 가속화하고 있다.

〈표 5-8〉에서 보듯 최고가 선종인 LNG선 시장은 양국의 기술력과 자존심이 격돌하는 지점이다. 2024년 중국의 거센 추격을 2025년 압도적인 기술 신뢰도로 따돌렸으나 2026년 초 중국이 파격적인 금융 지원과 물량 공세로 다시 점유율을 높이고 있어 지속적인 경계가 필요하다.

**표 5-8_** LNG 운반선 수주 점유율 변화

| 연 도 | 한국 점유율 | 중국 점유율 | 상황 요약 |
|---|---|---|---|
| 2024년 | 57.2% | 42.8% | 중국의 기술 추격으로 격차 최소화 |
| 2025년 | 86.6% | 8.1% | 한국의 압도적 기술 신뢰도로 격차 확대 |
| 2026년 1월 | 40.9% | 59.1% | 연초 중국의 거센 물량 공세 시작 |

※ 척당 가격 차이: 한국산 LNG선은 약 2억 4,800만 달러(한화 약 3,300억 원)로 고점을 유지 중이며, 중국산 대비 약 10~15% 높은 프리미엄을 형성하고 있다.

### 2. 헤지(Hedge) 전략

2026년 예상되는 글로벌 금융 시스템의 불안정성과 화폐 가치 하락에 대응하여 한국의 기간 산업인 조선사들이 생존을 넘어 경쟁력을 유지하기 위해 실행해야 할 핵심 리스크 관리 전략은 다음과 같다.

첫째, 실물 자산 가치를 극대화해야 한다. 인플레이션에 따른 원자재 가격 상승분을 선가에 즉각 반영하는 '에스컬레이션(Escalation) 조항'을 표준 계약에 관철하여 수익성을 방어해야 한다.

둘째, 결제 및 금융 구조를 다변화해야 한다. 달러화 가치 변동 리스크를 최소화하기 위해 결제 통화를 다변화하고, 원자재 가격 변동에 민감한 비용 구조를 헤지하기 위해 원자재 인덱스 연동형 금융 상품 도입을 적극 검토해야 한다.

셋째, 기술 자산화 및 특허 장벽을 구축해야 한다. 무형 자산인 차세대 추진선(암모니아, 수소) 기술을 적극적으로 권리화(IP)하여 기술 패권을 공고히 하고 중국과의 기술 격차를 고착화해야 한다.

## 3. 새로운 전략: MRO 및 안보

한국 조선사들은 단순 수주 경쟁에서 벗어나 미국 함정 MRO(유지, 보수, 운영) 사업 등 방산 및 에너지 안보 전략화에 집중하고 있다. 2026년 한국 조선 산업은 단순한 선박 제조를 넘어 미국의 해양 전략 재편과 맞물린 '방산 및 에너지 안보의 핵심 파트너'로 체질을 개선하며 새로운 성장 동력을 확보하고 있다.

### (1) 한국 조선 산업의 경쟁력과 위상(2026년 현황)

2026년 한국 조선업은 약 3.5년치 이상의 일감을 확보한 상태에서 수익성 중심의 선별 수주 전략을 이어가고 있다. 〈표 5-9〉에서 보는 바와 같이, 특히 HD한국조선해양은 2026년 수주 목표를 전년 대비 29% 상향한 233억 달러로 설정하며 강한 자신감을 보이고 있다. LNG 운반선, 암모니아 추진선 등 친환경 고부가가치 선박 분야에서 세계 1위의 점유율을 고수하고 있으며, 중국의 추격을 따돌리기 위해 스마트 야드 및 자동화 제조 시스템 도입을 가속화하고 있다.

**표 5-9_** 국내 조선 3사 2026년 수주 목표 및 달성 전략

| 기업명 | 2026년<br>수주 목표(억 달러) | 2025년<br>대비 증감 | 주요 전략 |
|---|---|---|---|
| HD한국<br>조선해양 | 233.1 | +29.1% | 암모니아·수소선 등 차세대 친환경선 선점 |
| 한화오션 | 미공개 | – | 미 해군 MRO 및 특수선(잠수함) 집중 |
| 삼성<br>중공업 | 95~98 | +15~20% | FLNG(부유식 LNG 생산 설비) 독보적 경쟁력 |

## (2) 새로운 전략: 방산 및 에너지 안보 전략화

한국 조선사들은 단순 상선 시장을 넘어 글로벌 안보 체계의 핵심 공급망으로 진입하고 있다. 연간 약 20조 원(약 150억 달러) 규모에 달하는 미 해군 함정 MRO 시장이 새로운 블루오션으로 부상했기 때문이다.

한화오션은 국내 최초로 미 해군 군수지원함 MRO 사업을 수주하며 시장 진입의 물꼬를 텄으며, 2026년에는 연간 5~6척 수주를 목표로 하고 있다. HD현대중공업 또한 미 해군과 함정정비협약(MSRA)을 체결하며 본격적인 수주 경쟁에 가세했다. 이러한 과정은 다음과 같은 전략적 변화와 맞물려 있다.

첫째, 한화오션의 미국 조선소 인수이다. 한화오션은 미국 필라델피아의 필리 조선소를 인수하여 미국 내 생산 및 MRO 거점을 마련함으로써 미 정부의 '함대 재건 계획'에 직접 대응하고 있다.

둘째, 에너지 안보와의 연계성이다. 러시아-우크라이나 전쟁 이후 강화된 LNG 수요에 대응하며 한국의 LNG선 건조 능력은 서방 국가들의 에너지 공급망 안정화를 위한 필수 자산으로 평가받는다.

셋째, 함정 MRO를 시작으로 향후 미 해군의 신규 함정 건조 시장 진입까지 노리고 있다. 이는 한국 방산 수출 '2030년 세계 4위' 목표 달성의 핵심 축이 될 전망이다.

넷째, 2026년은 한국 조선업이 미국의 해양 전력 재편 파트너로서 '퀀텀 점프'를 이루는 시점이다. 다만, 미국 내 조선 인력 양성과 현지화 과정에서의 시행착오, 그리고 국내 숙련 인력 부족 문제 해결이 지속적인 경쟁력 유지를 위한 핵심 과제로 꼽힌다.

## 4. 위협 요인

세계 신조선 시장 위축에 따른 '수주 절벽' 위험과 중국의 맹추격이 중장기적 과제로 남아 있다. 다만, 2026년 한국 조선 산업은 역대급 수주 잔고를 바탕으로 견조한 실적 개선세를 이어가고 있는 모습이다.

### (1) 세계 신조선 시장 위축에 따른 '수주 절벽' 위험

2026년 세계 경제 성장률이 1.9% 수준에 머물 것으로 전망되는 가운데, 글로벌 경기 둔화와 교역량 감소는 신규 선박 발주 심리를 위축시키는 주요 요인이 되고 있다. 이러한 우려는 다음과 같은 요인과 관계 있다.

첫째, 발주량 감소 추세이다. 2026년 국내 수주량은 2024년 대비 약 10% 이상 감소한 900만 CGT 내외에 머물 가능성이 제기된다. 이는 지난 수년간 이어진 대규모 발주에 따른 기저 효과와 글로벌 경기 부진이 맞물린 결과이다.

둘째, 슬롯 확보와 선가 협상력 문제이다. 국내 조선사들은 이미 2028년까지의 건조 물량(슬롯)을 확보한 상태다. 그러나 신규 수주가 적기에 뒷받침되지 않을 경우, 향후 수주 잔고 감소에 따른 기업 가치 하락 압박을 받을 수 있다.

셋째, 대응 전략의 변화이다. 이에 국내 기업들은 단순 상선 위주의 수주에서 탈피하여 고부가가치 LNG선, 해양 플랜트, 특수선(방산) 비중을 확대함으로써 수주 총액을 방어하는 전략을 취하고 있다.

## (2) 중국 조선 산업의 위협적인 추격

〈표 5-10〉에서 보는 바와 같이 중국은 정부의 강력한 지원을 바탕으로 양적 성장을 넘어 한국이 주도하던 고부가가치 선박 시장까지 빠르게 잠식하고 있다. 중국을 주목해야 하는 이유는 다음과 같다.

중국은 첫째, 시장 점유율 격차를 확대하고 있다. 2024년 기준 중국의 세계 시장 점유율은 71%를 돌파했다. 전체 물량 면에서는 중국이 압도적 우위를 점하고 있으나 한국은 2025년을 기점으로 점유율을 일부 회복하며 수익성 중심의 선별 수주를 이어가고 있다. 특히 LPG선 분야에서 처음으로 한국을 앞질렀으며, 수주 점유율 격차는 매년 벌어지는 양상이다.

둘째, 기술 및 가격 경쟁력을 내세우고 있다. 중국은 한국 대비 약 20~30% 저렴한 선가를 앞세워 고부가가치 선박을 수주하고 있다. 최근에는 BYD 등 자국 기업의 물량을 기반으로 친환경 자동차 운반선(PCTC) 시장에서도 영향력을 급격히 확대하고 있다.

셋째, 우리나라는 공급망 및 인력난 문제를 겪고 있다. 한국은 핵심 기술 인력 유출과 생산 시스템의 불안정, 만성적인 현장 인력난을 겪고 있다. 이는 중국과의 제조 단가 및 생산 효율성 경쟁에서 불리한 요소로 작용한다.

표 5-10_ 한중 조선업 전체 수주 점유율 비교(단위: CGT 기준)

| 구 분 | 2024년 점유율 | 2025년 점유율 | 2026년 1월 현황 | 비 고 |
|---|---|---|---|---|
| 한국 | 14% | 21% | 22% | 고부가가치선 집중, 점유율 회복세 |
| 중국 | 71% | 63% | 67% | 압도적 물량, 10개월 연속 1위 유지 |
| 일본 | 8% | 5% | 1% 미만 | 사실상 경쟁 대열에서 이탈 중 |

## (3) 미래 전망

다양한 위협 요인에도 불구하고 한국 조선업은 '기술 초격차'와 '신 시장 개척'을 통해 활로를 모색 중이다.

첫째, 미국 트럼프 행정부의 해군력 증강 계획과 맞물려 한국 조선 사들은 미국 함정 MRO(유지·보수·정비) 시장 진출 및 함정 건조 협력을 새로운 성장 동력으로 확보하고 있다.

둘째, 과거의 저가 수주 물량을 해소하고 고사양, 친환경 선박 건조 비중을 높이면서 2026년은 조선 3사가 수조 원대 영업 이익을 기록하는 실적 개선의 정점이 될 것으로 기대된다.

## 3 현대자동차(자동차 산업)의 위기와 기회

자동차 산업은 조선업에 비해 상대적으로 높은 불확실성에 노출되어 있다. 미국의 관세 인상 및 보호 무역주의 강화로 수출 경쟁력에 경고등이 켜졌으며, 중국 전기차의 저가 공세와 글로벌 공급 과잉으로 가격 경쟁 또한 심화되는 양상이다.

그럼에도 〈표 5-11〉에서 보듯 현대차그룹은 2025년 최종 727만 대를 판매하며 글로벌 점유율 3위를 수성한 것으로 보인다. 또한, 하이브리드 차와 전기차를 아우르는 유연한 생산 체계를 바탕으로 2026년에도 시장 주도권을 유지할 것으로 기대된다. 다만 2026년은 지표상의

표 5-11_ 현대차그룹 글로벌 시장 점유율 및 판매량 추이

| 구 분 | 2021년 | 2022년 | 2023년 | 2024년 | 2025년(잠정) |
|---|---|---|---|---|---|
| 글로벌 점유율 | 6.6% | 7.3% | 7.3% | 7.3% | 7.4% |
| 글로벌 순위 | 5위 | 3위 | 3위 | 3위 | 3위 |
| 총 판매량(만 대) | 667 | 685 | 730 | 723 | 727 |

성장(2.6~3.3%) 뒤에 숨겨진 부채 위기와 통화 가치 하락에 대한 공포가 금·은 시장으로 분출되는 시기가 될 것으로 전망되어 자동차 산업은 '글로벌 관세 전쟁'이라는 거센 파도를 넘어야 하는 과제를 안고 있다.

## 1. 자동차 산업: 공급망 내재화 및 유동성 전략

자동차 산업은 글로벌 공급망과 할부 금융(캐피탈) 의존도가 높아 금융 위기 시 변동성이 매우 크다. 이에 대응하기 위한 전략은 다음과 같다.

첫째, 공급망의 실물 자산화이다. 리튬, 희토류 등 핵심 광물을 단순 구매하는 방식을 넘어 지분 투자나 광산 확보를 통해 핵심 소재를 실물 자산 형태로 내재화해야 한다.

둘째, 자산 가치 방어이다. 화폐 가치 하락에 따른 채권 가치 하락에 대비해야 한다. 인증 중고차 사업을 확대하여 잔존 가치를 방어함으로써 금융 자산의 실질적 가치를 보존해야 한다.

셋째, 유동성 다각화이다. 보유 현금 자산의 일부를 국채 위주에서 실물 금이나 단기 현금성 자산으로 분산 운용하여 '통화 디베이스먼트 (Currency Debasement)' 리스크에 선제적으로 대응해야 한다.

## 2. 시장 지위 및 경영 방침

현대차그룹은 2026년을 '전례 없는 도전의 해'로 규정하고 내실 경영과 신흥 시장 공략을 통해 시장 지위를 공고히 하고 있다.

### (1) 2026년 경영 방침

첫째, 질적 성장으로의 전환이다. 정의선 회장은 2026년 신년사에서 외형 성장을 넘어 고객 중심의 가치 전환과 모빌리티 생태계의 경쟁력 강화를 최우선 과제로 제시했다. 둘째, 글로벌 순위 재편이다. 중국 전기 차의 공세로 고전하는 토요타와 폭스바겐을 제치고 현대차그룹이

     **제2부** 금과 은 가격의 폭등과 한국 경제의 희망

2026년 세계 판매 1위에 등극할 가능성도 조심스럽게 전망된다. 셋째, 수익성 극대화이다. 미국 시장 점유율 11% 돌파라는 성과를 바탕으로 제네시스 등 고부가가치 차량 중심의 판매를 통해 수익성을 제고하고 있다.

## (2) 신흥 시장 점유율 확대 전략

현대차그룹은 인도 법인(HMIL)의 사상 최대 규모 IPO 성공 이후, 인도를 글로벌 수출 기지로 육성 중이다. 푸네(Pune) 공장 가동을 통해 연간 150만 대 생산 체제를 구축하고 '홈 브랜드(Home-brand)' 전략을 강화하고 있다. 또한 인도네시아 및 아세안 현지 생산 거점을 활용해 아세안 시장을 공략 중이며, 2026년부터 강화되는 현지 생산 의무화 규제에 선제적으로 대응하고 있다.

## (3) 주요 신모델 및 미래 기술

현대차에서는 기아 셀토스 풀체인지, 제네시스 GV90, 아이오닉 3 등 핵심 주력 모델들이 대거 출시될 예정이다. SDV(소프트웨어 중심 자동차)도 본격화할 예정이다. 하반기에는 차세대 전자 아키텍처 (HPVC)를 탑재한 SDV 페이스카를 선보이며 AI 기반 모빌리티 서비스를 구체화할 계획이다. 로보틱스 융합도 주목해야 한다. CES 2026에서 공개된 차세대 휴머노이드 '아틀라스(Atlas)'를 제조 현장에 투입하여 스마트 팩토리 혁신을 가속화하고 있다.

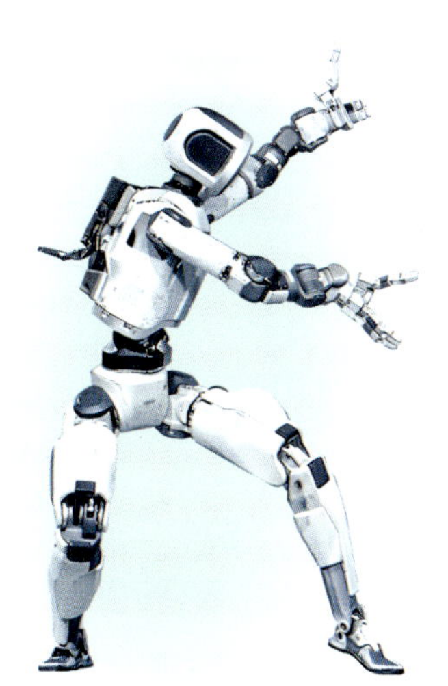

### 3. 미래 전략(SDV 및 AI)

### (1) 주요 투자 분야(3대 핵심 축)

현대자동차그룹은 미래 모빌리티 시장 선점을 위해 미래 신사업, R&D, 제조 혁신에 집중 투자한다.

먼저, 미래 신사업(50.5조 원)으로, AI, SDV, 로보틱스, 전동화, 수소 에너지 등 그룹의 신성장 동력 확보에 집중 투자한다. 둘째, 연구 개발(38.5조 원)에서 차세대 SDV 아키텍처 개발, 핵심 소프트웨어 기술의 내재화 및 하드웨어 최적화를 지원한다. 셋째, 경상 투자 및 인프라(36.2조 원) 투자에 힘을 쏟는다. 노후 생산 라인의 디지털화와 울산 EV 전용 공장 신설 등을 통해 제조 역량을 AI와 결합한 스마트 팩토리(SDF) 수준으로 고도화한다.

### (2) 미래 전략의 핵심 내용

현대차그룹의 미래 전략은 다음과 같다.

첫째, SDV(Software Defined Vehicle)이다. 차량 제어와 기능을 소프트웨어 중심으로 통합 관리하는 '중앙 집중형 아키텍처'로 전환한다. 이를 통해 스마트폰처럼 무선 업데이트(OTA)를 통한 성능 개선 및 고객 맞춤형 서비스를 제공한다.

둘째, 피지컬 AI(Physical AI)이다. AI 기술을 로봇 및 제조 공정에 결합하는 전략이다. 보스턴 다이내믹스의 휴머노이드 로봇 '아틀라스'를 생산 현장에 투입하고, AI가 스스로 공정을 최적화하는 '소프트웨어 정의 공장(SDF)'을 구축하여 제조 경쟁력을 극대화한다.

셋째, 모빌리티 생태계 확장이다. 단순 차량 제조를 넘어 PBV(목적 기반 모빌리티)와 AAM(미래 항공 모빌리티)을 아우르는 통합 모빌리티 솔루션 생태계를 구축한다.

　　　　　　　　　　　　　

## (3) 2026년 경쟁력 전망

2026년은 현대차가 전통적인 제조 기업에서 '피지컬 AI 기업'으로 변모하는 중요한 분기점이 될 전망이다. 현대차그룹의 변화는 다음과 같은 세 가지 측면에서 나타난다.

첫째, 기술 주도권 확보이다. 자율주행과 AI 로보틱스 기술의 내재화를 통해 글로벌 경쟁사와의 격차를 벌리는 '초격차 전략'을 본격화한다.

둘째, 글로벌 시장 확대이다. 2030년 완성차 수출 247만 대 달성을 목표로 친환경 차 비중을 확대하고, 글로벌 점유율을 견고히 할 것으로 보인다.

셋째, 산업 기상도에 따른 전망이다. 〈표 5-12〉에 따르면 자동차 산업은 SDV 전환 본격화라는 기회 요인과 더불어 보호 무역 및 관세 리스크 등 대외적 불확실성이 공존하는 '구름 조금'의 상태를 유지할 것으로 분석된다.

표 5-12_ 2026년 산업 기상도

| 산 업 | 2026년 전망 | 핵심 키워드 |
| --- | --- | --- |
| 조선 | 맑음/흐림 | LNG선 인도 수익 극대화, 미국 함정 MRO 시장 진출, 수주 절벽 우려 |
| 자동차 | 구름 조금 | SDV 전환 본격화, 신흥 시장 공략, 보호 무역 및 관세 리스크 |

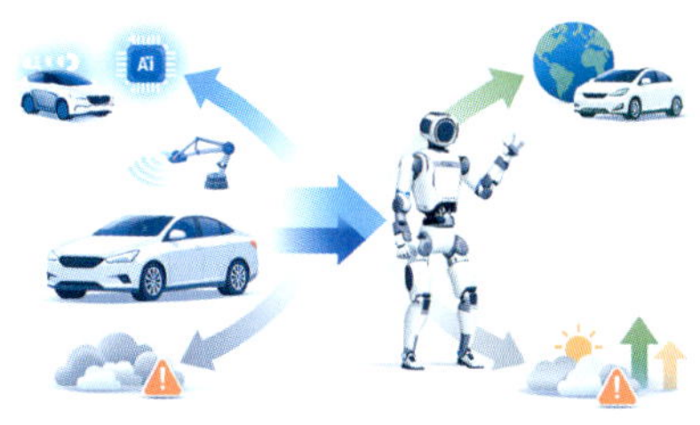

# 한국 부동산의 위험과 투기 성향

2026년 세계 경제 위기 시나리오에서 한국 부동산 시장의 위험성과 투기적 요소는 다음과 같은 핵심 요인들로 요약된다.


## 1 가계 부채와 금리 리스크

2026년 시나리오에서 한국 부동산 시장의 가장 치명적인 약점은 세계 최고 수준의 가계 부채이다. 대공황급 경기 침체로 글로벌 금리가 요동치거나 자산 가치가 급락할 경우, 레버리지(대출)를 극대화해 부동산을 구입한 가계의 이자 부담은 임계점을 넘게 된다. 특히 소득 대비 부채 비율(LTI)이 높은 이른바 '영끌' 투자자들은 자산 가격 하락 시 가장 먼저 타격을 입을 가능성이 매우 크다.


### 1. 세계 최고 수준의 가계 부채와 시스템 리스크

한국의 가계 부채는 〈표 5-13〉에서 보는 바와 같이 2025년 하반기 기준 한국의 GDP 대비 약 90% 수준을 기록하며 주요국 중 최상위권을 유지하고 있다.

특히 공식 통계에 잡히지 않는 사금융 성격의 전세 보증금(약 1,000조 원 이상)을 포함할 경우, 실질 부채 비율은 GDP 대비 150%를 상회하여 사실상 세계 최고 수준에 도달한 것으로 추정된다. 이는 외부 경제 충격 발생 시 가계의 상환 능력이 임계치를 넘어섰음을 시사하며, 부동산 가격 하락과 금리 상승이 동시에 발생하는 '더블 쇼크' 상황에

표 5-13_ 주요국 가계 부채 비교(2025년 기준 추정치)

**표 5-13_ 주요국 가계 부채 비교(2025년 기준 추정치)**

| 순 위 | 국 가 | GDP 대비 가계 부채 비율 | 특이 사항 |
|---|---|---|---|
| 1 | 스위스 | 약 125% | 초저금리 환경 및 자산 관리 중심 |
| 2 | 호주 | 약 112% | 주택 담보 대출 비중 매우 높음 |
| 3 | 캐나다 | 약 101% | 부동산 시장 과열 국가 |
| 4 | 네덜란드 | 약 94% | 가계 자산 대비 부채 비중 높음 |
| 5 | 대한민국 | 약 90% | 금융권 대출만 포함 시 5~6위권 |
| – | 대한민국(전세 포함) | 약 156% | 실질적인 세계 1위 수준 |
| 13 | 미국 | 약 69% | 금융 위기 이후 부채 감축 성공 |
| 14 | 일본 | 약 65% | 장기 저성장으로 인한 대출 정체 |

서 금융 시스템 전체의 붕괴를 야기할 수 있는 시한폭탄과 같다.

## 2. 소득 대비 부채 비율(LTI)의 위험성

소득 대비 부채 비율이 높을 경우의 위험성을 두 가지로 요약할 수 있다.

첫째, 가계 상환 능력의 질적 저하이다. 한국 가계의 처분 가능 소득 대비 부채 비율은 약 180%를 상회하고 있다. 이는 소득의 상당 부분을 원리금 상환에 투입해야 함을 의미하며, 결국 실질적인 민간 소비 여력을 고갈시키는 핵심 요인이 된다.

둘째, 영끌 투자자의 취약성이다. 자산 가치 급락 시 소득 대비 대출 비중이 높은 청년층과 중저가 아파트 보유자들은 소득 감소와 자산 가치 하락이라는 이중고에 직면한다. 이는 시장 하락기의 투매(Panic Selling) 물량 출회로 이어져 가격 하락을 가속화하는 트리거(Trigger)로 작용할 수 있다.

## 3. 금리 변동에 따른 이자 부담 가속화

금리 상승 시대의 위험 요인은 다음과 같다.

첫째, 변동 금리 위주의 대출 구조이다. 한국의 주택 담보 대출은 변동 금리 비중이 압도적으로 높아 글로벌 통화 긴축에 따른 금리 인상 여파가 가계의 실질 이자 부담으로 즉각 전이되는 취약한 구조를 갖고 있다.

둘째, 통화 정책의 딜레마이다. 2026년 한국은행은 경기 부양을 위해 완화적인 통화 정책을 선호하겠지만, 위기 국면에서의 자본 유출 방지와 환율 방어를 위해 불가피하게 금리를 인상해야 하는 외통수에 몰릴 수 있다. 이 경우 가계는 한계 상황에 내몰리며 연쇄 파산의 위협에 노출된다.

## 4. 자산 가치 하락과 역자산 효과(Negative Wealth Effect)

가계 자산의 약 77%가 부동산에 편중된 한국 특유의 자산 구조상, 부동산 가격 하락은 '역자산 효과'를 유발하여 즉각적인 소비 침체로 직결된다. 대공황 시나리오하에서 고용 불안과 소득 단절이 심화될 경우 상환 능력을 상실한 경매 매물이 시장에 범람하며, 부동산 시장의 경착륙과 금융 시스템 전반의 시스템 리스크(Systemic Risk)를 촉발하는 도화선이 될 수 있다.

## 2 부동산 PF(프로젝트 파이낸싱) 부실

2026년 세계 경제 위기 시나리오에서 한국의 부동산 PF 부실은 건설업계의 연쇄 도산과 제2금융권의 건전성 악화가 맞물리며 경제 전반으로 확산되는 '시스템적 위기'의 핵심 고리로 작용할 전망이다. 특히 2026년까지 부동산 경기가 회복되지 않은 상태에서 대공황급 충격이 발생한다면 건설사의 연쇄 부도와 중소 금융 기관(저축은행, 증권사 등)의 동반 부실로 이어져 금융 시스템 전체의 마비를 초래할 수 있다.

## 1. 부동산 PF 부실의 구조적 취약성

한국 부동산 PF는 고금리와 부동산 경기 침체로 인해 초기 단계인 '브릿지론'에서 '본 PF'로의 전환이 막힐 때 발생하는 리스크가 치명적이다. 이러한 위험 구조는 다음과 같은 요인에서 비롯된다.

첫째, 저자본, 고레버리지 구조이다. 시행사가 총사업비의 극히 일부(약 3~5%)만 부담하고 나머지를 대출에 의존하는 구조이다. 사업 무산 시 손실이 금융권과 시공사로 고스란히 전이된다.

둘째, 시공사 책임 준공 의무이다. 미분양이나 공사비 상승으로 수익성이 악화되더라도 건설사가 공사를 끝까지 완료해야 하는 '책임 준공' 약정 때문에 사업장의 부실이 곧 건설사의 유동성 위기로 직결된다.


## 2. 건설사 연쇄 부도 시나리오

2026년까지 경기 회복이 지연된 상태에서 대공황이 가시화될 경우, 중소 건설사를 넘어 대형 건설사까지 위기에 직면할 수 있다. 먼저, 고금리 기조의 장기화와 원자재 가격 및 인건비 상승에 따른 공사비 고공 행진으로 신규 착공이 급감하고, 기존 사업장의 미분양 확대로 자금 회수가 불가능해진다. 또한 특정 건설사의 부도는 수많은 하도급 업체의 연쇄 도산을 유발하며, 이는 고용 감소와 소비 위축 등 실물 경제의 전방위적 타격으로 이어진다.


## 3. 제2금융권 부실 및 시스템적 금융 위기

부동산 PF가 부실하면 PF 대출 비중이 높은 저축은행, 증권사, 캐피탈사 등 제2금융권이 1차 충격 지점이 된다. 이러한 충격은 크게 두 가지 경로를 통해 확산된다.

첫째, 연체율 급등과 자본 건전성 악화다. 2024년 이미 일부 저축은행의 PF 연체율이 두 자릿수를 기록한 상황에서 2026년 위기가 본격화되면 금융 기관의 BIS 자기자본비율 등 건전성 지표가 심각하게 훼손될 수 있다.

둘째, 신용 경색(Credit Crunch) 발생이다. 금융 기관들이 건전성 관리를 위해 대출 회수에 나서거나 신규 대출을 중단할 경우, 우량 기업들조차 자금을 조달하지 못하는 '돈맥경화' 현상이 발생하며 경제 시스템 전체가 위기에 빠진다.

## 4. 2026년 전망

첫째, 강도 높은 구조 조정 및 제도 개편이 가속화될 수 있다. 금융 당국은 2026년부터 부동산에 쏠린 자금 흐름을 첨단 산업으로 유도하고 PF 사업성 평가 기준을 강화하는 등 금융 제도 전반의 '대수술'을 단행할 것으로 보인다.

둘째, 제한적 회복이 있겠지만, 불확실성이 지속될 수 있다. 일부에서는 건설 수주 및 투자의 소폭 증가를 점치기도 하나 PF 잠재 부실과 구조적인 수익성 한계로 인해 본격적인 반등보다는 불투명한 흐름이 지속될 가능성이 매우 높다.

## ③ 투기적 수요와 '거품' 논란

한국 부동산은 실거주 목적 외에도 자산 증식을 위한 핵심 투기 수단으로 오랫동안 활용되어 왔다.

### 1. 전세 제도의 구조적 위험

2026년 세계 경제 위기 시나리오에서 한국의 전세 제도는 단순한 주거 형태를 넘어 임대인의 사적 금융(보증금)이 가계 부채의 잠재적 부실과 자산 거품을 심화시키는 핵심 금융 시스템 리스크 요인으로 지목된다. 전세 보증금을 활용한 '갭 투자'는 가격 상승기에는 수익을 극대화하지만, 하락기에는 보증금 미반환에 따른 '역전세난'과 전세 사기 리스크를 증폭시키는 기제로 작용한다.

### 2. 갭 투자와 자산 거품의 형성

갭 투자는 첫째, 레버리지 효과를 극대화시킨다. 갭투자란 매매가와 전세가의 차이(Gap)만큼의 적은 자본으로 주택을 매수하는 방식으로, 전세 보증금이 레버리지를 극대화하는 '무이자 사금융' 역할을 한다. 이는 자산 가격 상승기에 투기적 수요를 가속화하는 기폭제가 된다.

둘째, 이러한 구조는 투기적 수요의 집중으로 이어진다. 적은 자본으로 큰 시세 차익을 노리는 수요가 유입되면서 주택 가격을 내재 가치 이상으로 끌어올리는 '거품'을 형성한다.

### 3. 경제 위기 시 '역전세난'의 메커니즘

경제 위기가 닥쳐오면 전세 제도는 다음과 같은 위험이 뒤따른다.

첫째, 보증금 미반환 리스크이다. 경제 위기로 인한 수요 위축 및 매매가 하락은 전세가 동반 하락을 야기하며, 신규 보증금으로 기존 보증금을 상환하지 못하는 역전세 현상을 발생시킨다. 임대인이 차액을 마련하지 못할 경우 세입자의 자산 손실로 직결된다.

둘째, 투매의 연쇄 작용이 일어난다. 보증금 반환을 위한 급매물이 시장에 쏟아지면 집값이 추가 하락하고, 이는 다시 전세가 하락을 유도하는 악순환(Death Spiral)의 고리가 형성된다.

## 4. 전세 사기 및 사회적 위험 심화

전세 시장의 구조적 문제는 다음과 같은 흐름으로 나타난다.

첫째, 구조적 취약성의 악용이다. 빌라나 오피스텔 등 시세 확인이 어려운 매물을 중심으로 보증금이 매매가를 상회하는 '깡통 전세' 사기가 빈번해진다. 둘째, 이러한 피해는 곧 서민 경제 타격으로 이어진다. 보증금은 가계 자산의 상당 부분을 차지하므로 미반환 사태는 가계 파산과 소비 위축으로 이어져 실물 경제 위기를 가속화한다.

## 5. 심리적 쏠림 및 패닉 셀링 위험

부동산 불패 신화에 기반한 수요는 가격 왜곡을 일으켰으며, 위기 시 심리적 지지선이 무너질 경우 투매 현상이 발생할 가능성이 매우 높다.

### (1) 부동산 불패 신화와 편향된 기대

과거 위기 시마다 반복된 정부의 부양책은 '부동산은 안전 자산'이라는 학습된 낙관주의를 형성했지만, 이는 특정 핵심지로의 초양극화와 가격 거품을 지탱하는 동력이 되었다.

### (2) 자산의 비정상적 편중

한국 가계 자산의 약 75~77%가 부동산에 쏠려 있어 경제 충격에 매우 취약하다. 위기 발생 시 현금 확보를 위한 매도가 집중되나 부동산 특유의 낮은 환금성으로 인해 위기 시 자산의 유동화가 어려워지는 '유동성 함정' 또는 '자산 고착 현상(Lock-in effect)'에 빠질 위험이 크다.

## (3) 패닉 셀링(Panic Selling) 메커니즘

과거의 성공 기억이 공포로 전환되는 순간, 매수세가 완전히 실종되는 '거래 절벽' 속에 대출 이자를 견디지 못한 매물이 쏟아지며 시장은 급격한 가격 조정을 겪게 된다. 〈표 5-14〉은 전세 자금 대출의 DSR 산입 여부 등 실제 논의되고 있는 정책 변화를 반영한다.

**표 5-14_** 금리 및 DSR 규제에 따른 상환 능력 압박 시뮬레이션(2026년 전망치 기준)

| 구 분 | 시나리오 A<br>(저금리/규제 완화기) | 시나리오 B<br>(2026년 위기 시나리오) | 변동 및 영향 |
|---|---|---|---|
| 적용 금리 | 연 3.5%(변동 금리) | 연 5.5%(스트레스 금리 적용) | +2.0%p 상승 |
| DSR 규제 수준 | 40%(일반 적용) | 40% + 스트레스 DSR 가산 | 대출 한도 약 15~20% 축소 |
| 연간 원리금 상환액 | 약 1,080만 원 | 약 1,450만 원 | 매달 약 31만 원 추가 부담 |
| DSR 비율 | 18% (안정적) | 24.2%(상승) | 타 대출(신용 대출 등) 보유 시 한도 초과 |
| 역전세 발생 시 | 보증금 유지(7억) | 보증금 하락(6억, −1억) | 1억 원의 현금 추가 조달 필요 |
| 추가 대출 가능액 | 약 2.5억 원 가능 | 2026년 스트레스 DSR이 전면 적용될 경우, 금리 상승분뿐만 아니라 가산 금리까지 더해져 대출 한도가 더욱 엄격하게 제한된다. 따라서 DSR 규제 및 스트레스 금리 적용으로 인해 보증금 차액(1억 원)에 못 미치는 대출 한도가 발생함 | DSR 규제 상한(40%) 초과로 인해 보증금 반환을 위한 대출이 불가능함 |

연 소득 6,000만 원인 차주가 서울의 12억 원 아파트를 '전세 7억 +
대출 2억 + 자기자본 3억'으로 매수한 갭 투자 상황을 가정하고, 금리
및 DSR 규제에 따른 상환 능력을 분석해보면 〈표 5-14〉와 같다.

## 4 인구 구조의 변화와 유동성 위축

2026년은 인구 절벽 현상이 본격적으로 가시화되는 시점이다. 생산
가능 인구의 감소는 장기적으로 부동산 수요를 억제하는 핵심 요인이
지만, 여기에 경제 위기가 중첩될 경우 거래 절벽과 유동성 고갈이 동
시에 발생한다. 자산을 처분하고 싶어도 매수세가 없어 자산 가치만
급락하는 '시장 마비' 시나리오가 현실화될 수 있다. 따라서 2026년
한국 부동산 시장은 인구 구조의 근본적 변화와 글로벌 경제 위기에
따른 유동성 위축이 맞물리며 전례 없는 복합 위기에 직면할 것으로
전망된다.

### 1. 인구 구조 변화와 수요 기반의 붕괴

생산 가능 인구 감소가 본격화되면서 베이비부머 세대의 은퇴가 마
무리 단계에 접어들고 있다. 주택 구매 주력 계층(30~50대)인 생산 가능
인구가 급감하며 시장 활력이 크게 저하되었다. 또한 수요 기반의 구
조적 약화도 문제가 된다. 인구 감소는 단순한 머릿수의 줄어듦을 넘
어 부동산 시장을 지탱할 '유효 수요(실질적 구매력을 갖춘 수요)'의 실종을
의미한다. 이는 가격 하방 압력을 지속시키는 근본적 원인이 된다.

### 2. 세계 경제 위기와 유동성 고갈의 결합

글로벌 경제 위기 발생 시 자금은 안전 자산으로 회귀하며, 한국과
같은 신흥국 시장에서는 환율 급등과 자본 유출이 가속화되는 등 금융

     제2부  금과 은 가격의 폭등과 한국 경제의 희망

시장이 경색된다. 아울러 위기 상황에서 금융권은 대출 문턱을 높이고 기존 대출 회수에 나서게 되어 신용 공급이 위축된다. 민간 신용 비중이 높은 한국 경제에서 이러한 유동성 공급 중단은 부동산 시장의 자금줄을 즉각적으로 차단하는 결과를 초래한다.

### 3. 거래 절벽과 자산 가치의 급락

시장 내 유동성이 메마르면 매수세가 증발하는 '거래 절벽' 현상이 나타난다. 급매물조차 소화되지 않는 상태에 갇히게 되는 것이다. 또한 과거 고금리를 무릅쓰고 레버리지를 활용했던 수요층은 담보 가치 하락과 이자 부담을 견디지 못하고 투매 물량을 쏟아내는데, 이는 가격 폭락을 가속화하는 기폭제가 된다.

### 4. 양극화 심화와 '지방 소멸 위험'의 현실화

인구 절벽이 본격회되면 시울 핵심지와 비수도권 간의 자산 가치 격차가 극심해지는 초양극화 현상이 일어날 수 있다. 인구 감소와 경제 위기가 결합되면 수요가 부족한 외곽 지역부터 소멸 위기가 현실화되어 자산 가치가 형해화(形骸化)될 위험이 크다.

## 5 정부 정책의 한계

〈그림 5-5〉에서 보듯 위기 상황에서 정부는 규제 완화와 유동성 공급을 통해 시장을 방어하려 하겠지만, 대공황 수준의 글로벌 충격 앞에서는 정책적 수단이 제한적일 수밖에 없다. 특히 과도한 민간 부채를 공적 자금으로 메우는 방식은 국가 재정 건전성까지 위협하며 시스템 전체의 붕괴를 초래하는 악순환의 고리가 될 위험이 크다.

2026년 세계 경제 위기 시나리오에서 한국 정부의 정책적 한계는 '통제 불가능한 대외 충격'과 '임계점에 도달한 가계 부채 구조'가 맞물리며 발생하는 복합적인 문제이다. 여기서는 이러한 정부 정책의 한계를 세 가지 핵심 축으로 분석한다.

## 1. 통화 정책의 딜레마: 금리 처방의 무력화

글로벌 경제 위기 시 한국은행은 경기 부양을 위해 금리 인하를 검토하겠지만, 다음과 같은 역설적 한계에 직면한다. 첫째, 외환 시장의 압박이다. 위기 시 안전 자산인 달러로 자금이 쏠리며 원/달러 환율이 급등한다. 자본 유출을 막기 위해 금리를 유지하거나 오히려 인상해야 하는 상황이 전개되면 부동산 연착륙을 위한 금리 인하 카드는 사실상 봉쇄된다. 둘째, 신용 경색과 정책 단절이다. 기준 금리를 낮추더라도

**그림 5-5_** 유동성 함정(Liquidity Trap) 그래프

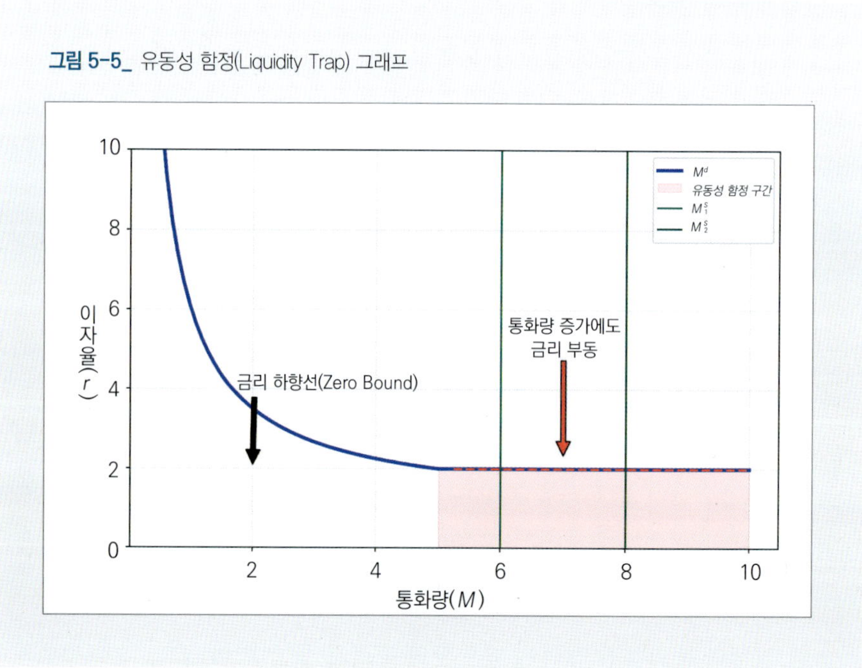


    

시장의 공포가 극에 달하면 금융권이 대출을 극도로 자제하는 '신용 경색'이 발생한다. 이 경우 정책 유동성이 실물 경제로 흐르지 못하는 '유동성 함정' 및 정책 단절 현상이 나타난다.

## 2. 재정 정책의 한계: 민간 부실의 국가 전이

가계 부채를 공적 자금으로 보전하는 행위는 민간의 부실을 국가 재정으로 전가하는 것이다. 이는 국가 신용 등급 하락과 국채 금리 상승을 유발하며, 결과적으로 시중 금리를 다시 끌어올리는 악순환을 형성한다. 또한 저출산·고령화로 세수가 감소하는 구조적 변화 속에서 대규모 부양책은 미래 세대의 부담을 가중시키며 국가 재정의 근간을 흔들 수 있다.

## 3. 규제 완화의 내성과 투기적 구조의 붕괴

과거의 위기 대응 방식인 규제 완화가 2026년 시점에서는 효력을 잃을 가능성이 크다. 이는 반복된 규제 완화로 인해 시장 참여자들이 정부 대책을 근본적 해결책이 아닌 '단기적 탈출(Exit) 기회'로만 인식하게 되기 때문이다.

한국 가계 자산의 76% 이상은 부동산에 집중되어 있다. 하락세가 본격화되면 심리적 공포에 기반한 '패닉 셀링(Panic Selling)'을 정책적으로 막기에는 역부족이 될 수 있다. 글로벌 금융 시스템 붕괴와 맞물린 하락 압력은 정부가 통제 가능한 '내수적 조정'의 범위를 넘어선 리스크이기 때문이다.

**표 5-15_** 2026 부동산 위기 단계별 시나리오 및 대응 가이드라인

| 위기 단계 | 시장 징후 (Signal) | 주요 대응 목표 | 구체적 대응 가이드라인 (Action Plan) |
|---|---|---|---|
| 1단계: 주의 (초기 충격) | 글로벌 금리 변동성 증대 및 거래량 급감, 미분양 물량 점진적 증가 | 심리적 방어 및 유동성 점검 | • 규제 지역 해제: 투기 과열 지구 등 선제적 해제<br>• LTV·DSR 유연화: 실수요자 중심의 대출 규제 완화 검토<br>• PF 사업장 전수 조사: 부실 가능성이 높은 건설 사업장 선별 |
| 2단계: 경계 (신용 경색) | 환율 급등, 2금융권(연체율) 위기설 확산, 급매물 위주 가격 하락 | 시스템 리스크 차단 | • 유동성 공급: 한국은행을 통한 단기 자금 시장 안정화 지원<br>• 배드 뱅크(Bad Bank) 설립: 금융권 부실 채권(NPL) 매입 준비<br>• 임대인 전세금 반환 지원: 역전세난 방지를 위한 한시적 대출 확대 |
| 3단계: 심각 (패닉 셀링) | 가격 하락 가속화, 패닉 셀링 발생, 건설사 연쇄 부도 및 뱅크런 조짐 | 사회 안전망 구축 및 국유화 | • 채무 조정 프로그램 시행: 한계 가구 대상 원금 유예 및 이자 감면 시행<br>• 공적 자금 투입 결정: 시스템 붕괴 방지를 위한 공적 자금 투입 검토 |
| 4단계: 회복 (사후) | 거래량 저점 통과, 금리 하향 안정화, 미분양 물량 감소세 전환 | 구조 개혁 및 체질 개선 | • 자산 포트폴리오 다변화 유도: 부동산 편중 해소 정책 시행<br>• 재정 건전성 회복 계획 수립: 투입된 공적 자금 회수 계획 수립 |

   **제2부** 금과 은 가격의 폭등과 한국 경제의 희망

# 한국 방위 산업의 경쟁력과 미래

2026년 세계 경제 위기 시나리오 속에서 한국 방위 산업의 경쟁력과 미래 전망은 다음과 같다.

## 1 국방 예산 효율화의 최대 수혜

### 1. 국방 예산 효율화의 최대 수혜: '가성비'의 재정의

경제 위기 상황에서 각국 정부는 복지 및 민생 예산을 확보하기 위해 국방비를 절감해야 하는 동시에 불안정한 안보 환경에 대응해 즉각적인 전력 공백을 메워야 하는 모순된 상황에 직면한다. 이때 한국 무기 체계는 미국·유럽산 대비 압도적인 비용 효율성을 발휘하며 최적의 대안으로 부상한다.

그 이유는 첫째, 비용 효율성 때문이다. K2 전차와 K9 자주포는 독일 등 유럽산 경쟁 기종 대비 약 50~70% 수준의 가격으로 대등하거나 그 이상의 성능을 제공한다.

둘째, 운용 유지비(LCC) 절감이다. 도입가뿐만 아니라 부품 수급의 용이성과 높은 가동률을 바탕으로 유지 비용을 획기적으로 낮출 수 있어 재정 압박이 심한 국가들에 가장 현실적인 선택지가 된다.

〈표 5-16〉에서 보는 바와 같이 정부는 2027년까지 '세계 4대 방산 강국' 진입을 목표로 하고 있으며, 2026년은 그 목표 달성을 위한 양적·질적 성장의 분수령이 될 전망이다.

**표 5-16_** 2026년 K-방산 주요 성장 지표 전망

| 구 분 | 2025년(추정) | 2026년(전망) | 비고(주요 근거) |
| --- | --- | --- | --- |
| 연간 수출 수주액 | 약 152억 달러 | 약 200억 달러+ | 폴란드 2차, 중동, 루마니아 추가 수주 반영 |
| 세계 시장 점유율 | 약 3.5~4.0% | 약 5.0% 육박 | 글로벌 'Top 4' 진입 가시화 수준 |
| 방산 4사 영업 이익 | 약 5.2조 원 | 약 6.0조 원 돌파 | 수출 불량 양산 본격화에 따른 수익성 증대 |
| 수주 잔고 합계 | 약 100조 원 | 약 110조~120조 원 | 장기 공급 계약 및 MRO(유지 보수) 비중 확대 |
| 국방 예산(정부안) | 약 61.6조 원 | 약 66.3조 원 | 전년 대비 7.5% 증액, 방위력 개선비 확대 |

## 2. 기적의 납기: 전력 공백의 즉각적 해소

전통적인 방산 강국인 미국과 유럽은 노후화된 생산 설비와 공급망 병목 현상으로 인해 무기 인도에 수년에서 십수 년이 소요되곤 한다. 반면, 한국은 상시 대치 상황이라는 특성상 상시 대량 생산 라인을 가동 중이다. 계약 후 불과 수개월 만에 초도 물량을 인도할 수 있는 한국의 '신속 공급망'은 안보와 경제 위기가 중첩된 국가들이 전력을 즉각 배치하는 데 결정적인 요인이 된다.

## 3. 유연한 파트너십과 기술 이전

경제난 속에서 무기를 수입해야 하는 국가들은 자국 산업 보호라는 명분이 필수적이다. 한국은 선진국들이 꺼리는 기술 이전 및 현지 생산 방식에 매우 유연하게 대응함으로써 차별화된 경쟁력을 갖춘다. 이는 수입국의 고용 창출과 산업 기반 유지에 기여하며, 구매국 정부가 자국민을 설득할 수 있는 강력한 정치·경제적 명분을 제공한다.

## 4. 2026년 미래 전망: 하이로우 믹스(High-Low Mix) 전략의 확산

　2026년 글로벌 국방 시장은 고성능 첨단 무기와 고효율 일반 무기 체계 간의 균형을 맞추는 '하이로우 믹스' 전략이 주류가 될 것이다. 고가의 미국산 하이엔드(High-end) 무기를 최소한으로 운용하는 대신, 수적 주력이 되는 전차, 자주포, 경공격기 등은 가성비 높은 한국산으로 채우는 방식이 글로벌 표준으로 자리 잡을 전망이다.

　결론적으로 한국 방산이 성능, 가격, 납기라는 세 마리 토끼를 모두 잡는 '전략적 대안'으로 확고히 자리매김함에 따라 정부가 목표로 하는 세계 4대 방산 강국 진입의 실현 가능성은 어느 때보다 높아질 것으로 보인다.


# ② K-방산의 핵심 경쟁력

## 1. 규모의 경제와 생산성

　한국은 세계 최고 수준의 상시 가동 중인 정밀 제조 기반을 갖추고 있어 주문 후 단기간 내 대량 생산 및 납품이 가능하다. 2026년 세계 경제 위기라는 특수한 상황 속에서 K-방산의 생산성은 단순한 제조 능력을 넘어 국가적 생존과 직결되는 핵심 전략 자산이 된다.

### (1) 상시 가동되는 '살아 있는 공장(Hot Production Line)'

　대부분의 서구권 국가들은 냉전 종식 이후 국방 예산을 감축하며 방산 생산 라인을 '유지 보수' 수준으로 축소했다. 반면, 한국은 남북 대치라는 특수 상황으로 인해 수십 년간 생산 라인을 멈추지 않고 가동 (Hot Line)해왔다. 이에 따른 3가지 특징은 다음과 같다.

　첫째, 숙련된 인력의 유지이다. 공장이 지속적으로 가동되므로 숙련된 기술공들이 현장을 떠나지 않고 노하우를 축적했다. 둘째, 부품 생태계의 건전성으로, 중소 협력사들이 지속적인 물량을 공급받아 도산위험 없이 탄탄한 생태계를 유지하고 있다. 셋째, 즉각적인 증산 능력이다. 이미 가동 중인 라인이기에 주문 즉시 가동률을 높여 대량 생산체제로 전환할 수 있다.

### (2) 민군 겸용 기술과 정밀 제조 기반

한국 방산의 강점은 세계적인 수준의 민간 제조 역량(자동차, 조선, 반도체)을 국방 기술에 성공적으로 이식했다는 점이다. '글로벌 완성차 제조 공정에서 확보'한 대량 양산 노하우가 현대로템(K2 전차), 한화에어로스페이스(K9 자주포) 등에 녹아 있어 무기 체계를 자동차 양산 공정처럼 신속하게 생산한다는 평가를 받는다. 또한 AI와 로봇을 활용한 공정 자동화로 오차율을 낮추고 생산 단가를 절감했다. 이는 경제 위기시 예산이 부족한 각국 정부에 '가성비'라는 강력한 무기가 될 것이다.

### (3) 규모의 경제를 통한 가격 경쟁력

〈표 5-17〉에서 보는 바와 같이 생산량이 늘어날수록 제품 단위당 고정비(연구 개발비, 설비비 등)가 감소하는 '규모의 경제'가 완벽하게 작동하고 있다.

**표 5-17_** 한국 방산과 경쟁국 경쟁력 비교

| 구 분 | 한국(K-방산) | 경쟁국(유럽/미국 등) |
|---|---|---|
| 생산 방식 | 고율 양산 체제 | 저율 생산(Low-rate production) 및 수주 후 제작 |
| 납기 기간 | 수개월 내 인도 시작(압도적) | 통상 2~5년 이상 소요 |
| 가 격 | 대량 생산으로 인한 낮은 단가 | 높은 인건비와 소량 생산으로 고가 형성 |
| 호환성 | 미군 규격 기반의 높은 범용성 | 국가별 독자 규격으로 인한 제한 |

## 2. 검증된 실전성

### (1) 한국 지형이 만들어낸 '전천후 기동성'

한국은 국토의 70%가 산악 지대이며, 논과 밭 같은 연약 지반부터 단단한 암반 지형까지 복잡하게 얽혀 있다. 그러므로 독보적인 현수장치Suspension) 기술을 보유하고 있다. K2 전차는 '암내장형 유기압 현수장치(ISU)'를 채택하여 차체를 낮추거나 기울일 수 있다. 이는 평원 위주의 서방 전차들이 갖지 못한 지형 특화 기능으로, 산악 지형에서 유리한 사격 각도를 확보해 준다.

K9 자주포의 기동력도 우수하다. 거친 산길을 빠르게 이동하기 위한 충격 흡수 능력이 탁월하다. 1,000마력의 엔진을 바탕으로 험지에서도 시속 67km로 주행하며 '사격 후 신속 이탈(Shoot and Scoot)' 전술을 완벽히 수행한다.

### (2) 혹독한 사계절이 입증한 신뢰도

핀란드, 노르웨이 등 북유럽 국가들이 K9을 선택한 결정적 이유는 영하의 기온에서도 즉각적인 엔진 시동과 전자 장비 작동이 보장되는 '저온 운용 신뢰성' 때문이다. 아울러 고온·다습한 환경에서의 내구성도 갖추고 있다. 습도가 높은 한국의 여름을 견디도록 설계된 제품들은 동남아시아는 물론 호주나 중동의 사막 기후에서도 별도의 대규모 개조 없이도 뛰어난 운용 성능을 보여준다.

## 3. 기술 전수 및 현지 생산

### (1) 구매국의 '국방 산업의 자급자족 욕구' 충족

경제 위기 상황에서 각국은 외화 유출을 억제하고 자국 내 일자리 창출을 최우선으로 한다. 그러므로 현지 생산 시설 구축은 대규모 숙련공 일자리를 제공하여 위축된 내수 경기를 부양한다. 거기다 기술 전수를 통해 자국 내에서 무기 체계를 직접 운용·유지·보수(MRO)할 수 있는 역량을 갖추게 함으로써 안보 불안을 해소해준다.

### (2) MRO 허브로의 진화

한국은 폴란드, 호주 등 주요 거점국에 정비 허브를 구축하여 주변국의 수요까지 흡수하는 '지역 방산 거점화'를 제안하여 경제 위기 타개책을 함께 모색한다.

## 3 미래 성장 동력 및 변수

### 1. 첨단 기술 융합

2026년에는 AI 드론, 무인 전투 체계, 위성 통신 기술이 결합된 '유무인 복합 전투 체계(MUM-T)'가 시장의 핵심 동력이 될 것이다. 이에 따라 한화에어로스페이스, LIG넥스원 등 주요 기업들의 기술 고도화가 필수적이다. 한국 방산의 MUM-T는 단순한 기술 진보를 넘어 인력 부족 문제 해결과 비용 효율성 달성이라는 국가적 과제를 해결할 열쇠로 부상하고 있다. 2026년 한국군은 '국방 혁신 4.0'이 본격 궤도에 오름에 따라 '50만 드론 전사' 양성과 더불어 실제 전장에 MUM-T를 본격 투입하는 단계에 진입할 전망이다.

### (1) AI 조종사 및 에이전틱 AI(Agentic AI)의 결합

과거의 드론이 단순 원격 조종에 의존했다면 2026년의 무인 체계는 자율적 판단이 가능한 '에이전틱 AI'를 탑재한다. 대표적으로 유인 전투기(KF-21)가 무인 스텔스 전투기(UCAV) 편대를 지휘하는 시스템이 실전 배치 수준으로 고도화된다. 특히 AI 조종사 '카일럿(CAILOT)'은 인간 조종사의 복잡한 의도를 해석하여 최적의 타격 지점을 선정하는 등 높은 전술적 자율성을 발휘할 것이다.

### (2) 위성 통신(LEO) 기반의 '초연결' 인프라

MUM-T의 성공은 유무인 체계 간의 끊김 없는 데이터 공유에 달려 있다. 한화시스템과 LIG넥스원이 주도하는 저궤도 위성 통신(LEO)은 지상 기지국이 없는 험지나 해상에서도 수천 대의 자산을 초저지연으로 연결한다. 2026년 독자 군사 정찰 위성 체계가 완성되면 우주 기반의 지휘 통제(C4I)가 실현되어 AI 드론에 실시간 표적 정보를 전송할 수 있게 된다.

### (3) 육·해·공 전 영역으로의 확장

〈표 5-18〉에서 보는 바와 같이 주요 기업별 경쟁력 및 핵심 과제에 대해서 부연 설명을 하면, 해상에서는 '고스트 커맨더(Ghost Commander)' 전략 아래 무인 수상정(USV)과 무인 잠수정(UUV)이 모함(Mothership)과 연계하여 작전을 수행하는 MUM-T 함대가 가시화될 것이다. 또한 국산 AI 반도체를 탑재한 드론의 실증 운용은 글로벌 공급망 위기 속에서도 '자율 국방'의 기틀을 확고히 할 것으로 기대된다.

**표 5-18_** 주요 기업별 경쟁력 및 핵심 과제

| 기 업 | 주요 집중 분야 | 2026년 핵심 기술 전망 |
| --- | --- | --- |
| 한화에어로스페이스 | 유무인 복합 엔진 및 기체 | 하이브리드 추진 시스템, 무인기 전용 가스 터빈 엔진 |
| LIG넥스원 | AI 유도 무기 및 지상 로봇 | MUM-T 통합 지휘 통제 SW, 사족 보행 로봇(Vision 60) |
| 한화시스템 | 초연결 통신 및 센서 | 저궤도 통신 위성(LEO) 안테나, 통합형 AESA 레이더 |

## 2. 지정학적 리스크와 기회

세계 경제 불황으로 자국 우선주의와 지역적 갈등이 심화될 경우, 역설적으로 한국산 무기 체계에 대한 수요는 증가할 가능성이 크다. 2026년 경제 위기 시나리오 속에서 K-방산이 기회를 맞이할 수 있는 이유는 '생존을 위한 필수 소비'와 '공급망의 재편'이라는 두 가지 키워드로 요약된다.

### (1) 경제 위기가 부르는 지정학적 갈등의 심화

경제 불황은 자원 확보 경쟁과 자국 우선주의를 강화시키는데, 이는 지역적 긴장감을 높여 방산 수요를 자극하는 역설적인 상황을 만들 것이다.

**❶ 동유럽**

러시아-우크라이나 전쟁 이후 재무장 수요가 지속되는 가운데, 경제 위기로 예산이 제한된 국가들은 가성비와 신속한 납기를 갖춘 한국산 무기에 대한 의존도를 높일 것이다.

**❷ 중동**

에너지 안보 요충지로서, 경제 위기 상황에서도 자국 보호를 위한 방어 체계(천궁-II 등) 도입에 최우선 순위로 예산을 배정할 전망이다.

**❸ 동남아시아**

남중국해 영토 분쟁 심화로 인해 미국·중국산 대비 정치적 부담이 적고 실전 능력이 검증된 FA-50 경공격기와 호위함 등에 수요가 집중될 것이다.

### (2) K-방산만의 '위기 맞춤형' 경쟁력

대공황 시기에는 각국 정부의 예산이 제한적이다. 이때 한국 방산은 경쟁국이 따라오기 힘든 세 가지 강점을 발휘할 것이다.

### ❶ 규모의 경제

상시 가동되는 생산 라인을 통해 경제 위기 속에서도 낮은 단가로 무기를 대량 공급할 수 있는 체계를 갖추고 있다.

### ❷ 신속한 납기

서방 국가들이 생산 시설 확충에 난항을 겪는 사이, 한국은 계약 후 수개월 내 초도 물량 인도가 가능한 유일한 대안이 될 것이다.

### ❸ 포괄적 안보 파트너십

현지 생산 및 기술 이전을 포함한 전략은 수입국의 일자리 창출을 도와 정치적 매력도를 높일 것이다.

### (3) 리스크와 전망

수입국의 지불 능력 저하 리스크에 대비하기 위해 수출 금융 지원 체계(수출입은행법 개정 등)의 제도적 완성이 더욱 중요해질 것이다. 결론적으로 2026년 K-방산은 AI 기반 무인 체계 중심의 'K-방산 2.0'으로 진화하며, 글로벌 혼란 속에서 세계가 선택할 수밖에 없는 전략적 자산으로 자리매김할 것이다.

## 4 향후 과제

### 1. 부품 국산화 가속

글로벌 공급망 불안에 대비해 핵심 부품 및 소재의 국산화율을 제고함으로써 가격 경쟁력을 확보하고 적기 납품 역량을 유지해야 한다.

2026년 예상되는 글로벌 공급망 불안과 경제 위기 속에서 부품 국산화는 단순히 '국내 제품 사용'을 넘어 국가 안보와 경제적 생존을 결합한 전략적 필수 요소다.

## (1) 글로벌 공급망 불안에 대한 기술 주권 확보

경제 위기 시기에는 주요 자원국이나 기술 보유국들이 자국 우선주의 정책을 강화할 것이다. 이를 대비해 두 가지를 해결해야 한다.

첫째, 수입 의존 리스크의 근본적 해소이다. 핵심 반도체, 센서, 고강도 특수 소재 등을 해외에 의존할 경우, 공급망 차질 시 무기 체계 생산 공정 자체가 마비될 수 있다. 이러한 위험을 선제적으로 차단해야 한다.

둘째, 기술 자립화이다. 첨단 무기 체계의 '두뇌'에 해당하는 소프트웨어와 핵심 부품을 국산화하여 외국의 수출 승인(E/L, Export License) 문제로부터 자유로운 독자적 수출 경쟁력을 확보해야 한다.

## (2) 가격 경쟁력 유지 및 원가 절감

세계 경제 위기로 인한 환율 급등이나 원자재 가격 상승은 방산 제품의 가격 폭등을 초래할 수 있다. 이렇게 되면 첫째, 환율 변동성을 상쇄할 수 있다. 핵심 부품을 국내에서 조달할 경우, 고환율 시기에도 외화 유출 및 수입 비용 부담을 획기적으로 경감할 수 있다.

둘째, 규모의 경제를 실현할 수 있다. 국산 부품 채택이 늘어날수록 생산 단가가 하락하며, 이는 글로벌 시장에서 K-방산의 최대 강점인 '가성비'를 유지하는 기반이 된다.

## (3) 납기 준수(Time-to-Market) 역량 강화

한국 방산이 세계적으로 인정받는 가장 큰 이유 중 하나는 '빠른 납기'이다. 이러한 경쟁력은 다음과 같은 구조적 요인에서 비롯된다.

첫째, 공정 통제력 강화이다. 원부자재 및 부품 조달 단계부터 국내 관리가 가능해지면 공급망 병목 현상 등 외부 변수에 의한 생산 지연 리스크를 최소화할 수 있다.

둘째, 적기 전력화 및 수출이다. 경제 위기로 긴박해진 국제 정세 속에서 고객 국가가 요구하는 시점에 즉각 무기 체계를 인도할 수 있는 능력은 대체 불가능한 경쟁 우위가 된다.

### (4) 지속 가능한 운영 유지(MRO) 및 후속 지원

무기 체계는 초기 획득 비용보다 운영 유지(LCC, 수명 주기 비용) 시장의 규모가 더 크다. 이러한 특성은 방산 경쟁력의 핵심 요소로 작용한다. 특히 부품 국산화는 다음과 같은 측면에서 중요한 의미를 갖는다.

첫째, 단종 문제 해결이다. 해외 부품은 생산 중단 시 수리 부속 확보에 어려움을 겪지만, 국산화된 부품은 우리 군과 수출국에 안정적인 수명 주기 지원(Life Cycle Support)을 보장할 수 있다.

둘째, 수출 신뢰도 제고이다. '부품 수급 걱정이 없다'는 신뢰는 수출국이 한국 무기를 선택하게 만드는 결정적인 요인이 된다.

## 2. 수출 금융 지원

경제 위기 시기에는 구매국의 재정 상태가 악화되므로 한국 정부의 수출 금융 지원 시스템(수출입 은행 등)의 역할이 더욱 중요해질 전망이다. 이는 단순한 자금 지원을 넘어 계약 성사 여부를 결정짓는 '보이지 않는 무기'가 될 것이다.

### (1) 경제 위기 시 금융 지원이 필수적인 이유

첫째, 구매국의 지불 능력 저하이다. 위기 시 주요 수출 대상국은 국방 예산 확보에 어려움을 겪는다. 이때 우리 정부의 '선(先) 인도 후(後) 결제' 방식이나 저금리 차관 제공은 도입국의 예산 부담을 완화하여 계약을 성사시키는 결정적 승부수가 된다.

둘째, 시중 은행의 리스크 회피이다. 경제 위기 상황에서 일반 상업 은행은 위험도가 높은 국가로의 대출을 꺼린다. 따라서 국가 신용을 바탕으로 하는 한국수출입은행(KEXIM)과 한국무역보험공사(KSURE)의 정책적 역할이 필수적이다.

### (2) 주요 지원 시스템과 역할

〈표 5-19〉에서 보는 바와 같이 수출 금융 지원은 크게 두 가지 축으로 이루어진다.

**표 5-19_** 국내 금융 지원 기관의 주요 역할과 가치

| 구 분 | 주요 역할 | 경제 위기 시 전략적 가치 |
| --- | --- | --- |
| 수출입 은행 (대출/보증) | 구매국에 무기 구입 자금을 직접 대출하거나 시중은행 대출을 보증함 | 대규모 프로젝트(폴란드 2차 계약 등)의 자금줄 역할 |
| 무역보험공사 (보험) | 수출 대금을 받지 못할 위험(신용/비상 위험)을 국가가 보장함 | 민간 금융 기관의 방산 참여 유도 및 리스크 분산 |

### (3) 2026년 대응을 위한 핵심 변화: 전략 수출 금융 기금

우리 정부는 기존 시스템의 한계를 극복하기 위해 다음과 같은 카드를 준비하고 있다.

첫째, 자본금 한도 확대이다. 2024년 수출입 은행법 개정으로 법정 자본금이 25조 원으로 확충되었으나 위기 심화 시 추가적인 한도 증액이나 특별법 제정이 검토될 필요가 있다.

둘째, 전략 수출 금융 기금 신설이다. 방산·원전 등 대형 프로젝트 전용 기금을 만들어 특정 기업에 대한 여신 한도 제한에 구애받지 않고 국가 차원에서 유연하게 자금을 집행한다.

셋째, 이익 공유 및 선순환이다. 대형 프로젝트를 통해 수익을 창출한 기업이 이익의 일부를 기금으로 환류(Recycle)함으로써 중소·중견

　　　　　　　　　　　　　　　　　　　　　**제2부** 금과 은 가격의 폭등과 한국 경제의 희망

부품 협력사를 지원하고 방산 생태계를 보호하는 상생 구조를 구축해야 한다.

## (4) 미래 전망

첫째, 금융 경쟁이 곧 수주 경쟁이다. 이제 무기 수출은 가성비를 넘어 '금융 조건' 싸움으로 진화했다. 전통 강국들의 금융 공세에 맞서 GtoG(정부 간 거래) 기반의 금융 패키지를 더욱 정교화해야 한다.

둘째, 리스크 관리 고도화이다. 구매국의 채무 불이행(Default) 가능성에 대비해 국가별 모니터링을 강화하고, 현물(에너지, 광물 등)로 대금을 받는 상계 무역(Offset) 방식의 금융 기법도 병행해야 한다.

# 한국 경제의 비전

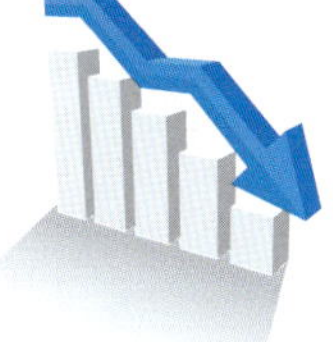

# 한국 경제의 비전

1. 스태그플레이션(국제 유가 폭등)에 대비한 산업 정책
2. 엔 캐리 청산에 대비한 금융 및 외환 정책
3. 금·은 최소 10~20배 폭등에 대한 준비

2026년 세계 경제는 공급망 붕괴와 통화 가치 하락이 동시에 발생하는 '복합적 대공황'의 정점에 서 있다. 본 장에서는 에너지 가격 폭등(Stagflation), 글로벌 자금 회수(Yen Carry Unwind), 그리고 실물 자산 가치의 폭등(Asset Revaluation)이라는 3대 파고를 진단한다. 대외 의존도가 높은 한국 경제의 취약성을 보강하고 위기를 동력 삼아 산업과 금융의 패러다임을 전환하는 '뉴 코리아(New Korea) 생존 로드맵'을 제시한다.

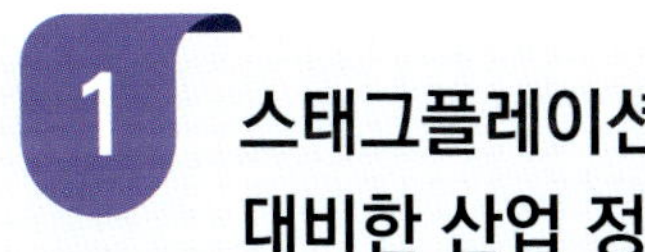

# 1 스태그플레이션(국제 유가 폭등)에 대비한 산업 정책

2026년 세계 경제는 트럼프 2기 행정부의 '미국 우선주의'와 지정학적 불안정이 결합하며 유례없는 불확실성에 직면해 있다. 베네수엘라, 이란, 그린란드 등에 대한 미국의 강경 노선은 국제 유가 상승과 글로벌 안보 체제에 중대한 영향을 미치고 있다.

## 1 2026년 글로벌 경제 위기의 서막(시나리오)

### 1. 트럼프발 무역 전쟁과 관세 장벽

도널드 트럼프 대통령의 '보편적 기본 관세(Universal Baseline Tariff)' 정책이 집권 2년 차에 본격화됨에 따라 세계 무역량이 급감하고 있다. 이는 글로벌 공급망 붕괴와 고물가·저성장이 고착화되는 스태그플레이션을 유발하는 핵심 동인이 되고 있다.

#### (1) 자유무역 체제의 종말과 보호 무역주의의 귀환

트럼프 행정부의 관세 정책은 단순한 세수 증대를 넘어 지난 수십 년간 세계 경제의 근간이었던 다자간 자유무역 체제의 종언과 글로벌 공급망의 파편화를 가속화하고 있다.

❶ 보편적 관세 도입과 교역량 위축

2025년 취임 직후 시행된 모든 수입품 대상 10~20% 관세 및 중국산 제품 대상 60% 이상의 고율 관세는 글로벌 무역 성장률을 예년의 절반 수준인 2.3%까지 급락시켰다. 관세 비용의 미국 내 소비자 가격 전가는 실질 구매력 저하로 이어졌으며, 이는 다시 글로벌 총수요를 위축시키는 악순환의 고리를 형성하고 있다.

### ❷ 글로벌 공급망(GVC) 붕괴와 '프렌드쇼어링'

기업들은 효율성 중심의 공급망을 포기하고 동맹국 위주의 생산 거점 이전인 '프렌드쇼어링'을 강요받고 있다. 이 과정에서 중간재 관세가 누적되어 최종 제품 가격이 폭등하고, 생산 효율 저하로 인한 제조 원가 상승이 전 세계적으로 확산 중이다.

### ❸ 스태그플레이션(Stagflation)의 현실화

비용 인상형 인플레이션(Cost-push Inflation)의 발생으로 인해 각국 중앙은행은 경기 부양을 위한 금리 인하와 물가 안정을 위한 금리 인상 사이에서 정책적 진퇴양난에 빠져 있다. 무역 분쟁의 불확실성으로 기업 투자가 동결되면서 실업률 상승과 소비 위축이 동시에 나타나고 있다. 이는 전 세계 GDP 성장률을 약 0.5~1.4% 포인트 가량 하락시키는 요인이 되고 있다.

### ❹ 보복 관세의 악순환과 실물 경제 위기

EU, 중국, 캐나다 등이 맞대응에 나서며 무역 전쟁은 전면전으로 치닫고 있다. 특히 중국의 핵심 광물(희토류 등) 수출 통제는 AI 및 전기 차 등 첨단 산업에 직접적인 타격을 입히고 있다. 현재의 위기는 1930년대 대공황을 심화시켰던 '스무트-홀리 관세법(Smoot-Hawley Tariff Act)'의 현대판 변주로 평가받는다.

## 2. AI 거품 붕괴와 금융 시스템의 연쇄 불안

2025년까지 이어진 AI 산업의 낙관론이 2026년 들어 '수익성 증명'

이라는 냉혹한 시험대에 오르며 거품 붕괴의 전조를 보이고 있다. 이는 누적된 고금리 부담과 맞물려 신흥국 부채 위기 및 부동산 시장 하락을 촉발하며 세계 경제를 중대한 분기점으로 몰아넣고 있다.

## (1) AI 거품 붕괴: 기대에서 실적으로의 가혹한 전환

과거 3년간의 AI 열풍이 하드웨어(GPU, 데이터 센터) 투자 중심이었다면 2026년은 그 막대한 자본 지출(CapEx)에 대한 회수(ROI)를 입증해야 하는 시기이다.

### ❶ 수익 모델의 한계와 '환멸의 계곡' 진입

AI 도입이 실제 매출 증대나 획기적인 비용 절감으로 이어지지 못한다는 분석이 확산되고 있다. AI 산업이 가트너 하이프 사이클의 '환멸 단계(Trough of Disillusionment)'에 진입함에 따라 시장의 낙관론이 급격히 냉소로 바뀌고 있다.

### ❷ 투자 위축과 반도체 공급망 쇼크

AI 스타트업들의 자금난이 심화되고 빅테크 기업들이 투자를 축소하면서 엔비디아를 필두로 한 반도체 생태계 전반이 실적 쇼크에 직면하고 있다.

### ❸ 주식 시장 폭락과 역자산 효과

나스닥 중심의 기술주 거품이 붕괴하며 가계 자산 가치가 하락하게 되는데, 이는 소비 심리 위축으로 이어지는 '역자산 효과(Negative Wealth Effect)'를 유발한다.

## (2) 고금리 누적 효과와 금융 시스템의 균열

트럼프 2기 행정부의 보편 관세와 재정 지출 확대는 인플레이션을 자극하고 있다. 이는 연준(Fed)의 고금리 유지(Higher for Longer) 정책을 강제하고 있다.

### ❶ 신흥국 부채 위기와 자본 유출

달러 표시 부채(Dollar-denominated debt) 비중이 높은 신흥국들의 외채 상환 부담이 임계치에 도달했다. 이는 1990년대 아시아 금융 위기와 유사한 자본 유출 및 통화 가치 폭락으로 이어질 위험이 매우 크다.

### ❷ 상업용 부동산 시장의 임계점 도달

재택근무의 정착과 대출 갱신 주기 도래가 맞물리며 부동산 부실이 가속화되고 있다. 특히 중소형 은행들의 대출 부실화는 제2의 SVB(실리콘밸리 은행) 사태와 같은 시스템적 뱅크런 위험을 키우고 있다.

## (3) 지정학적 리스크와 국제 유가의 변동성

베네수엘라, 이란 등 산유국에 대한 강경책은 공급망 불안을 극대화하며 경제 위기를 심화시킨다.

### ❶ 에너지 안보 위기와 스태그플레이션

대외 제재로 인한 원유 공급 차질은 유가 폭등을 초래하며, 경기 침체 속에서도 '비용 상승 인플레이션(Cost-push inflation)'을 유발하여 스태그플레이션의 장기화 가능성을 높이고 있다.

### ❷ 보호 무역주의의 악순환

미국 우선주의에 대응한 각국의 보복 관세는 글로벌 교역량을 급감시켜 세계 경제의 성장 동력을 근본적으로 차단하고 있다.

결론적으로, 2026년 위기의 연쇄 경로는 AI 실망 매물 출현, 기술주

    제3부  한국 경제의 비전

폭락 및 금융 시장 패닉, 고금리하의 부채 부실 폭발(신흥국/부동산), 에너지 가격 상승과 맞물린 세계대공황급 침체 현상의 진행이다.

## 3. 달러 패권의 균열

미국의 과도한 금융 제재와 국가 부채 급증(GDP 대비 124%)으로 인해 글로벌 시장의 탈(脫)달러화(De-dollarization) 경향이 심화되고 있다. 이는 단순한 통화 가치 하락을 넘어 지난 80년간 세계 경제를 지탱해 온 '달러 표준 시스템'에 대한 근본적인 신뢰 붕괴를 의미한다. 트럼프 2기 행정부의 대외 정책과 맞물려 나타날 달러 패권 균열의 4대 핵심축은 다음과 같다.

### (1) 달러의 무기화와 중립성 상실

미국이 특정 국가를 국제 결제망(SWIFT)에서 배제하거나 자산을 동결하는 조치를 강화할수록 중립적 교환 수단으로서의 달러 위상은 약화될 수밖에 없다. 그 이유는 첫째, 제재의 역설이다. 미국의 강경책은 적대국뿐만 아니라 BRICS 등 신흥국들에게 자산 동결에 대한 공포를 심어주며, 이는 달러 자산 기피 현상으로 이어진다. 둘째, 대안 결제망의 확산이다. 중국의 CIPS(위안화 국제 결제 시스템) 및 BRICS 국가 중심의 CBDC(중앙은행 디지털 통화)를 활용한 직거래가 활성화되면서 달러를 매개로 한 기존 결제 시스템의 영향력이 감소한다.

### (2) '트러스 모멘트'와 미 국채의 안전 자산 지위 상실

위기 시 최후의 보루였던 미 국채가 2026년 시나리오에서는 오히려 '위험 자산'으로 간주될 위험이 있다. GDP 대비 124%에 달하는 미국의 부채와 연간 1조 달러를 상회하는 이자 비용은 미국의 채무 이행 능력에 대한 시장의 의구심을 증폭시킨다. 정부의 방만한 재정에 반발한 투자자들이 국채를 대거 매도할 경우, 국채 금리가 폭등(가격 폭락)하게 된다. 이는 미국 내 대출 금리 상승으로 이어져 실물 경제 침체를 가속화하는 악순환을 유발한다.

### (3) '달러 리사이클링' 구조의 와해

산유국이 석유 판매 대금(페트로 달러)으로 미 국채를 매입하여 미국에 유동성을 공급하던 선순환 구조가 붕괴되고 있다. 즉, 탈(脫)페트로 달러이다. 사우디아라비아 등 주요 산유국이 원유 결제 대금으로 위안화, 유로화 등 다변화된 통화를 수용하기 시작하면서 미 국채의 핵심 수요처가 사라지고 있다.

달러의 수요 기반 역시 약화되고 있다. 일본, 중국 등 주요 보유국들이 자국 통화 가치 방어와 리스크 분산을 위해 국채 보유량을 축소함에 따라 달러 가치는 지지 기반을 잃게 된다.

### (4) 실물 및 하드 에셋(Hard Assets)으로의 가치 이전

화폐 가치에 대한 불신은 결국 '실물 자산'으로의 회귀를 촉발한다. 주목해야 할 자산은 금과 디지털 자산이다. 각국 중앙은행은 외환 보유고 내 달러 비중을 낮추는 대신 금(Gold) 매입을 확대하고 있다. 동시에 비트코인 등 가상 자산이 기존 금융 시스템의 대안적 가치 저장 수단으로 부각되며 시장 변동성을 심화시킬 것이다. 이러한 흐름은 원자재 패권과 스태그플레이션 위험으로 이어질 수 있다. 유가 폭등과 달러 가치 하락이 동시에 발생하는 경우, 수입 물가가 통제 불능 상태로 치솟는 스태그플레이션이 글로벌 경제를 타격하게 된다.

## 1. 베네수엘라 석유 인프라 재건

트럼프 행정부는 엑슨모빌 등 미국 기업을 투입해 베네수엘라의 석유 생산 시설을 재건하고, 여기서 생산된 원유로 유가를 안정시키는 동시에 미국의 대외 부채를 상환받는 '비즈니스 모델'을 추진하고 있다. 이는 남미 내 중국과 러시아의 영향력을 차단하려는 고도의 안보 전략이기도 하다. 2026년 트럼프 2기 행정부 에너지·안보 전략의 핵심인 '베네수엘라 석유 인프라 재건 구상'의 세부 내용은 다음과 같다.

현재 트럼프 행정부는 베네수엘라의 니콜라스 마두로 정권을 축출한[2026년 1월 초 '절대적 결단 작전(Operation Absolute Resolve)' 등] 후, 세계 최대 원유 매장국인 베네수엘라의 석유 통제권을 확보하여 미국의 경제적 실익과 안보적 패권을 동시에 달성하려는 전략을 가동 중이다.

### (1) 베네수엘라 석유 인프라 재건의 핵심 메커니즘

트럼프 대통령의 구상은 단순한 원유 생산을 넘어 미국 기업의 자본으로 인프라를 복구하고 그 대가를 석유로 회수하는 '철저한 수익 중심 구조'에 기반한다.

❶ 미국 대형 석유 기업(IOC)의 투입

첫째, 주요 대상은, 과거 베네수엘라에서 자산을 몰수당했던 엑슨모빌(ExxonMobil), 셰브런(Chevron), 코노코필립스(ConocoPhillips) 등이 핵심 주체이다.

둘째, 투자 규모 및 목표이다. 트럼프 행정부는 최소 1,000억 달러(약 146조 원) 이상의 투자를 촉구하고 있으며, 노후화된 정유 시설과 파이프 라인을 18개월 내에 정상화하는 것을 목표로 한다.

셋째, 기업 측 입장으로, 엑슨모빌 등은 "법적 보호와 수익성이 담보되지 않으면 투자가 불가능하다"며 신중한 태도를 보이고 있으나 트럼프 대통령은 정부 차원의 안전 보장과 유인책을 제시하며 강력한 참여를 압박하고 있다.

### ❷ 유가 하향 안정화 및 미국 부채 상환

첫째, 공급 확대이다. 베네수엘라의 산유량을 과거 수준인 일일 300만 배럴 이상으로 회복시켜 국제 유가를 배럴당 50달러 수준으로 낮춰 글로벌 인플레이션을 억제한다는 계산이다. 둘째, 부채 상환 모델이다. 원유 판매 대금을 미국 재무부가 관리하는 계좌에 예치한 후 인프라 투자 비용 보전, 미국에 대한 베네수엘라의 부채 상환, 베네수엘라 재건 자금순으로 집행한다. 즉, '석유를 팔아 미국에 진 빚을 갚게 만드는 구조'이다.

### (2) 안보 전략적 의미: 중국·러시아 영향력 차단

이 전략은 경제적 이익 외에도 남미에서 중국과 러시아의 영향력을 완전히 제거하려는 '신(新)먼로주의'의 일환이다. 과거 베네수엘라 원유의 약 80%가 중국으로 향하며 채무 상환에 쓰이던 고리를 끊어냈다. 트럼프 행정부는 모든 원유 판매를 미국 법과 국가 안보에 부합하는 채널로만 통제하겠다고 선언했다. 아울러 쿠바, 이란, 러시아 고문

표 6-1_ 국제 메이저 석유 기업의 목표 유가 및 수익 구조

| 구 분 | 주요 내용 |
| --- | --- |
| 운영 주체 | 미국 에너지부(DOE) 및 주요 석유 메이저 기업 |
| 목표 유가 | 배럴당 50달러 내외(글로벌 인플레이션 억제 목적) |
| 수익 구조 | 원유 판매 대금을 미국 재무부 계좌에서 통제 및 집행 |
| 지정학적 목표 | 중국–러시아의 남미 영향력 영구적 퇴출 |

단의 추방을 요구하며 베네수엘라를 기점으로 한 남미 내 반미 연대 (ALBA 등)를 와해시키고, 미국 중심의 에너지 공급망을 재편하고 있다. 다만, 석유 기업들은 여전히 베네수엘라의 정치적 불안정성과 과거 자 산 몰수의 전례 때문에 정부 차원의 실질적인 보증 없이는 대규모 자 본 투입을 주저하는 상황이다.

## 2. 이란 전쟁 및 지정학적 리스크: '오퍼레이션 에픽 퓨리'와 에너지 쇼크

2026년 초, 중동 정세는 단순한 긴장을 넘어 전면적인 군사 충돌 국 면으로 진입했다. 특히 2026년 2월 28일, 미국과 이스라엘이 이란의 핵심 시설을 겨냥한 대규모 합동 공습(미국명: Operation Epic Fury/이스라 엘명: Operation Roaring Lion)을 감행하면서 세계 경제는 통제 불능의 가 변성에 노출되었다.

### (1) 트럼프 행정부와 이스라엘의 합동 군사 작전(2026)

트럼프 2기 행정부는 '최대 압박 2.0'의 최종 단계로 군사적 옵션을 선택했다. 이번 공격은 이란의 핵 임계점 도달을 저지하고 핵심 지도 부를 무력화하는 데 초점을 맞추었다.

**❶ 핵 및 군사 인프라 정밀 타격**

나탄즈(Natanz) 농축 시설을 포함한 주요 핵 시설과 혁명수비대 (IRGC)의 지휘 통제소, 탄도 미사일 기지가 타격 대상이 되었다. 이 과 정에서 이란 군부 핵심 인사들의 인명 피해가 보고되며 긴장이 극에 달했다.

**❷ 공격의 명분과 목표**

트럼프 대통령은 성명을 통해 "이란의 핵 무장을 결코 허용하지 않을 것이며, 정권 교체(Regime Change)를 포함한 모든 수단을 동원할 것"이라고 천명했다. 이는 단순한 억제력을 넘어 이란 체제 자체를 흔들려는 전략으로 풀이된다.

## (2) 에너지 공급망의 실질적 위기

이번 군사 충돌은 에너지 시장에 즉각적이고 파괴적인 영향을 미치고 있다.

**❶ 호르무즈 해협의 물리적 봉쇄와 '오퍼레이션 트루 프라미스 Ⅳ'**

공습에 대한 보복으로 이란은 호르무즈 해협의 전면 봉쇄를 선언했다. 이로써 닥친 위기는 첫째, 공급 충격이다. 전 세계 해상 원유 물동량의 약 20%가 차단될 위기에 처하게 되었다. 이란은 기뢰 부설 및 드론 공격을 통해 민간 유조선의 통행을 실질적으로 저지하고 있다. 둘째, 가격 폭등이다. 2026년 3월 초 현재 〈그림 6-1〉에서 보는 바와 같

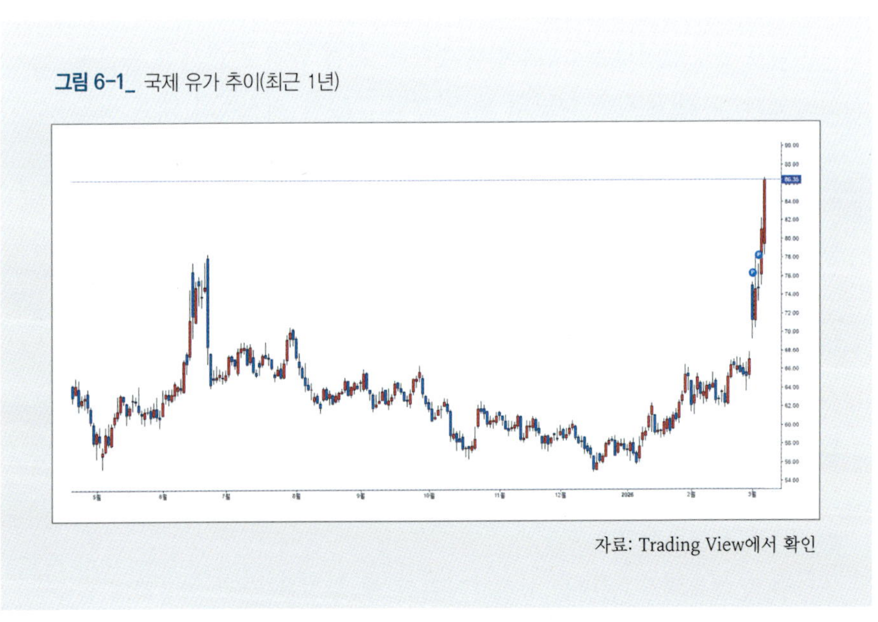

**그림 6-1_** 국제 유가 추이(최근 1년)

자료: Trading View에서 확인

이 브렌트유(Brent)는 공습 직후 단숨에 배럴당 80달러선을 돌파했으며, 봉쇄 장기화 우려에 따라 시장에서는 100~120달러까지의 추가 상승을 기정사실화하고 있다.

### ❷ 이란 내부 혼란과 생산 중단

지속된 경제 제재에 군사적 타격이 더해지자 이란 내 주요 도시에서 반정부 시위와 내부 혼란이 가중되고 있다. 이로 인해 이란의 업스트림 설비 운영이 차질을 빚으며 글로벌 석유 시장에서 약 300만 배럴(bpd) 규모의 공급 절벽이 현실화될 가능성이 커졌다.

### ❸ 미국의 '에너지 패권' 강화와 동맹국 압박

미국은 자국 내 셰일 가스 생산을 극대화하며 상대적으로 여유로운 입장을 보이고 있다. 이러한 미국의 태도는 첫째, 전략적 방관이다. 미국은 호르무즈 봉쇄가 자국 경제에 미치는 영향이 제한적이라고 판단하고, 오히려 고유가를 활용해 미국산 에너지 수출 이익을 극대화하고 있다. 둘째, 안보 비용 전가이다.

한국, 일본 등 아시아 동맹국들에게 중동 항로 보호를 위한 직접적인 군사 기여나 방위비 분담, 또는 고가의 미국산 LNG/원유 수입 비중 확대를 강하게 요구하고 있다.

표 6-2_ 2026년 이란 전쟁의 내용과 파급 효과

| 구 분 | 주요 내용 | 경제적 파급 효과 |
| --- | --- | --- |
| 군사 행동 | 미국과 이스라엘 합동 이란 본토 공습 (2026. 2.) | 지정학적 프리미엄 극대화, 안전 자산 (금, 달러) 급등 |
| 이란 대응 | 호르무즈 해협 봉쇄 및 보복 타격 | 글로벌 원유/LNG 공급망 단절, 물류 비용 폭증 |
| 유가 전망 | 단기 80달러 돌파, 장기 100~150달러 가시화 | 글로벌 인플레이션 재점화 및 경기 침체 (R) 우려 |

## 3. 그린란드 확보(도서 확보) 전략

트럼프 대통령은 북극 지역의 전략적 가치를 근거로 그린란드 매입 또는 군사적 점령 가능성을 재언급하며, 러시아와 중국을 견제하기 위한 미사일 방어 시스템 '골든 돔(Golden Dome)' 건설을 시도하고 있다.

### (1) 그린란드 확보 전략: "매입에서 전면적 접근권으로"

초기 매입 제안이 덴마크의 반대에 부딪히자 2026년 초 미국은 관세 압박과 군사적 위협을 병행하는 강공책을 펴다 최근 '전면적 접근권(Full Access)' 확보로 방향을 선회했다. 무력 점령보다는 1951년 미-덴마크 방위 조약을 개정하여 미군의 기지 운용 권한을 현대화하고 자원 개발권을 독점하는 실리적 타협안을 추진 중이다.

### (2) 미사일 방어 시스템 '골든 돔(Golden Dome)'

그린란드는 러시아·중국에서 미 본토로 향하는 최단 경로(북극 항로)에 위치한 전략적 요충지이다. 기존 피투픽(구 툴레) 우주군 기지를 현대화하고 저궤도(LEO) 감시 위성과 연동된 차세대 요격 시스템을 구축하여 극초음속 미사일 등을 조기에 격추하는 '난공불락의 방패'를 완성하고자 한다.

### (3) 산업 및 자원적 배경: 에너지 위기 대비

국제 유가 폭등 속에서 그린란드는 미국의 차세대 '자원 저장고' 역

| 구 분 | 주요 내용 |
| --- | --- |
| 핵심 광물 | 네오디뮴, 디스프로슘 등 희토류가 풍부하여 중국 의존도를 0%로 낮출 수 있는 핵심 거점 |
| 에너지 자원 | 해수면 아래 잠재된 막대한 석유와 천연가스 매장량은 에너지 패권 유지의 동력 |
| 북극 항로 | 기후 변화로 열리는 북극 항로의 통제권을 확보하여 글로벌 물류 주도권 선점 |

할을 한다. 〈표 6-3〉와 같이 동맹국과의 마찰에도 불구하고 미국 내에서는 대중국 견제를 위한 필수적 국가 안보 전략이라는 지지가 우세하다.

# 3 향후 국제 유가 폭등에 대비한 산업 정책

트럼프 행정부는 "Drill, Baby, Drill(석유 시추 확대)" 정책을 동해 미국 내 화석 연료 생산을 극대화하여 유가 하락을 유도하고 있으나 지정학적 리스크에 따른 불확실성은 여전히 상존한다. 이에 대응한 국내 주요 산업 정책은 다음과 같다.

## 1. 에너지 믹스 다변화 및 에너지 안보 강화

석유 의존도를 완화하기 위해 LNG, 원자력 등 대체 에너지원 확보를 위한 산업 투자를 확대해야 한다. 특히 미국산 LNG 수입 확대 및 장기 공급 계약 체결을 통한 선제적 대응이 중요하다.

### (1) 미국산 LNG 수입 확대의 전략적 의미

2026년은 미국 내 대규모 LNG 액화 터미널들이 완공되며 공급량이 급증하는 시기이다. 한국이 미국산 LNG를 적극적으로 수입해야 하는 이유는 다음과 같다. 첫째, 대미 무역 수지 흑자 조절 및 관세 대응이다. 트럼프 행정부의 보편 관세 압박에 대응하여 미국산 LNG 대량 구매를 무역 불균형 해소 및 협상 카드로 활용할 수 있다.

둘째, 가격 안정성 확보(Henry Hub 연동)이다. 중동·호주산 LNG는 국제 유가(JCC 등)에 연동되어 유가 폭등 시 동반 상승한다. 반면 미국산은 미국 내 천연가스 가격 지표인 Henry Hub에 연동되어 유가 변동 리스크로부터 상대적으로 자유롭다.

셋째, 도입 조건의 유연성(Destination Clause 미적용)이다. 미국산 LNG는 목적지 제한 규정이 없어 국내 수급 상황에 따라 타국에 재판매(Re-sale)가 가능하다. 이를 통해 수급 조절의 유연성을 극대화할 수 있다.

## (2) 에너지 안보 강화를 위한 산업 투자 확대

유가 폭등 시 산업계의 원가 부담을 최소화하기 위해 다음 분야에 투자를 집중한다.

### ❶ 원자력 발전의 기저 전원 활용

첫째, 신규 및 소형 모듈 원자로(SMR) 가동이다. AI 데이터 센터 등 전력 수요 폭증에 대비해 연료비 비중이 낮고 유가 영향이 적은 원자력을 핵심 기저 전원으로 활용한다.(예: 2026년 새울 3호기 본격 가동 등)

둘째, 원전-LNG 하이브리드 전략이다. 원전으로 기저 부하를 담당하고, LNG는 재생 에너지의 변동성을 보완하는 '브릿지 에너지'로 활용하여 에너지 믹스의 효율성을 높인다.

### ❷ LNG 인프라 및 직도입 확대

먼저, 민간 직도입(Direct Import)을 활성화한다. 한국가스공사 외 민간 기업(SK, GS, POSCO 등)이 자체 저장 터미널을 확충하고 직접 수입할 수 있도록 규제 완화 및 투자를 지원한다.

| 구 분 | 주요 전략 내용 | 기대 효과 |
|---|---|---|
| 미국산 LNG | 장기 공급 계약 체결 및 도입선 다변화 | 유가 급등 시 가스 단가 방어, 대미 무역 협상력 강화 |
| 원자력 | 신규 원전 적기 준공 및 SMR 기술 실증 | AI·반도체 산업용 저가·안정적 전력 공급 |
| 에너지 믹스 | 원전·LNG·재생 에너지의 최적 조합 | 특정 에너지원(석유) 의존도 및 에너지 안보 리스크 감소 |

둘째, LNG-수소 혼소 발전으로 전환한다. 화석 연료 의존도를 단계적으로 낮추기 위해 기존 LNG 발전소에 수소를 섞어 태우는 혼소 기술 투자를 확대하여 가격 변동 리스크에 대응한다.

〈표 6-4〉에서 국내 에너지 산업 전략을 확인할 수 있다.

## 2. 에너지 효율화 및 AI 데이터 센터 에너지 절감

AI 데이터 센터와 같은 에너지 고소비 산업에 대한 효율 기준을 강화하고, 에너지 저장 장치(ESS) 및 스마트 그리드 인프라에 대한 정부 지원을 확대하는 것이 주요 골자이다.

2026년 세계 경제는 AI 기술의 전 산업 확산과 지정학적 불안정이 맞물리며 '에너지 안보'가 국가 경쟁력의 핵심이 되는 시기를 맞이했다. 특히 전력 수요가 막대한 AI 데이터 센터의 급증은 국제 유가 상승 압박과 맞물려 국내 산업 정책의 최우선 과제로 부상했다.

### (1) AI 데이터 센터 에너지 효율 기준 강화 및 규제

AI 데이터 센터는 기존 데이터 센터 대비 단위 면적당 전력 소모가 5~10배 이상 높다. 이를 관리하기 위해 정부는 다음과 같은 제도를 시행한다.

첫째, PUE(전력 사용 효율) 공시제 및 등급제 확대이다. IT 장비 전력 소비 비중을 나타내는 PUE 기준을 강화한다. 2026년부터 일정 규모 이상의 데이터 센터에 에너지 효율 등급 인증을 의무화하며, 저효율 센터에는 할증 요금을 부과하거나 신규 구축 허가를 제한한다.

둘째, 차세대 냉각 시스템 도입 의무화이다. 전력 소모의 30~40%를 차지하는 공랭식 냉방을 대체하기 위해 액침 냉각(Immersion Cooling)이나 칩 직접 냉각(Direct-to-Chip) 기술 도입 시 보조금 및 세제 혜택을 제공한다.

셋째, 그린 데이터 센터(Green DC) 인증 확대이다. 재생 에너지 사용 비중(RE100)과 폐열 재활용률을 평가 지표에 도입하여 데이터 센터의 폐열을 인근 지역 난방이나 스마트팜에 공급하는 모델을 확산시킨다.

## (2) ESS(에너지 저장 시스템) 지원 정책

유가 폭등 시 전력 도매 가격(SMP)이 동반 상승하므로 저렴한 심야 전력을 저장해 피크 타임에 사용하는 ESS의 역할이 중요하다.

그러기 위해서는 첫째, BTM(Behind-the-Meter) ESS 보급을 지원해야 한다. 데이터 센터 내부에 대규모 배터리를 설치해 정전 대비(UPS)와 전력 부하 관리를 동시에 수행하도록 유도하며, 설치 비용 무상 지원 및 저리 융자를 제공한다.

둘째, LFP 및 차세대 배터리를 육성한다. 화재 안정성이 높은 LFP(리튬인산철) 배터리와 전고체 배터리를 ESS에 적극 활용할 수 있도록 안전 기준을 정비하고 R&D 예산을 집중 투입한다.

셋째, 이동형 ESS 및 V2G(Vehicle-to-Grid)를 연계한다. 전력 수요 급증 시 이동형 ESS 차량을 배치하거나 전기차 배터리를 에너지원으로 활용하는 기술 실증 사업을 지원한다.

## (3) 스마트 그리드 인프라 및 지능형 전력망

〈표 6-5〉에서 보는 바와 같이, 첫째, AI 기반 수요 반응(DR) 제도이

| 구 분 | 주요 지원 내용 | 기대 효과 |
| --- | --- | --- |
| 금융 지원 | 에너지 효율화 설비 투자 세액 공제 확대(최대 20~30%) | 기업의 초기 투자 부담 완화 |
| R&D 지원 | 액침 냉각, 저전력 AI 반도체(NPU) 개발 예산 증액 | 글로벌 기술 주도권 확보 |
| 인프라 | 송전망 조기 확충 및 스마트 계량기(AMI) 보급 | 실시간 에너지 관리 최적화 |

다. AI가 데이터 센터 연산 부하를 실시간 분석하여 전력 수요 피크 시 사용량을 자율적으로 조절하면 보상금을 지급하는 '지능형 DR'을 확대한다. 둘째, 분산 에너지 특구 지정이다. 데이터 센터의 수도권 집중을 완화하고 신재생 에너지가 풍부한 지역(호남, 제주 등)으로 분산하기 위해 '분산 에너지 활성화 특별법'에 따른 지역별 차등 요금제 등 파격적인 인센티브를 적용한다. 셋째, 마이크로그리드(Microgrid) 구축이다. 외부 전력망 차단 시에도 자체 ESS와 재생 에너지만으로 가동 가능한 독립형 전력망 시스템을 주요 산업 단지에 우선 적용한다.

## 3. 전략 물자(원자재) 공급망 다변화

그린란드 등 북극권 및 제3국과의 자원 협력을 통한 희토류 및 배터리 원자재 공급망 안정화가 시급하다. 2026년 트럼프 행정부의 강경한 대외 정책과 지정학적 리스크가 고조된 상황에서 공급망 다변화는 단순한 경제 논리를 넘어 국가 생존을 위한 '경제 안보'의 핵심 전략이다.

### (1) 그린란드 및 북극권 자원 외교 강화

미국이 그린란드에 주목하는 이유는 막대한 희토류 매장량 때문이다. 한국 또한 이에 발맞춰 다음과 같이 공급망을 다각화해야 한다.

첫째, 희토류 독립성 확보이다. 중국에 편중된 희토류(네오디뮴, 디스프로슘 등) 의존도를 낮추기 위해 그린란드 광물 개발 프로젝트에 대한 지분 투자를 확대해야 한다.

둘째, 북극 항로 및 인프라 협력이다. 유가 폭등 시 물류비를 절감할 수 있는 북극 항로 활성화에 대비해야 한다. 이를 위해 그린란드 내 항만 인프라 구축 및 자원 탐사 기술 지원을 연계한 '패키지형 자원 외교' 전략이 필요하다.

## (2) 배터리 핵심 광물(핵심 3광물) 공급선 다변화

〈표 6-6〉과 같이 전기차 및 에너지 저장 장치(ESS) 산업의 지속 가능성을 위해 리튬, 코발트, 니켈의 공급처를 동남아, 남미, 아프리카로 분산해야 한다.

**표 6-6_** 배터리 핵심 광물 공급선 다변화 전략

| 핵심 광물 | 주요 타깃 국가 | 전략적 접근 방식 |
|---|---|---|
| 리튬 | 아르헨티나, 칠레 | '리튬 삼각지대' 내 염호 확보 및 현지 정련 시설 공동 투자 |
| 니켈 | 인도네시아 | 자원 민족주의 대응을 위해 현지 배터리 셀 공장 설립과 연계한 공급권 확보 |
| 코발트 | DR콩고, 호주 | SG 가이드라인 준수하에 DR콩고 직거래선을 확보하고, 리스크가 적은 호주 비중 확대 |

## (3) 제도적 지원 및 재자원화(Recycle) 체계 구축

단순한 수입국 전환을 넘어 국내 자원 순환 시스템 강화를 위한 병행 정책이 필요하다. 이를 위해 첫째, 해외 자원 개발에 세제 혜택을 준다. 민간 기업이 고위험 제3국 광구 개발에 참여할 때 손실 보전 및 세액 공제 혜택을 확대하여 적극적인 투자를 유도해야 한다.

둘째, 도시 광산(Urban Mining)을 활성화한다. 〈그림 6-2〉, 〈표 6-7〉에서 보는 바와 같이 폐배터리에서 리튬, 니켈 등을 추출하는 재활용 산업을 국가 전략 산업으로 육성한다. 이는 외부 공급망 충격에 대한

| 단 계 | 주요 내용 | 추진 전략 |
|---|---|---|
| 수거/진단 | 폐배터리 수거 및 잔존 가치 평가 | 거점 수거 센터 확충 및 등급 분류 표준화 |
| 추출<br>(도시 광산) | 리튬, 니켈, 코발트 등 고순도 희소 금속 회수 | 습식/건식 제련 기술 고도화 및 R&D 지원 |
| 재제조/재사용 | 배터리 팩 재조립 또는 ESS로 재활용 | 세제 혜택 및 재활용 원료 사용 의무화 검토 |

가장 강력한 방어 기제가 될 것이다.

2026년의 위기는 '자원의 무기화'가 정점에 달하는 시기이다. 그린 란드를 포함한 신규 거점 확보는 한미 동맹을 공고히 하는 동시에 특 정국에 대한 자원 종속을 탈피하는 중장기적 방어막이 될 것이다.

## 4. 친환경 전환 속도 조절 및 현실화

전기 차(EV) 보조금 축소 등 트럼프 행정부의 기조에 발맞춰 탄소 중 립으로의 급격한 전환보다는 화석 연료와 신재생 에너지의 조화(Tran-sition)에 방점을 둔 정책 수립이 필요하다. 특히 2026년 트럼프 2기 행 정부 출범과 지정학적 위기 고조는 글로벌 에너지 지형을 '이상적인 탄소 중립'에서 '현실적인 에너지 안보'로 급격히 선회시키고 있다.

### (1) 에너지 믹스의 재설계: 'Bridge Energy' 비중 확대

급격한 재생 에너지 확대로 인한 전력망 불안정과 고비용 구조를 해 결하기 위해 상대적으로 탄소 배출이 적으면서도 안정적 공급이 가능 한 에너지원을 적극 활용해야 한다.

첫째, LNG(액화 천연가스) 역할 강화이다. 재생 에너지의 간헐성(날씨에 따른 변동성)을 보완하기 위해 LNG 발전을 '가교(Bridge) 에너지'로 장기 간 유지한다. 트럼프의 미국 내 가스 시추 확대 정책을 활용해 저렴한 도입선을 확보하는 것이 핵심이다. 이와 더불어 원자력 발전의 귀환에 주목해야 한다. 탄소 중립을 유지하면서도 대규모 기저 부하를 담당할 수 있는 원전을 핵심 에너지원으로 재정의한다. 특히 차세대 소형 모듈 원자로(SMR) 기술 투자를 통해 산업용 전력의 안정적 공급망을 구축해야 한다.

### (2) 전기 차(EV) 전략의 수정: '멀티 패스웨이' 도입

전기 차 보조금 축소와 충전 인프라 부족이라는 현실적 한계를 인정하고 시장 중심의 점진적 전환을 추진해야 한다. 먼저, 하이브리드(HEV) 및 내연 기관의 효율화를 진행해야 한다. EV로의 강제 전환보다는 소비자의 선택권을 존중하며 하이브리드 차와 초효율 내연 기관차 비중을 일정 수준 유지한다. 이는 완성차 업계의 급격한 수익성 악화를 방지하는 완충 지대 역할을 한다. 둘째, 보조금을 인프라 구축에 전용한다. 차량 구매 보조금을 점진적으로 줄이는 대신, 그 재원을 충전 인프라 확충과 배터리 핵심 광물 비축 등 '산업 펀더멘털' 강화에 집중 투자해야 한다.

### (3) 에너지 안보와 '자원 민족주의' 대응

지정학적 리스크로 인한 유가 폭등은 에너지 안보가 곧 국가 경쟁력임을 시사하고 있다. 이에 따라 에너지 공급 안정성을 확보하기 위한 정책적 대응이 요구되며, 이는 다음과 같은 방향에서 추진될 수 있다.

첫째, 해외 자원 개발 재점화이다. 공공 주도의 해외 유전·가스전 지분 확보와 민간 기업의 자원 개발 세제 혜택을 부활시킨다. 둘째, 공동 비축 및 트레이딩 활성화이다. 유가 변동성에 대응하기 위해 국가 비축유 물량을 늘리고, 국제 공동 비축 사업을 통해 위기 시 즉각적인 수급 조절 능력을 강화하는 것이다. 〈표 6-8〉에서 보는 바와 같이 국내 에너지 정책 요약 구조도를 보면 이해할 수 있다.

| 구 분 | 주요 전략<br>(Key Strategy) | 세부 실행 방안 |
|---|---|---|
| 에너지 | Bridge Energy 활용 | LNG 발전 유지, 원전(SMR) 기저 부하 담당 |
| 모빌리티 | 멀티 패스웨이 | 하이브리드(HEV) 병행, 보조금을 인프라 투자로 전환 |
| 공급망 | 자원 안보 강화 | 해외 자원 개발 재개, 비축유 수급 조절 능력 강화 |
| 규제 | 실용주의적 속도 조절 | 배출권 거래제(ETS) 유연화, 기술 중립성 확보 |

## (4) 규제 패러다임의 변화: 속도 조절과 기업 경쟁력

환경 규제가 기업의 생산 원가를 급격히 높여 국제 경쟁력을 잃게 만드는 상황을 경계해야 한다. 이는 다음과 같은 방향에서 접근할 수 있다. 첫째, 배출권 거래제(ETS) 유연화이다. 탄소 배출권 가격의 상한선을 설정하거나 유상 할당 속도를 늦추어 제조 기업들이 에너지 비용 상승 압박에서 벗어나 투자를 지속할 수 있는 여력을 제공해야 한다.

둘째는, 기술 중립성 원칙의 준수이다. 특정 에너지원(예: 태양광, 풍력)만 우대하는 것이 아니라 탄소를 줄일 수 있는 모든 기술(수소, CCUS 등)에 대해 동등한 기회를 제공하여 시장에서 효율적인 솔루션이 선택되도록 해야 한다.

2026년의 정책 방향은 "환경을 위해 경제를 희생한다"가 아니라 "경제적 생존과 에너지 안보를 전제로 탄소 중립을 단계적으로 이행한다"는 실용주의적 접근으로 설명할 수 있다.

한편, 국제 유가 폭등에 대비하여 우리 산업계가 고려해야 할 핵심 정책은 첫째, 비상 원유 비축분 확대이다. 호르무즈 해협 봉쇄 등 비상 상황에 대비해 최소 90일 이상 버틸 수 있는 전략 비축유의 방출 체계를 재점검해야 한다. 둘째, 수입선 다변화 인센티브 제공이다. 특히, 중동 의존도를 낮추기 위해 미주(미국, 베네수엘라 등) 및 아프리카산 원유 도입 시 관세 혜택 또는 운송비 보조금을 검토해야 한다. 셋째, 에너지

집약 산업 구조 조정으로, 고유가 장기화에 대비해 석유 화학, 철강 등 에너지 다소비 업종의 에너지 효율화 및 연료 전환(전기화 등)을 가속화해야 할 것이다.

2026년 현재, 세계 경제는 대공황에 진입한 것은 아니지만, 도널드 트럼프 미국 대통령의 미국 우선주의 정책 강화로 인한 지정학적 리스크가 국제 유가와 환율 시장에 큰 변동성을 초래하고 있다. 특히 베네수엘라 및 이란 관련 사태로 국제 유가가 폭등했으며, 이에 따라 대한민국도 환율 불안정을 겪고 있는 중이다.

## 4 금융 시장 동향 및 국제 유가 전망

트럼프 행정부는 베네수엘라의 석유 인프라 재건과 원유 공급 확대를 통해 유가 하락을 유도했으나 베네수엘라와 이란 등 주요 산유국의 지정학적 리스크가 심화되면서 국제 유가는 극심한 변동성을 보였다.

현재 금융 시장은 지정학적 위기보다는 경제 성장률과 기업 실적에 더 민감하게 반응하며 주식 시장의 안정을 유지하고 있으나 〈표 6-2〉에서 보는 바와 같이 유가 상승은 당분간 지속될 것으로 보인다. 한편, 원/달러 환율은 지정학적 불안에 따른 안전 자산 선호 심리가 강화되며 2026년 1월 초 대비 상승세를 기록해 현재 1,472.48원 수준에 머물고 있다.

# 2 엔 캐리 청산에 대비한 금융 및 외환 정책

## 1 엔 캐리 청산과 세계대공황의 서막

2026년 현재, 도널드 트럼프 행정부의 보호 무역주의 정책과 일본의 금리 인상이 맞물리며 세계 경제는 유례없는 복합 위기 국면에 진입하고 있다. 특히 저금리의 엔화를 빌려 글로벌 고수익 자산에 투자했던 엔 캐리 트레이드(Yen Carry Trade)가 일본의 금리 인상으로 인해 급격히 청산(Unwinding)되면서 글로벌 유동성 위축과 자산 가격 폭락을 동반한 이른바 '엔 캐리 쇼크'가 현실화되고 있다.

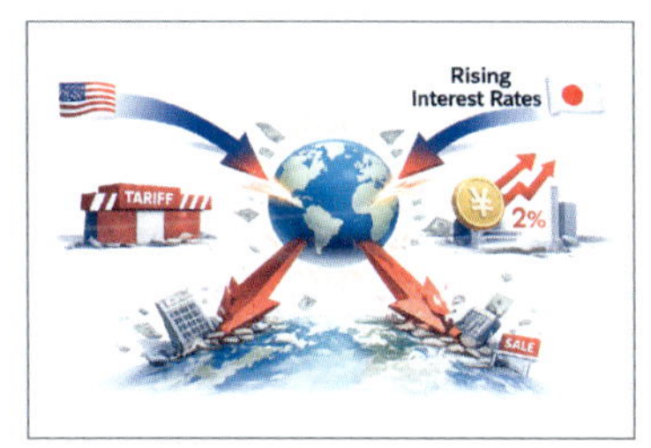

특히 트럼프 행정부 2년 차를 맞아 공격적인 관세 정책이 본격화되는 가운데, 일본이 고물가 대응을 위해 금리를 인상(10년물 국채 금리 2%대 진입)함에 따라 전 세계 경제는 엔 캐리 청산의 직격탄을 맞고 있다. 주가 및 부동산 가격의 급락 등 세계대공황에 준하는 경제적 충격이 가시화되고 있는바, 이에 대한 구체적인 영향력을 분석하고자 한다.

## 1. 국제 경제에 미치는 영향: 글로벌 유동성 경색과 자산 폭락

일본이 인플레이션 억제를 위해 금리를 본격적으로 인상하면서 전 세계에 공급되었던 엔화 자금이 일본 본국으로 빠르게 회귀(Repatriation)하고 있다.

## (1) 글로벌 자산 가격의 연쇄 하락 매커니즘

엔 캐리 청산은 본질적으로 '저가 레버리지 시대의 종말'을 의미한다. 조달 비용이 상승함에 따라 투자자들은 수익성이 낮아진 해외 자산을 매각하여 엔화 부채를 상환해야 하며, 이 과정에서 다음과 같은 경로로 자산 폭락이 발생한다.

### ❶ 미국 빅테크(나스닥) 및 AI 자산의 급락

엔화 레버리지를 활용해 나스닥 AI 관련 주(엔비디아, MS 등)에 투자했던 헤지 펀드들이 일본 금리 상승에 따른 마진콜(Margin Call) 압박으로 자산 매각에 나서고 있다. 또한 이것은 특정 자산의 손실을 메꾸기 위해 우량 자산까지 처분하는 '교차 매각(Cross-selling)'을 발생시켜 테크 주 전반의 투매로 이어진다.

### ❷ 글로벌 채권 시장의 변동성 확대

일본은 세계 최대 순채권국이며 일본 기관 투자자는 미국 국채의 핵심 보유자이다. 일본 국채 금리가 2%대에 진입하면 환리스크를 감수하며 미국 국채에 투자할 유인이 사라진다. 일본 자금의 본국 회귀는 미국 국채 금리 급등(채권 가격 폭락)을 초래한다. 그렇게 되면 글로벌 시중 금리의 기준점을 높여 기업의 이자 부담을 가중시키고 실물 경제 위기로 전이된다.

### ❸ 신흥국 금융 시장의 붕괴

엔 캐리 청산이 이루어지면 고수익을 노리고 브라질, 멕시코, 동남아시아 등 신흥국 고금리 자산에 유입되었던 자금이 가장 먼저 이탈한다. 자본 유출은 신흥국 통화의 급격한 약세를 유발하여 수입 물가 상승과 외환 위기 가능성을 높인다. 또한 유출을 막기 위한 무리한 금리 인상은 가계와 기업의 부채 부담을 한계치로 몰아넣어 연쇄 디폴트를 야기한다.

| 구 분 | 엔 캐리 청산 영향 | 트럼프 관세 정책 영향 | 복합 결과(2026 대공황) |
|---|---|---|---|
| 물가 | 엔화 강세로 인한 수입 물가 하락 압력 | 보복 관세로 인한 수입 물가 급등 | 스태그플레이션(고물가 +경기 침체) |
| 기업 이익 | 자산 가치 하락에 따른 투자 위축 | 공급망 붕괴 및 수출 감소 | 실적 쇼크 및 대량 해고 |
| 환율 | 엔화 가치의 급격한 절상 | 달러 패권 강화 시도와 의 충돌 | 외환 시장의 통제 불능 |

## (2) 트럼프 2기 관세 정책과의 복합 작용

〈표 6-9〉에서 보는 바와 같이 2026년 현재 트럼프 행정부의 관세 정책은 엔 캐리 청산 위기를 심화시키는 촉매제가 되고 있다.

## (3) 왜 2026년이 임계점인가?

2024년 8월의 엔 캐리 쇼크가 일시적 경고였다면, 2026년의 위기는 일본 금리가 '플러스 영역(2%대)'에 완전히 안착했다는 점에서 차원이 다르다. '엔화는 공짜'라는 공식이 소멸하면서 지난 수십 년간 엔화 유동성에 의존해 쌓아 올린 글로벌 자산 거품이 한꺼번에 붕괴하는 역사적 변곡점에 서 있는 것이다.

## (4) 달러-엔 환율의 급변동

엔화 가치가 급등(엔고)함에 따라 외환 시장의 불확실성이 극대화되고 있다. 이는 글로벌 무역 결제 시스템에 심각한 혼란을 초래하고 있다. 일본은행의 금리 인상(기준 금리 0.75% 상회)과 미 행정부의 보호 무역주의가 결합하며 금융 시장은 유례없는 변동성에 직면했다.

❶ 달러-엔 환율 급변동의 원인: 내외 금리 차 축소와 공포의 환류

2026년 초, 달러-엔 환율은 단순한 경제 지표를 넘어 '금융 시스템

의 변곡점'으로 작용하고 있다. 이러한 변화는 다음과 같은 단계적 메커니즘을 통해 전개된다.

첫째, 금리 역전의 공포이다. 미 연준(Fed)이 경기 둔화 우려로 금리 인하 압박을 받는 반면, 일본은 고물가 대응을 위해 금리를 인상하며 양국 간 금리 격차가 급격히 축소되었다. 이는 엔 캐리 자금 회수의 직접적인 도화선이 된다.

둘째, 엔고(円高) 현상의 가속화이다. 엔 캐리 청산이 시작되면 투자자들은 해외 자산을 매각한 달러를 엔화로 환전하여 부채를 상환해야 한다. 이 과정에서 엔화에 대한 폭발적인 수요가 발생하여 환율이 급락(엔화 가치 급등)하게 된다.

셋째, 변동성의 악순환이다. 엔화 가치가 상승할수록 엔화 차입금의 실질 상환 부담이 커지며, 투자자들은 손실 확대를 막기 위해 자산을 더욱 서둘러 매각하는 '강제 청산'의 연쇄 반응을 일으킨다.

### ❷ 글로벌 무역 결제 시스템에 미치는 영향

환율의 급변동은 실물 경제의 혈맥인 무역 결제 시스템에 다음과 같은 타격을 준다.

첫째, 결제 통화의 불확실성 및 비용 증가이다. 환율 예측 가능성이 사라지면서 기업들의 환헤지(Hedge) 비용이 급증하고 있다. 특히 엔화 결제 비중이 높은 아시아 공급망 내 기업들은 환차손으로 인한 '흑자 도산' 위기에 노출될 수 있다.

둘째, 유동성 경색(Liquidity Crunch)이다. 엔 캐리 자금은 글로벌 은행 시스템의 주요 유동성 공급원이었다. 이 자금이 일본으로 회귀하면서 신흥국은 물론 선진국 금융 기관들도 달러 유동성 부족 현상을 겪게 되며, 이는 무역 거래의 일시적 중단으로 이어질 수 있다.

셋째, 무역 금융(Trade Finance) 위축이다. 외환 시장 불확실성으로 인해 은행들이 리스크 관리를 강화하며 신용장(L/C) 발급을 축소하고 있

다. 중소기업의 금융 접근성이 악화되면서 글로벌 공급망의 모세혈관
이 마비되는 결과를 초래한다.

### ❸ 2026년 경제 위기의 특징

이번 위기는 '환율 변동성이 실물 경제의 침체를 견인하는 구조'를
띠고 있다. 일본의 금리 인상이 글로벌 유동성을 흡수하는 진공청소기
역할을 하는 동시에 미국의 관세 폭탄이 더해지며 기업들은 수출 감소
와 금융 비용 상승이라는 '이중고'를 겪게 될 전망이다.

## (5) 신흥국 부채 위기 심화

엔화 대출 비중이 높은 신흥국들은 엔화 가치 상승으로 인해 상환
부담이 기하급수적으로 늘어나며 국가 부도 위기에 직면할 수 있다.
특히 2026년 도널드 트럼프 행정부의 보호 무역주의와 일본의 통화
긴축이 맞물린 상황에서 엔 캐리 청산은 신흥국 경제에 '트리플 약세
(통화, 주식, 채권 가격의 동반 하락)'를 유발하는 치명적인 도화선이 될 것
이다.

### ❶ 부채 상환 부담의 급증(환율 리스크의 현실화)

신흥국 정부와 기업들은 장기 저금리 상태였던 엔화를 조달하여 인
프라 투자 및 운영 자금으로 활용해 왔다. 그러나 일본의 금리 인상으
로 엔화 가치가 상승(엔고)하면 다음과 같은 연쇄 반응이 일어난다.

첫째, 실질 부채 규모의 팽창이다. 현지 통화 가치가 엔화 대비 하락
하면서 자국 통화 기준 원리금 상환 부담이 급증한다. 예를 들어, 엔/
달러 환율이 150엔에서 120엔으로 하락(엔화 가치 20% 상승)할 경우, 외
화 부채의 실질 가치는 그만큼 불어나게 된다.

둘째, 상환 능력의 상실이다. 수출을 통해 벌어들이는 달러나 현지
통화의 가치는 정체된 반면, 외채 상환액만 급증하면서 신흥국의 외환
보유고가 빠르게 고갈된다.

**❷ 글로벌 자금의 역류**(유동성 경색 및 마진 콜)

엔 캐리 청산은 일본 자본의 회수뿐만 아니라 엔화를 빌려 투자했던 글로벌 헤지 펀드들이 부채를 갚기 위해 기존 투자 자산을 강제로 매각하는 과정을 포함한다. 이 과정에서 다음과 같은 연쇄 반응이 나타난다.

첫째, 자산 가격 폭락이다. 인도네시아, 브라질, 멕시코 등 고금리 매력이 높았던 신흥국의 채권과 주식이 시장에 쏟아지며 가격이 급락한다.

둘째, 자본 유출의 가속화이다. 자산 가격 하락이 공포를 유발하여 다른 투자자들까지 자금을 회수하는 '뱅크런' 형태의 자본 유출이 발생하고, 이는 해당국 금융 시스템의 마비로 이어진다.

**❸ 트럼프 보호 무역주의와의 이중고**(펀더멘털의 붕괴)

2026년 트럼프 행정부의 고관세 정책은 신흥국의 달러 조달 능력을 근본적으로 위축시키고 있다. 미국의 보호 무역으로 신흥국의 대미 수출이 감소하면 외채 상환의 핵심 재원인 '달러 수입'이 줄어든다. 부채 부담은 늘고 수익(수출)은 줄어드는 구조적 결함이 노출되면 국제 신용 평가사들이 국가 신용 등급을 하향 조정한다. 이는 조달 금리를 더욱 높여 결국 국가 부도(Default)로 이어지는 경로를 고착화한다.

**❹ 고위험 국가군**(At-Risk Economies)

엔 캐리 펀딩 의존도가 높고 대외 부채 비율이 높은 국가들이 1차 타격지가 될 전망이다.

인도네시아, 필리핀(국가 인프라 투자를 위한 엔화 대출 비중 높음) 등의 동남아시아 국가들이 가장 위험성이 높고, 그다음이 브라질, 멕시코(금리 차익 거래 목적의 엔 캐리 자금 대거 유입) 등의 중남미가 위험하다. 그 외 취약국으로는 튀르키예, 아르헨티나(만성적인 고물가와 외환 부족으로 외부 충격에 매우 취약) 등이 있다.

## 2. 국내 경제 영향: 삼각 파도(수출 둔화, 자본 유출, 부동산 위축)

한국은 대외 의존도가 높은 경제 구조상 트럼프 행정부의 보편적 관세 정책과 일본의 금리 인상에 따른 '엔 캐리 트레이드 청산(Yen Carry Trade Unwind)'이라는 이중고를 가장 직접적으로 겪게 된다.

### (1) 금융 및 증시 타격

**❶ 외국인 자금 이탈**

한국 증시는 글로벌 금융 시장에서 위험 자산(Risk Asset)으로 분류된다. 〈표 6-10〉에서 보는 바와 같이 엔 캐리 청산 과정에서 현금 확보가 시급해진 글로벌 투자자들이 유동성이 좋은 한국 주식을 우선 매도하면서 KOSPI와 KOSDAQ의 동반 폭락이 우려된다. 2026년 현재, 이러한 현상은 단순한 조정을 넘어 한국 경제에 구조적 충격을 줄 것으로 보인다. 외국인 자금이 급격히 이탈하는 메커니즘은 다음의 3가지 경로로 요약된다.

**표 6-10_** 엔 캐리 트레이드 청산의 연쇄 반응

| 구 분 | 영향 내용 | 결 과 |
| --- | --- | --- |
| 자금 성격 | 레버리지(차입) 자금의 상환 압박 | 강제 매도 물량 출회 |
| 투자 심리 | 위험 자산에서 안전 자산으로 이동 | 신흥국 포트폴리오 비중 축소 |
| 외환 시장 | 엔화 강세 vs 원화 약세 심화 | 환차손 우려로 인한 투매 가속 |

첫째, 글로벌 '증거금 부족(Margin Call)'과 자산 현금화이다. 엔 캐리 청산의 위험성은 한국 경제의 기초 체력(Fundamentals)과 무관하게 '빚을 갚기 위해' 주식을 파는 강제 매수 청산에 있다. 저금리 엔화를 빌려 한국의 반도체나 2차 전지 등 고수익 자산에 투자했던 이들은 일본 금리 인상과 엔화 가치 상승으로 수익률이 악화되자 엔화를 상환하기

위해 매도가 용이한 한국 대형주(삼성전자, SK하이닉스 등)부터 처분하는 교차 매도(Cross-selling)를 감행한다.

둘째, 위험 회피(Risk-off) 심리 확산이다. 트럼프의 고관세 정책은 글로벌 교역량을 위축시키며 투자 심리를 극도로 보수적으로 만든다. 시장에 공포가 확산되면 투자자들은 한국과 같은 신흥국(EM) 자산을 포트폴리오에서 가장 먼저 제외하며, 안전 자산(달러, 금 등)으로 회귀한다.

셋째, '환차손' 공포에 따른 투매(Panic Sell)이다. 외국인에게 한국 주식 수익률은 '주가 변동과 환율 변동'의 합이다. 원화 가치가 하락(환율 상승)하면 주가가 제자리여도 환차손이 발생한다. 주가 하락과 원화 약세가 동시에 진행되는 '이중 손실' 구조가 형성되면 손절매 물량이 쏟아지는 악순환이 발생하여 증시 하락의 가속도가 붙게 된다.

### ❷ 환율 변동성 확대

엔 캐리 청산은 과거의 '엔화 강세 시 한국 수출 이득'이라는 공식을 깨고 오히려 원화 가치를 떨어뜨려 수입 물가를 자극하는 재앙적 경로로 작용한다. 이러한 변화는 다음과 같은 단계적 메커니즘을 통해 전개된다.

첫째, 자본 유출에 따른 원화 약세이다. 일본 금리 인상으로 전 세계에 퍼져 있던 엔화 자금이 본국으로 회수되면 한국 시장 내 외국인 자금 이탈로 인해 원화 매도 수요가 폭증한다. 원화를 팔아 달러나 엔화로 바꾸려는 수요가 몰리며 원/달러 환율은 통제 불능 수준으로 급등할 수 있다.

둘째, 비용 상승 인플레이션(Cost-push Inflation)이다. 에너지 및 원자재의 대부분을 수입하는 한국 구조상, 환율이 1,300원에서 1,500원으로 상승하면 국제 유가가 고정되어 있어도 국내 조달 비용은 15% 이상 급증한다. 이는 중간재 부품 단가 상승을 거쳐 소비자 가격(식료품, 가공식품 등) 인상으로 전가된다.

셋째, 인플레이션과 경기 침체의 악순환이다. 수입 물가 상승은 가계의 실질 소득을 감소시켜 소비 절벽을 야기한다. 한국은행은 물가 안정을 위해 금리를 올릴 수밖에 없으며, 이는 가계 부채 부담 가중과 기업 투자 위축으로 이어져 부동산 시장 폭락과 대공황 수준의 경기 불황을 초래한다.

결론적으로, 엔 캐리 청산에 트럼프의 보호 무역주의가 결합될 경우, 한국은 '달러 공급 감소(수출 부진) + 달러 수요 폭증(자본 유출)'이라는 유동성 가뭄에 직면하게 된다. 정부는 통화 스와프 확대, 증시 안정 펀드 가동 등 강력하고 선제적인 외환·금융 정책을 통해 이 '삼각 파도'에 대응해야 한다.

## (2) 실물 경제 및 부동산 시장

### ❶ 수출 경쟁력 약화

트럼프 행정부의 보편 관세(10~20%)와 대중국 압박은 한국의 주력 산업인 반도체 및 자동차 수출에 직접적인 타격을 주고 있다. UN과 IMF가 경고한 성장률 둔화(1.8% 미만)가 현실화될 가능성이 매우 높다. 2026년 현재, 한국 경제는 대외적 보호 무역주의와 대내외적 금융 불안이 겹치는 전례 없는 위기에 직면해 있다.

먼저, 트럼프 2기 관세 정책으로 수출에 직격탄을 맞았다. 2026년 초, 트럼프 행정부는 한국산 자동차 등 주요 품목에 대한 관세를 기존 15%에서 25%로 기습 인상하며 산업계에 패닉을 몰고 왔다. 현대차·기아 등 완성차 업체들은 연간 8조 원 규모의 추가 비용 부담으로 가격 경쟁력을 상실하며 대미 수출 물량이 급감하고 있다.

둘째, 반도체 투자를 압박했다. 미 상무부는 메모리 반도체 기업들에 "미국 내 생산이 아닐 시 고율 관세를 부과하겠다"는 초강수를 두고 있다. 삼성전자와 SK하이닉스는 국내 생산 물량의 수출길이 막히는

| 주요 지표 | 전망 및 영향 |
|---|---|
| 성장률 | 1.8~1.9%(잠재 성장률 하회 가능성 높음) |
| 민간 소비 | 가계 부채 부담과 실질 소득 감소로 인해 1.6%의 낮은 증가세 |
| 설비 투자 | 대외 불확실성으로 인한 기업들의 투자 심리 동결 |

동시에 미국 내 대규모 설비 투자를 강요받는 이중고에 처해 있다.

셋째, 엔 캐리 청산(Unwind)의 전이 현상이 나타나고 있다. 일본의 금리 인상으로 시작된 엔 캐리 청산은 한국 경제의 자금줄을 마르게 하는 촉매제가 되고 있다. 저금리로 유입되었던 엔화 자금이 회수되면서 국내 증시의 변동성이 극대화되고 있으며, 원/달러 환율 급등은 수입 물가를 자극해 기업 채산성을 악화시키고 있다.

### ❷ 부동산 시장 침체

글로벌 금융 위기 여파로 시중 금리가 고공행진을 이어가며 부동산 매수 심리가 급격히 냉각되고 있다. 특히 2026년 1월 현재, 일본의 금리 인상과 트럼프의 보호 무역주의가 맞물린 '엔 캐리 쇼크'는 부동산 시장의 하드 랜딩(Hard Landing) 위험을 고조시키고 있다.

<표 6-12>에서 보는 바와 같이 첫째, 엔 캐리 청산의 부동산 타격 경로는 유동성 수축이다. 일본은행(BoJ)의 금리

인상으로 엔화 자금이 회수되면 한국 내 외국인 자본이 이탈하고 원화 가치가 하락하며, 이어서 시중 금리가 상승한다. 환율 방어와 자본 유

     

표 6-12_ 트럼프의 고관세와 엔 캐리로 한국 부동산에 미치는 영향

| 단 계 | 현 상 | 부동산 시장에 미치는 영향 |
| --- | --- | --- |
| 1단계: 심리 위축 | 글로벌 증시 폭락 및 경기 침체 공포 | 매수세가 완전히 실종되고 거래량이 절벽 수준으로 감소 |
| 2단계: 보유 한계 | 고금리 지속+실질 소득 감소 | 영끌족 및 다주택자들이 이자 부담을 이기지 못하고 급매물 투하 |
| 3단계: 가격 하락 | 시세가 전세가 이하로 하락 | 역전세난과 깡통 전세 확산으로 임대차 시장 붕괴 |
| 4단계: 시스템 위기 | 건설사 부도 및 PF 부실 현실화 | 미분양 급증 및 금융권 동반 부실로 이어지는 '하드 랜딩' |

출 억제를 위해 한국은행의 금리 인하가 제한되거나 오히려 인상 압박을 받게 되며, 이는 주택 담보 대출 금리 상승으로 직결된다.

또한, 디레버리징(Deleveraging)이다. 금융 기관들이 건전성 관리를 위해 부동산 PF 및 가계 대출 심사를 강화하고, 자산 가치 하락에 따른 담보 부족분 상환(마진 콜)을 요구하며 급매물이 쏟아지게 된다.

'서울 불패'의 신화도 글로벌 유동성 위기 앞에서는 무력하다. 강남 등 핵심 지역의 상업용 부동산에 유입된 해외 자본이 이탈하며 가격 하방 압력을 가하고 있다.

현시점에서는 무리한 레버리지를 줄이고 현금 흐름을 확보하는 것이 최우선이다. 정부는 환율 변동성 최소화와 가계 부채 연착륙을 위한 정교한 금융 완충 정책을 시행해야 한다.

## 2 금융·외환 정책 대응 방향

정부는 대외 변동성 확대에 따른 시스템 리스크를 방지하기 위해 다음과 같은 강력한 방어 기제를 가동해야 한다.

# 1. 통화 스와프(Currency Swap) 확대 및 다변화

외화 유동성의 '최후의 방어선'인 통화 스와프를 확충하여 시장의 심리적 불안을 해소하고 실질적인 외화 공급망을 확보해야 한다.

## (1) 한·미 상설 통화 스와프 체결 추진

한시적 계약을 넘어 유사시 즉각 가동 가능한 '상설(Standing) 통화 스와프' 체결을 위해 고위급 외교 채널을 가동해야 한다. 이는 글로벌 달러 패권 강화 시기에 대비한 핵심 안전판이 될 것이다.

## (2) 나. 한·일 통화 스와프 활성화 및 규모 확대

복원된 한·일 금융 협력 관계를 바탕으로 현행 스와프 규모의 점진적 확대 및 유효 기간 연장에 관한 구체적인 협의를 진행하여 실질적인 결과를 이끌어내야 한다.

## (3) 주요국 및 신흥국 네트워크 다변화

유로(EUR), 파운드(GBP) 등 주요 기축 통화국과의 신규 체결을 검토하여 가시적인 성과를 도출해야 한다. 또한 자원 부국 및 주요 교역국과의 로컬 통화 스와프를 통해 달러 의존도를 분산하고 결제 안정성을 제고해야 한다.

## (4) 외환 보유액의 효율적 관리 및 적정성 확충

단순 보유액 규모 유지에 그치지 않고, 즉시 현금화가 가능한 유동자산 비중을 최적화하여 위기 대응 역량을 실질적으로 강화해야 한다.

# 2. 시장 안정화 조치 및 모니터링 강화

증시 급락 시 '증시 안정 펀드' 가동 및 공매도 금지 등 가용한 모든 카드를 검토해야 하며, 환율 급변동 시 '스무딩 오퍼레이션(Smoothing Operation)' 수행 및 외화 유출입 모니터링 시스템을 고도화해야 한다.

### (1) 스무딩 오퍼레이션(Smoothing Operation)의 작동 방식

스무딩 오퍼레이션은 환율의 방향을 인위적으로 바꾸는 것이 아니라 급격한 변동 속도를 조절하여 시장 충격을 완화하는 미세 조정(Fine Tuning) 전략이다. 구체적인 실행 단계는 다음과 같다.

**❶ 모니터링**

외환 당국(기획재정부와 한국은행)이 24시간 시장을 감시하며 장 개시 직후 등 특정 시간대의 비정상적인 쏠림 현상을 포착한다.

**❷ 구두 개입(Verbal Intervention)**

"환율의 일방향 쏠림이 과도하다", "시장 상황을 예의주시하고 있다" 등의 메시지를 시장에 전달하여 투기 세력에 경고를 보낸다.

**❸ 직접 개입(Actual Intervention)**

구두 개입으로 진정되지 않을 경우, 외환 보유고를 활용해 달러를 직접 매도(원화 가치 하락 시)하거나 매수(원화 가치 상승 시)한다. 이때 불태환 개입(Sterilized Intervention)을 병행한다. 즉, 외환 개입으로 시중에 풀리거나 흡수된 원화 유동성이 물가에 영향을 주지 않도록 통화 안정 증권 발행 등을 통해 시중 유동성을 적정 수준으로 관리하는 방식이다.

### (2) 한국 외환 보유고 적정성(2026년 기준)

2026년 1월 말 현재, 한국의 외환 보유액은 약 4,280억 5,000만 달러 수준으로 집계되었다. 최근 환율 방어를 위한 개입으로 소폭 감소

| 기 준 | 현재 상태 | 평 가 |
|---|---|---|
| IMF 적정성 기준 | 권고치 하단(80~120%) 충족 | 안정적이나 추가 확충 필요성 제기 |
| 단기 외채 비율 | 과거 위기 대비 현저히 낮은 수준 | 대외 건전성 양호 |
| 외환 시장 구조 | 2024년 이후 시장 개방 확대 | 시장의 깊이는 깊어졌으나 외부 충격 민감도 상승 |

자료: IMF(재구성)

했으나 여전히 세계적인 수준을 유지하고 있다. 보유 자산은 국채 등 유가 증권이 약 3,700억 달러로 대부분을 차지하며, 예치금, SDR(특별 인출권), 금(48억 달러) 등으로 구성 된다.

IMF 등 국제기구의 평가를 살 펴보면 〈표 6-13〉과 같이 IMF는 2025년 말 연례 협의를 통해 "한 국의 외환 보유고는 광범위한 외 부 충격에 대응하기에 충분한 수 준(Sufficient Level)"이라고 평가

했다. 다만, 최근 IMF는 '환위험 노출 달러 자산 규모'가 외환 시장 거 래량의 25배에 달한다는 점을 언급하며 급격한 자금 이탈 시 변동성이 증폭될 수 있음을 경고하고 있다.

## 3 엔 캐리 청산이 한국 기준 금리 결정에 미칠 영향

엔 캐리 트레이드 청산(Yen Carry Trade Unwind)은 단순히 외환 시장 의 변동성을 넘어 한국은행 금융통화위원회의 기준 금리 결정에 복합 적인 압박 요인으로 작용할 것이다. 주요 영향은 다음과 같다.

# 1. 금리 인하 지연 및 제약 요인(긴축 유지 압박)

## (1) 자본 유출 방어

엔 캐리 청산으로 인해 글로벌 안전 자산 선호 현상이 강화되면 원화 가치가 급격히 하락(환율 상승)할 수 있다. 한국은행은 원/달러 환율의 추가 상승을 막고 자본 유출을 방어하기 위해 시장의 기대보다 금리 인하 시점을 늦추거나 긴축적인 태도를 유지해야 하는 압박을 받게된다.

## (2) 수입 물가 상승

고환율은 수입 물가를 밀어올려 국내 소비자 물가 상승을 유발한다. 물가 안정을 최우선 목표로 하는 한국은행으로서는 엔 캐리 청산에 따른 환율 변동성이 물가 목표치를 위협할 경우 금리 인하 카드 사용에 신중할 수밖에 없다.

# 2. 금리 인하 필요성 증대 요인(경기 부양 압박)

## (1) 글로벌 경기 둔화 대응

엔 캐리 청산은 글로벌 유동성 축소와 자산 가격 폭락을 동반하며 실물 경기 위축을 초래할 수 있다. 특히 한국의 주력 수출 품목인 IT 및 반도체 수요가 줄어들고 국내 경기가 급격히 하강할 경우, 한국은행은 경기 부양을 위해 금리 인하를 검토해야 하는 모순적인 상황에 직면할 것이다.

## (2) 신용 경색 방지

자본 유출로 인해 국내 시중 유동성이 급격히 얼어붙을 경우, 기업들의 자금 조달 비용이 상승하고 부도 위험이 커진다. 금융 시스템 안정을 위해 정책 금리를 낮춰 시장에 온기를 공급해야 할 필요성이 커진다.

## 3. 한·일 금리 차와 정책 공조의 중요성

### (1) 내외 금리 차 역전 현상

일본은행(BOJ)이 금리를 인상하며 엔 캐리 청산이 가속화될 때, 한국이 금리를 낮추면 한·일 간 금리 차가 좁혀지거나 역전될 수 있다. 이는 엔화 대비 원화의 약세를 심화시키는 요인이 되므로 한국은행은 일본 및 미국의 금리 정책 향방을 면밀히 모니터링하며 '정교한 타이밍'을 결정해야 한다.

결론적으로, 엔 캐리 청산 초기 단계에서는 환율 및 자본 유출 방어를 위한 '금리 동결 또는 신중한 접근'이 우세할 것이나 청산의 여파가 실물 경기 침체로 전이되는 시점에서는 '경기 방어를 위한 금리 인하'로 정책 기조가 급전환될 가능성이 매우 크다. 따라서 한국 외환 당국은 금리 정책의 유연성을 확보하는 동시에 앞서 언급한 통화 스와프 및 스무딩 오퍼레이션 등의 미세 조정 수단을 적극 활용하여 금리 정책이 급격한 외풍에 휘둘리지 않도록 완충 장치를 마련해야 한다.

# 3 금 · 은 최소 10~20배 폭등에 대한 준비

2026년 현재, 세계 경제는 지정학적 갈등, 무역 전쟁, 통화 가치 하락(Debasement)이라는 거대한 폭풍 속에 놓여 있다. 금과 은의 가격이 과거의 상식을 뛰어넘어 10~20배 폭등하는 시나리오는 단순한 가설을 넘어 '실물 자산의 시대'로의 급격한 전환을 의미한다.

## 1 개인의 대응 방안: 자산 방어와 생존 전략

개인에게 가장 중요한 것은 '종이 화폐의 가치 하락'으로부터 구매력을 보존하는 것이다.

### 1. 실물 보유 비중 확대

종이로 된 금(ETF, 통장)보다는 실물(골드바, 실버바) 비중을 늘려야 한다. 대공황 시기에는 금융 시스템의 일시적 마비 가능성이 있으므로 즉시 유동화하거나 물물 교환에 쓸 수 있는 소량 단위(1g, 10g 등)의 실물 보유가 필수적이다.

## (1) 은(Silver)의 레버리지 활용

역사적으로 금·은 비례(Gold- Silver Ratio)는 위기 시 급격히 좁혀진다. 은은 금보다 변동성이 크지만, 폭등기에는 상승률이 금을 압도하는 경향이 있다. 자산의 일부를 은에 배분하여 수익률을 극대화해야 한다.

## (2) 부채 관리의 재정립

하이퍼인플레이션이 동반된다면 부채의 실질 가치는 낮아지지만, 대공황 초기에는 현금 흐름이 막혀 파산할 위험이 크다. '고정 금리' 기반의 생산적 대출은 유지하되, 소비성 대출은 즉시 정리해야 한다.

## 2 기업의 대응 방안: 공급망 보호와 자본 보존

기업은 화폐 가치 폭락에 따른 원가 상승과 자본 잠식에 대비해야 한다.

### 1. 원자재 비축 및 선도 계약

은과 같은 산업용 금속의 가격 폭등은 정밀 기기, 반도체, 태양광 등 한국 주력 산업에 치명적이다. 핵심 원자재를 자산의 일부로 간주하고 미리 선취매(Stockpiling)하거나 장기 공급 계약을 통해 원가를 고정해야 한다.

## 2. 내부 유보금의 실물화

현금으로 보유한 사내 유보금은 대공황기에는 가치가 사라지는 종이에 불과하다.

기업 재무제표의 일부를 금으로 대체하여 '기업용 안전 자산(Corporate Treasury)' 포트폴리오를 구축해야 한다.

## 3. 결제 통화 다변화

달러나 원화 대신 금 본위적 성격이 강한 자산이나 타국 통화, 혹은 실물 자산과 연동된 결제 시스템을 검토해야 한다.

# 3 국가(한국 정부)의 대응 방안: 경제 주권 확립

국가 차원에서는 원화 가치 방어와 국가 신용도 유지가 최우선 과제이다.

## 1. 한국은행의 금 보유고 대폭 확대

한국은 경제 규모에 비해 금 보유량이 매우 적은 편이다.(현재 약 104톤 수준) 금 가격이 더 오르기 전에 외환 보유액 내 금 비중을 획기적으로 높여 원화의 가치를 뒷받침하는 '최후의 보루'를 마련해야 한다.

## 2. 금·은 유통 시장의 제도화

가격 폭등 시 발생할 수 있는 암시장 형성이나 사기 범죄를 막기 위해 KRX 금시장 등을 통한 투명한 거래 체계를 강화하고 국민들이 안전하게 실물 자산에 접근할 수 있도록 세제 혜택을 검토해야 한다.

| 구 분 | 핵심 전략 | 권장 행동 |
|---|---|---|
| 개인 | 구매력 보존 | 실물 금·은 비중 확대, 부채 리밸런싱 |
| 기업 | 원가 리스크 관리 | 원자재 선제 비축, 유보금의 자산 다변화 |
| 국가 | 통화 신인도 방어 | 중앙은행 금 매입 확대, 자원 안보 강화 |

## 3. 자원 외교 및 광업권 확보

은과 같은 핵심 광물 자원을 보유한 국가들과의 전략적 파트너십을 통해 단순한 금융 자산으로서의 금·은이 아닌 산업 자원으로서의 수급 안정성을 국가 차원에서 관리 해야 한다.

이러한 폭등 준비는 단순히 수익을 내기 위함이 아니라 기존의 금융 질서가 재편될 때 '부의 이전'에서 소외되지 않기 위한 필수 적인 보험이다.

결국 2026년의 대공황은 '숫자의 시대'가 저물고 '무게의 시대'

가 도래함을 의미한다. 개인은 생존을 위해, 기업은 지속 가능성을 위해, 국가는 신뢰를 위해 종이 위의 가상 수치를 실물이라는 물리적 실체로 치환하는 속도전을 벌여야 할 것이다.

표 6-15_ 금과 은의 위기 시 상관관계

| 구 분 | 금(Gold) | 은(Silver) |
|---|---|---|
| 주요 성격 | 가치 저장, 통화 대체재 | 가치 저장 + 산업적 수요(반도체, 태양광) |
| 위기 시 변동성 | 상대적으로 안정적 상승 | 초기 하락 후 후기 폭발적 상승 |
| 보관 효율성 | 높음(작은 부피에 고가치) | 낮음(부피가 커서 대량 보관 시 창고 필요) |

2026년
신(新)세계대공황과
한국경제

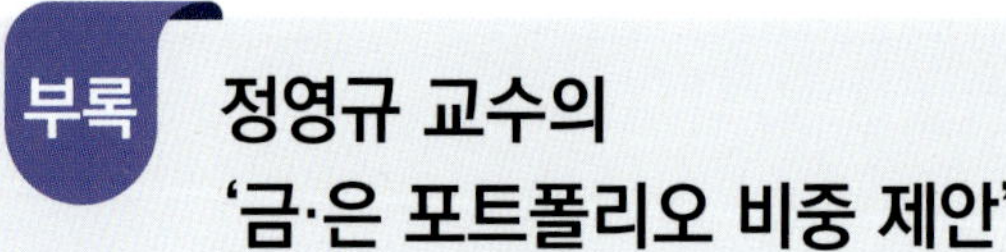

## 1 금·은 포트폴리오 비중 제안

**2026년 생존 가이드라인**

첫째, 자산의 20%는 실물 금

둘째, 20%는 실물 은

셋째, 나머지는 현금 50%

넷째, 방산주 등 10%

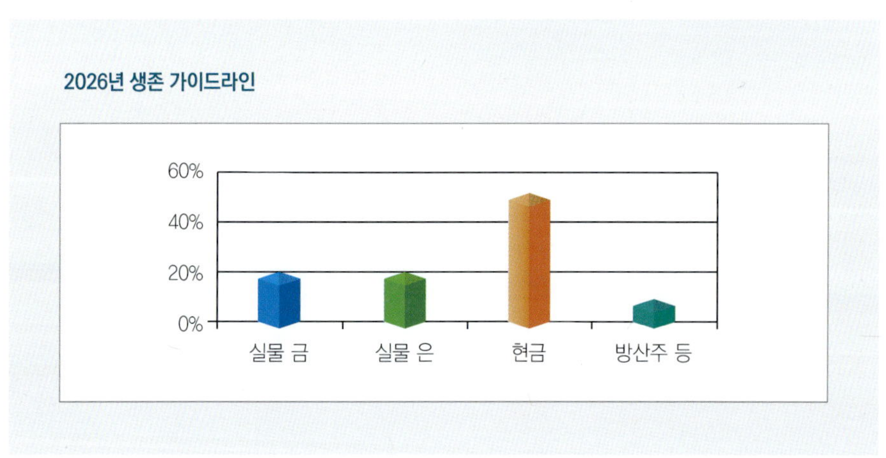

## 2  2026 신세계 대공황 대비 자산 진단 체크리스트

### 내 자산은 2026년 대공황에서 안전한가?

**❶ 유동성 및 부채 점검**

[  ] 현재 총자산 대비 부채 비율이 30% 이상인가?

[  ] 금리 인상 시(연 7~8% 가정) 매달 가계 수지가 적자로 전환되는가?

[  ] 비상시 즉시 현금화 가능한 자산(예금 등)이 6개월치 생활비 미만인가?

**❷ 자산 포트폴리오의 쏠림 현상**

[  ] 자산의 70% 이상이 부동산(주택 등)에 묶여 있는가?

[  ] 주식 포트폴리오 중 엔비디아 등 AI 관련 기술주 비중이 50% 이상인가?

[  ] 비트코인 등 가상 자산에 원금의 20% 이상을 투자하고 있는가?

**❸ 실물 자산 및 방어 수단**

[  ] 인플레이션 헤지(Hedge)를 위한 실물 금이나 은을 보유하고 있는가? (금·은
비중 10% 미만 체크)

[  ] 달러 자산(달러 예금, 미국 국채 등)을 전체 자산의 10% 이상 보유 중인가?

---

**[진단 결과]**

· 체크 7개 이상: [위험] 즉각적인 자산 재편이 필요하다. 대공황 발생 시
파산 위험이 크다.

· **체크 4~6개**: [주의] 위기 대응 능력이 부족하다. 실물 자산 비중을 늘려야
한다.

· **체크 3개 이하**: [양호] 위기를 기회로 바꿀 수 있는 기초 체력을 갖추고
있다.

# 참고문헌




. http://lgerii.org
. http://seri.org
. http://www.bok.or.kr.
. http://www.customs.go.kr
. http://www.google.com.
. http://www.hri.or.kr.
. http://www.kdb.co.kr
. http://www.kdi.re.kr
. http://www.kiep.go.kr
. http://www.koreaemb.org.cn
. http://www.kotis.net
. http://www.kotra.go.kr
. http://www.mocie.go.kr
. http://www.naver.com

2026년
신(新)세계대공황과
한국경제

# 저자 소개

## 정영규

- 협성대학교 글로벌통상-문화학과 교수(경제학 박사, 2009. 9.~)
- 전)한신대학교 교수(2013. 4.~2014. 8.), 부총장, 산학협력단장 특성화사업단장 역임

### 학력
- 한국외국어대학교 말레이 인도네시아어과 졸업(1984. 3.~1989. 2.)
- 한국외국어대학교 동대학원 졸업(경제학 석사, 1989. 3.~1991. 8.)
- 세종대학교 대학원 졸업(경제학 박사, 1994. 3.~1998. 2.)
- 세종대 박사 과정 재학 중 국비 장학생 선발(1995~1998. 2.)
- University of Indonesia 인도네시아 국립대 경제학 박사 수료(1996. 1.~2003. 6.)

### 경력
- 한국외대 경제학과 강사(1998. 3.~2013. 2.)
- 한국외국어대 대학원(경제 담당) 겸임 교수(2003. 3.~2012. 2.)
- 한국외국어대 중동연구소 연구 교수(2006. 9.~2008. 10.)
- University of Indonesia 국립대 경제학부 초청 교수(2003. 7.~2005. 2.)
- University of Philippines, 국립대 경제학부 초청 교수(2005. 7.~2006. 2.)
- Univ. of Catholic 한국학센타 이사장(2013. 7.~2014. 8.)
- 대한민국 국회 예산결산위원회 심의 평가 교수(2007~2008)
- 행정자치부 국가고시 출제위원(1999. 3.~현재)
- 한국경제학회, 한국무역학회, 문화산업학회 국제지역학회 한국중동학회
- 한국이슬람학회 이사 및 부회장(2007~2022)
- 한신대학교 교수(부총장, 산학협력단장 특성화사업단장) 역임
- 현)화성시 경제 조정위원장(임기: 2024. 3.~2028. 2.)
- 현)한국글로벌문화학회 부회장(2021~현재), 외교통상부 Arab-Africa협회 부회장(2023. 5~현재), 중동정치-경제연구회 회장
- 현)협성대학교 글로벌통상학-문화학과 교수 겸 협성대학교 제10대 총장 후보

### 저서
- 인도네시아 경제론-IMF의 교훈(한울아카데미, 1998)
- 아시아-태평양(서울대학교출판부, 공저, 1998)
- 국제지역경제론(서울경제경영, 2002)
- 말레이시아 문화경제론(여행정론 비즈니스, 2002)
- 인도네시아 지역경제론(연경문화사, 2003)
- 동남아시아 사회와 문화(율곡출판사, 2003)
- 동남아시아 경제의 이해(다해출판사, 2003)
- Ekonomi Indonesia dan Kerjasama Ekonomi Korea Selatan(인도네시아 국립대, 2004)
- 경제학원론 & 연습(연경문화사, 2005)
- 국제경제학(연경문화사, 2006)
- 이슬람경제의 이해(2008)
- 인도네시아 문화컨텐츠 산업 비교연구(대외경제정책연구원, 2014)
- 국제통상학 개론(연경문화사, 2024)
- 신국제지역경제론(서울경제경영, 2025)
- 논문: 국제학술지 외 42편

## 2026년

# 신(新)세계대공황과 한국경제

초판 1쇄 인쇄   2026년 4월 1일
초판 1쇄 발행   2026년 4월 6일

저　　자　정영규
펴 낸 이　임순재
펴 낸 곳　(주)한올출판사
등　　록　제11-403호
주　　소　서울시 마포구 모래내로 83(성산동 한올빌딩 3층)
전　　화　(02) 376-4298(대표)
팩　　스　(02) 302-8073
홈페이지　www.hanol.co.kr
e - 메 일　hanol@hanol.co.kr
I S B N　979-11-6647-655-6

2026년
신(新)세계대공황과
한국경제